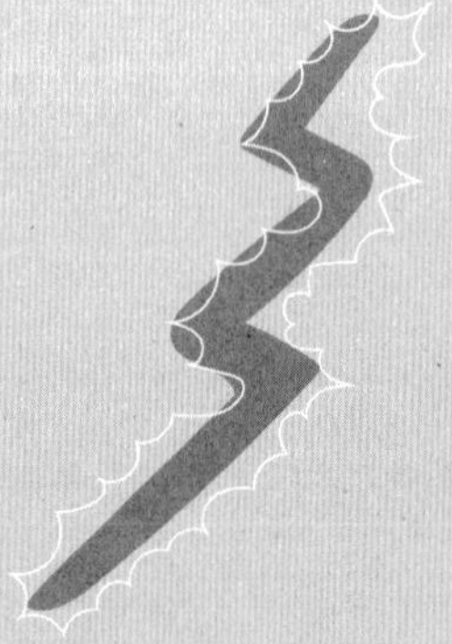

人生馬戲團

美國最後的巡迴怪奇秀 150天實錄

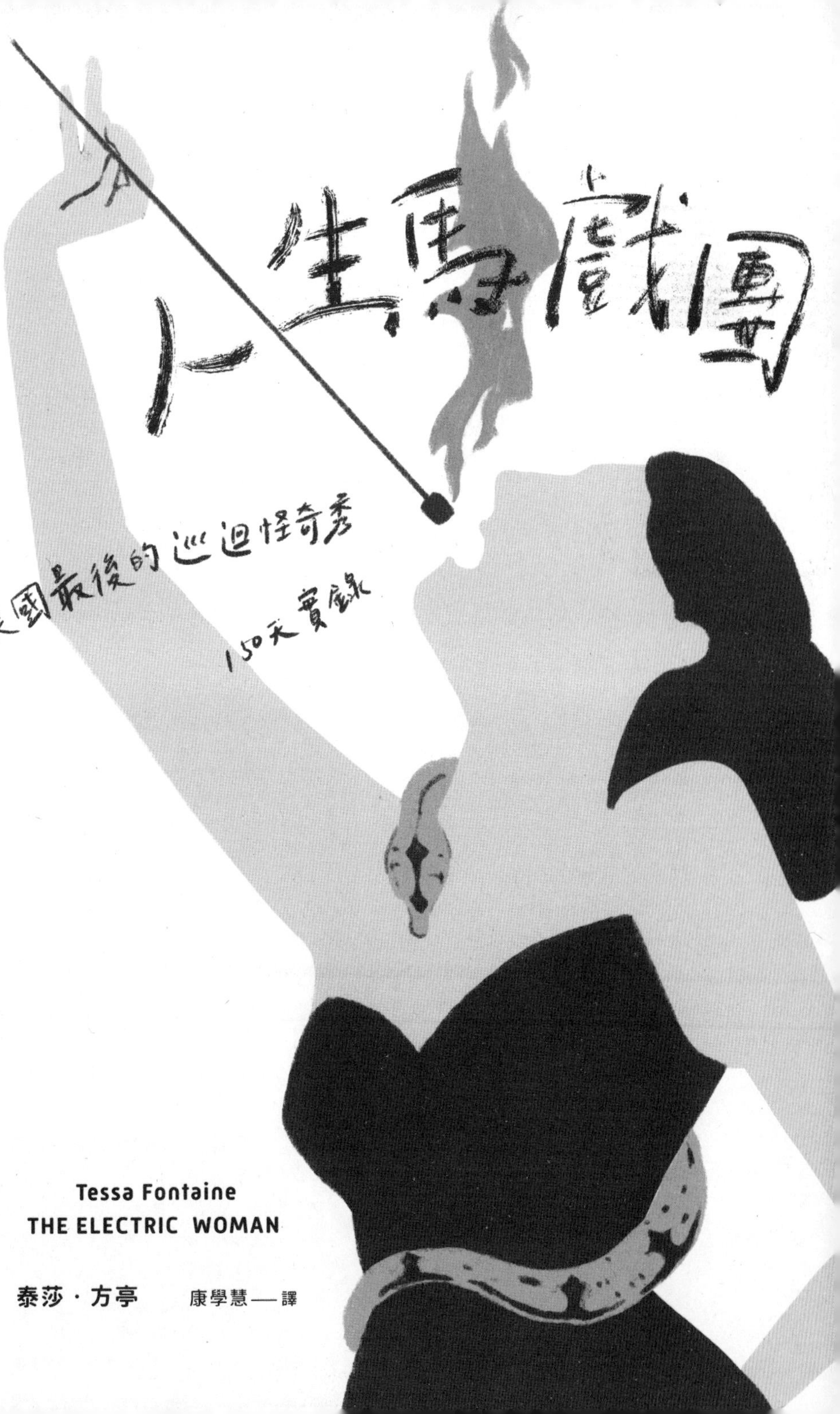

Tessa Fontaine

THE ELECTRIC WOMAN

泰莎・方亭　康學慧——譯

生命，在社會標準的界定之外

李霽／質物霽畫創辦人

生命的體會總在內心用某種躁動卻寧靜的方式，尋找需要前進的方向和能夠作為呼吸養分的照耀。泰莎・方亭的回憶中講述人生的滋味，其實就是扎實地去體驗、沒有保留的冒險，所謂的訣竅就是沒有訣竅，想要做到的方式也就是想辦法去執行。還記得曾經跟著劇團在全島巡迴的幾天時間裡，舞台上的時間彷彿只是更加讓平時漫步的陽光感覺真實、泥土的氣息讓心思細膩、人與人的關注產生孤獨卻又喜悅的尺寸。忙碌與現實，讓我們時常忘記這份顯而易見的道理，獨特的概念並不是對於社會標準的界定，如同有些戀情會持續到死，而有些只是稍縱即逝。

享受每一種當下，品嚐每一份高質量的獨處。

獻給媽和戴維
以及他們勇氣十足的心靈

「在這個虛幻又危險的世界，

演出者既是自己，也不是自己。」

——泰莎·方亭

作者前言

我盡可能憑記憶與大量筆記精準重現事件、地點與對話。有些地方我改變了人物的姓名或外貌細節，以免他們身分曝光。書中的人物都是真實存在的，只是考量到文章長度，我隱去了一些人與事件。有很多精彩故事沒有寫進書中，有興趣知道的讀者，可以寄張明信片給我，我會想辦法與你分享。

目錄

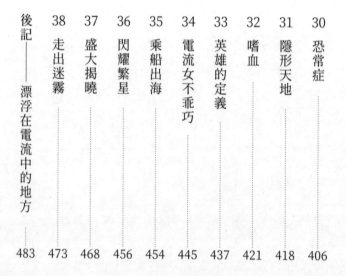

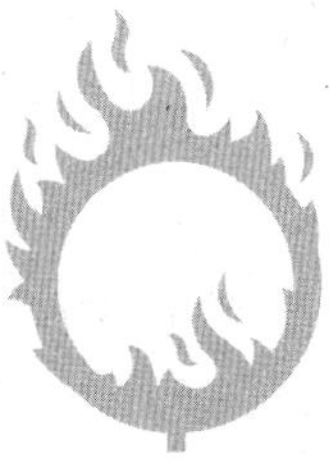

序幕——祕訣就是沒有祕訣

第一步是在自己身上點火。臉比較難滅火，所以先試其他部位，就從手開始。伸直手臂，掌心朝向漸漸黑暗的天空，我看著火把掃過我的手，從手腕到指尖。在一秒、或許兩秒的時間裡，我著火了，火焰高達兩英吋。我的手發熱，但不會燙，感覺像觸摸放在太陽下曬很久的黑色皮革，我本能地想要閃躲那樣的熱。我握起拳頭，熄滅火焰。

✕

「妳會表演什麼？」秀團經理湯米問。

回信之前，我上谷歌搜尋「怪奇秀表演項目」，接著抄下維基百科裡列出的怪奇秀表演項目，如「雜耍、吞火、火舞、魔術」，我越寫越大膽。還有足足兩個月的時間，我什麼都能學會，又寫下「釘床、弄蛇」。寫完之後，我又添上一句「各種動物表演，我很擅長與動物相處」。

「太好了，兩個月後見。」湯米回信。

✕

我決定學會一項我能誇口的表演，於是來到一所位於加州奧克蘭的火焰表演學校，報名「吞火基礎班」，可想而知，這種學校只會開在灣區。傍晚經過籬笆外的人沒有留意我。巴士吐氣般嘆息著，一個小朋友一邊過馬路、一邊責怪朋友剛才打籃球時犯規，而一位老太太拖著菜籃車走遠。我嗅到燉肉和廢氣的味道，雖然現在不太適合閉起眼睛記住所有聲音和氣味，但我還是這麼做了。

我真希望吞火有什麼神祕的機關，讓人看起來像在吞火，但實際上不會碰到火。或許，先是在嘴裡噴一層防火劑，就像飯店的窗簾那樣。或許在耳朵後面裝小型機器，當火焰接近臉部時就噴泡沫滅火。說不定，那不過是幻術。

然而，開始上課之後我就徹底失望了。

並沒有祕訣。

吞火就是吞火。

第一天，我們的老師夏娜笑容滿面地說：「看看我身上的燒傷！」她捲起袖子，開開心心地指著手臂上的無數個燒傷疤痕，像是在教小朋友看星座一樣。「這是在日本燙的，這是里約。有時候表演中會有嚴重的燒傷。」

「那該怎麼辦？」我問。

「把火熄滅，保持微笑。」

教室其實就是一個很大的倉庫，有各種火焰表演藝術家，這裡有焊接師、鐵匠，及燒陶師。我們走到一個露天庭院，到處是大型瓦斯筒及許多警告標語，例如「禁止吸菸，危險」與「易燃」等。點燃火把時，我盡可能不去想之前簽的免責聲明，裡面詳細列出可能導致死亡與殘廢。

第一課：如何熄滅身上的火。

包括我在內，一共只有兩個學生，另外一位是電玩設計師，耳朵裝著小機器，笑容很隨和。我問他為何想學吞火，他說覺得在「燒人祭」[1]上踩高蹺太平凡了，他想要來點特別的。他想成為一位特別的人。

1 Burning Man，一年一度在內華達州黑石沙漠舉辦的活動，名稱來自週六晚上焚燒巨大人形木肖像的儀式。

夏娜交給我厚厚一疊打濕的廚房紙巾，接著拿起一罐液態瓦斯倒在牛仔褲的褲管上——就是露營時輕便爐會加的那種燃料，小時候大人還不准我碰。我倒太多了，大滴、大滴的燃料落在布料上之後被吸進去，應該有幾百滴，有如從金屬罐冒出的小型暴雨，這種東西不該隨便亂倒才對。打火機一揮，她便點燃自己。

她的雙腿，從大腿中間到腳踝，全部都起火了。她微笑看著我，等我上前。我伸長手拿著打濕的廚房紙巾撲過去，她以堅定的語氣鼓勵，「快滅火、快滅火、快滅火。」我認定只要雙手一靠近，一定會立刻著火。我用紙巾上下拍打她的雙腿，雖然手感覺有點熱，但沒有融化、也沒有起水泡。拿開紙巾時才發現，我成功撲滅夏娜身上的火。「不錯喔。」夏娜說。我得到巨大的成就感，我很久沒有這種感覺了。「不過妳的動作太輕了，如果我真的著火，現在恐怕已經燒焦了。等妳需要撲滅自己身上的火，就能掌握力道了。」很難不去想像自焚的畫面，在火焰的小宇宙中，人體只是個幾乎難以看清的輪廓。

我們再次練習，這次我和高蹺男卯足力氣拍打夏娜的腿。我們氣喘如牛、滿臉通紅，一心只想休息，不過，現在輪到在我們身上點火了。

夏娜叫我們伸出手，掌心朝上，像老電影裡壞小孩準備被打手心的姿勢。我的心跳加速。先前計畫要加入怪奇秀時，我沒有任何恐懼，直到這一刻為止。當夏娜拿著火靠近我的皮膚，我害怕了。逃跑的藉口湧上喉嚨，我全身所有的本能都叫我逃跑，但我沒有收回手。

我的手在發抖，而我的人中冒汗。

「看著自己著火的樣子，讓火焰舞動，接著再熄滅。」夏娜說。

她以火把掃過我的皮膚，我的掌心起火，我立刻握住拳頭熄滅。

她將火把交給我。

我用右手拿著，輕輕一碰左手，但火沒有燒起來。「久一點、穩一點。」她說。我再試一次。讓手著火我不怕，但讓火保持接觸，拿著火靠近皮膚，這才是我害怕的部分。這也是火焰表演者的獨到之處，和那些用手指在燭火上揮來揮去的小朋友絕對不一樣。但是，看著皮膚上冒出火焰很可怕，當然很可怕，人類的演化訓練我們要遠離威脅身體的烈火。

課程進行得很迅速，下一步是用火掃過上臂。「不要弄到手臂內側。」她叮嚀，揉揉滿是青筋的手臂內側，外側全是疤痕。

高蹺男矮又多毛，他用緊張抽搐的動作將火往手臂上一掃，一大片手毛立刻蜷曲變黑，接著消失。他大喊：「我的手毛！燒起來了！」

「對。」夏娜沉著地說。「沒錯。」

他瞪大眼睛，拚了命想擠出假笑。我低頭看自己金黃的手毛也變成黑粗鬈毛，有如童話故事中的劇毒藤蔓。我深吸一口氣，用火把掃過上臂。熱度擴散，所有毛髮瞬間起火，迅速焦黑。

我太急著滅火，夏娜大喊：「讓它燒！」我摸一下手臂，有如小嬰兒及膚般光滑。

「在土耳其，理髮師幫客人刮完鬍子之後，會用火燒一下，以追求極致光滑，他們覺得這樣很療癒。」夏娜告訴我們。

我再次摸摸手臂，我並不會說這感覺很療癒，不過能夠在短時間內與一般人害怕的元素建立親密關係，確實有種滿足感。短短二十分鐘前，我也害怕這種元素，但看看現在的我，竟然讓火在身上燒。

接下來，輪到舌頭了。高蹺男先來，因為他是求生本能正常發展的人類，所以前幾次都無法讓火焰燒到舌頭上。他拚命伸長舌頭，盡可能遠離身體。我可以看到他舌根的肌肉因為用力而顫抖，因為太用力的關係，他的脖子僵硬，而細細的筋都爆出來了。他將火把轉向嘴巴，然後往下放。距離一英尺、六吋、四吋，然後迅速離開他的臉，火焰的尾巴有如彗星。他緊張大笑，動一動脖子，重新擺好姿勢，頭稍微往後仰，舌頭伸出，彷彿獵捕食物的蜥蜴。他再次將火焰往舌頭放，將火靠近臉的同時，他的身體卻想離開。再一次，距離五吋、三吋、一吋，再退開。

一點也不奇怪，夏娜說，沒有人第一次就能將火放進嘴巴裡、舌頭上。長年學習到的自保行為，成為我們的障礙。

練習時間結束時，高蹺男嘗試了五、六次，每次都將火焰靠得很近。我相當佩服，但每次我的胃都揪成一團，很擔心他會燒到臉。

「換妳了。」

我將火把浸在燃料裡，再甩掉多餘的部分，夏娜接著點火，但我確信自己無法整個放進去。她之前示範過幾次，我模仿她的動作。我將雙腿張開成三角形，背脊彎曲，頭往後仰九十度，將火把拿到距離臉部大約一英尺處，然後以戲劇性的動作轉動手腕，感覺火把直接進入口中。

我讓火把碰到舌頭一秒，然後拔出來指向天空。

「老天爺。」夏娜說。我的嘴裡有露營的味道，嘴唇刺痛。「妳的舌頭剛剛起火了！」她說。我的人生中，應該只有這次能將這句話解讀為一種祝賀。我舉起仍燃燒中的火把，拿到頭部上方，轉動手腕，再次直接放進口中。

「哇，看來妳欠缺自保本能呢。」夏娜笑著說。

我猶豫了一下，是否該告訴她故事的始末，但決定還是算了。現在的我很開心能將火放入口中，不想破壞這樣的奇蹟。我舔舔牙齒後方，感覺到些許的菸灰。

氧氣助長火勢。當火焰接近嘴唇，倘若屈服於本能想吹熄，那麼，你一定忘記了化學的原理。兩個小時後，當我學習一次吞兩個火把，因為太急著想吹熄，不但沒有成功滅火，反而因為提供氧氣，導致火把變成兩團大火球，吞噬我的雙手，好痛，也好燙。夏娜說，最常見的幾種燙傷，感覺就像太陽曬傷，無論多小心，在這一行都難以避免。專業表演者、邪教信徒、兒童縱火狂都曾有過這種經驗，而我現在也經歷過了。我只會讓他們感到榮耀，盡可能減少燒傷的次數。

課程結束後，我感覺嘴巴燒傷了，夏娜說這很正常。我的臉和手臂都有幾處發紅且刺痛。我的嘴角皮膚裂開，感覺像乾掉的小水泡。下課後，我還要和一位朋友介紹的對象約會，但我看起來像得了皰疹。

上吞火課時，我盡量避免想起以前很膽小的自己。我的童年回憶充滿陰影，一大堆因為太害怕而不敢做的事情——不論是晚上拿垃圾出去倒、划火柴、點香等。我在一旁看著其他小朋友勇敢大膽的舉動，不論是八歲、十二歲、十七歲都一樣，因為自己變成這樣的人而難過。後來，我告訴大家我靠意志力克服懦弱，但我認為，關於這些事，人們總會在需要的時候就發展出相應的人格。

這一輩子，我一直很害怕、驚恐，擔心會失去母親。

現在，我正逐漸失去她。

此刻，我站在奧克蘭的寂靜夜色中，四周都是可能會爆炸的容器，而她正在接受每日物理治療，對著護士哼歌，因為她已經不能使用語言了。當我用火掃過掌心，她摸著已動不了的半邊身體。她經常觸摸癱瘓的那半邊，或許是因為她感覺那已不屬於她。她觸摸身邊的所有東西，不論是廚房餐桌、叉子、丈夫，她每摸一樣東西，我們就會報上名稱，讓她知道那些東西仍屬於她。當她觸摸頭上手術的地方，因為腦部出血不止而必須打開的部位時，我們會說「傷口」。

她是一個積極又熱愛冒險的人。每當我懷疑自己是否能夠完成這次計畫時，我就停下來想著她。

想要做到，唯一的辦法就是去做。

沒有其他祕訣。

1 海浪的構造

中風後第一日
二〇一〇年十月

她的手臂塞在她身體的兩側，有人幫她擺好姿勢。

繼父戴維在病房門外擁抱我，對著我的頭髮低語：「要做好心理準備。」我剛從美國另一端趕來，一整夜接了無數通的緊急電話，但我還沒有準備好。我媽躺在病床上，身體連接了各種機器，頭上到處是乾掉的殘餘液體、血液、黃色分泌物。呼吸器的管子用膠帶固定在她口中，將她的皮膚拉得很緊。

我壓低聲音對戴維說話，但他制止我，他說：「她聽不見妳說話，妳不會吵醒她的。」

「要多久她才會醒過來？」

他嘆息，空氣卡在喉嚨半途，先是哽咽，再變成咳嗽，最後變成沉默。我們並肩站著，沒有碰到對方。

醫生以藥物讓她處於誘導昏迷狀態，施打大量巴必妥酸鹽讓她昏迷，是護士告訴我的。我在病房陪了媽媽十分鐘，但最終我受不了了，跑出去詢問她的狀況。我不停地捏自己。

「到底怎麼回事？」我問另一位護士，她像美式足球教練一樣捏我的肩膀。

誘導昏迷能減少腦出血的量。出血減緩之後，他們搬出鏈鋸。我不知道醫生是否真的使用鏈鋸，或許沒有。不過，要鋸開人類的頭骨，應該需要很大的鋸子。

我回到病房，而戴維、阿姨，及姨丈都走了出去。

他們說：「我們給妳十分鐘和她獨處，想說什麼就快說吧。」

兩週前，我收到一張她手寫的短箋，她以我為榮，不需要理由。

我走進病房，坐在她床邊的椅子上。我知道她不會睜開眼睛，她不會說「寶貝女兒」，音調高亢、語氣開朗，這是專屬於我的歡迎詞。

包住開腦部位的繃帶往外突出，因為她的大腦嚴重腫脹且無法止血，感覺有如剛從殼中露出的爆米花，她的頭髮被剃光了。

她的病房窗戶對著另一棟建築的屋頂，平坦的一塊大長方形，地面感覺像壓平的碎石。七隻海鷗站在那個屋頂上，很肥的白色身體，有亮橘色鳥喙、細長的腳。

她發生了出血性中風。

我需要說出最重要的那句話。

「媽。」摸摸她的手臂時，我的體內彷彿著了火。

我一手按住她的手臂，呼吸器發出呼咻聲響。我放開手，摀住嘴巴，我以為我會尖叫，或是嘔出吃下的所有東西。我必須告訴她，一直以來我始終說不出口，張、開、嘴，就說啊。

我肺裡的火變成灰燼，甚至我所知道的所有語彙全部燃燒殆盡。

窗外，海鷗全部望著同一個方向。七隻海鷗，平均分布，臉朝著同一個地方。我站起來想看牠們在看什麼，但不過就是停車場、零星樹木，及一條馬路，我不相信凶兆。

戴維進來，就坐在我身邊。他描述了一些細節，緊急狀況中最隱私的細節。

他走進臥房看到嘔吐物與排泄物。

眼球內翻。

救護車趕來的速度。

在醫院裡什麼都不知道的茫然。

等候期間醫院派來陪他的牧師。

他說：「看到牧師時，我就心裡有數了，狀況一定很嚴重。在那之前，我還不確定，但牧師一來我就知道了。醫院只會派牧師陪伴即將失去親人的家屬，即使我拒絕了他的諮商，拒絕禱告、握手，那所有狗屁，他仍不斷來找我，並問我泰瑞莎的狀況。因為這樣，所以我就明白了，他們認為她死定了。」

說話時，他的語氣很平穩，或許是因為震驚過度，或許是因為在醫院待了一整夜。

現在，海鷗全轉向窗戶，如今太明顯了，絕對是凶兆。

窗外有一排月桂樹，再過去則是十月時草木乾枯的丘陵，更遠處，至少十二英里之外則是太平洋，那些鳥應該是從那裡來的。倘若真是如此，牠們離開鹽與噴濺的海水，在平緩的沙灘上起飛，找到可以乘載的風，揮動翅膀，讓羽毛帶牠們來到這裡，那麼，牠們是特地為她而來嗎？牠們知道嗎？牠們是否前來帶她回歸大海呢？

⤫

水很清澈，沙很溫暖。每天早晨，去旅行社上班之前，她會切開一顆橘色的木瓜。她吃半顆當早餐，用湯匙挖出大塊的果肉，用手背抹抹下巴，因為木瓜太香、太多汁了，無論有多麼小心都會流出來。

然而，她並非要去上班。

她十九歲，即將在夏威夷一處海灘的碧藍海面，爬上衝浪客的肩頭。

沙灘上聚集了大批觀眾。她和衝浪客一起走入海水中，完全不介意腳下銳利的小貝殼。

在水中越走越遠，到了深處，到了必須划水的地方。

他們爬上衝浪板，腹部先上去，她在下面，衝浪客在上面，一對手臂則一前一後地划水。他們必須彼此配合，有如獨木舟的槳。到了破浪點，波浪漸漸變大，可以起乘了。

他們離岸很遠，越來越遠、越來越遠。他們將衝浪板轉向海岸，她感覺心臟敲打著木板。海浪從他們下方經過，緩緩翻騰，先抬起後面再抬起前面。

每天早上，當他們練習時，總會有海鷗在附近俯衝，透明的小魚如雲朵般成群游動，而那些麵包海星對他們眨眼、揮手。

大浪來了，泰瑞莎回頭看了幾次，確認海浪接近的速度、湧起的高度。觀眾舉起手遮陽，準備目睹驚奇的時刻。

小小的拉扯之後，海浪帶起衝浪板，他們起飛了。她撐起身體，迅速站立，身後的衝浪客做出一樣的動作，他握住她的腰。

她往上跳，他舉高她，動作行雲流水，她的身體離開衝浪板，升到半空中，腳踩著他的膝蓋，接著幾乎飛到空中、觸摸太陽，他將她的腰舉高至他頭上，讓她坐在肩上，她的頭和肩膀往後仰，雙腿夾住他的胸口，她高舉雙手，高高坐在海浪上。

她對觀眾微笑揮手。他們聽不見血流敲打她的太陽穴和神經，他們感覺不到她如雷的心跳，她表演出無懼的樣子。衝浪板在水上搖晃，衝浪客因為努力保持平衡而雙腿顫抖，她繃緊肌肉保持直立，身體微微發抖，但她依然高舉一隻手臂，指向天空最高、最高的點，如此耀眼的女王，指向如此高遠的太陽。

2 弄蛇的要訣

一百五十日中的第七日——驚奇世界
二〇一三年六月

我剛用穩潔把金剛女王展示櫃的玻璃擦乾淨，牠是我們的大金剛標本，湯米探頭進帳篷，他問：「準備好看蛇了嗎？」

前一天晚上，湯米去市區和一個人討價還價，買下了兩條紅尾蚺。我不知道賣家是誰，也不知道蛇是從哪裡來的，更不知道湯米如何判斷這兩條蛇很安全、可以用來表演，但我知道今天他們就會把蛇送來。

這是第一場表演開幕的前一晚，而我已經加入怪奇秀七天了。我們的馬戲團帳篷搭好了，穩固而閃亮，海報也掛好了，舞臺搭建完成，簾幕刷洗完成，幻術道具設置妥當，每個機械都上了油。螢火蟲一閃一閃，而帳篷旁邊的「八爪魚」遊戲設施上，有幾個男人正跨坐在金屬吊臂上，身穿黃色T恤，印著「安全不容輕忽！」的字樣，他們忙著鎖死固定金屬零件，會場大聲地放送鄉村金曲，但他們罵髒話的音量更大。

我跟隨湯米走向宿舍兼後臺的區域，也就是貨櫃的後半部，我們所有人在這裡睡覺、吃飯、生活，表演時只用一道簾幕隔開外面的觀眾。

湯米打開一個塑膠箱，裡面有兩條紅尾蚺互相糾纏在一起。

「妳想拿拿看嗎？」他問我。

「你先示範一下，讓我看看你要我怎麼做。」我說。

「好。」他的表情似笑非笑的，我不禁懷疑，他根本不相信我在郵件裡誇口說會弄蛇的事。「雙手一起伸進箱子裡，然後伸到蛇的身體下面。」他蹲下，兩手伸進蛇箱裡，到手肘的部分，我原本以為他會用網子或手套的，但他的手部直接碰到長滿鱗片的蛇身，毫無任何防護。

「將這兩個漂亮動物賣給我的人說，牠們之前表演過，所以應該很容易掌握。你一定要用雙手舉起來。」他有很濃的紐澤西腔調，像卡通人物一樣誇張。「假使只用一隻手舉起蛇，可能會害死牠，蛇的背會斷掉，一旦癱瘓就不能進食了。去年有個表演的人，就不小心那樣舉起蛇，結果牠就死掉了。」

湯米站起來，轉身面對我。他的雙手張開伸出來，那條蛇足足有七英尺長，就掛在他的雙手之間，身體形成一個M。

現在輪到我了，我應該伸出手接過蛇，但我在耳鳴。我無法停止吞嚥，我的心臟怦怦跳，我無法走向湯米，但我努力地專住於眼前的事物。

那條蛇的背上有棕色與栗色的菱形花紋，外圈則是黑色和米色，大約如葡萄柚一樣粗。和這兩條蛇一同表演將是我最主要的工作，也是我自我介紹時列出的技能之一。我不能讓他發現我有多害怕，我盡可能擠出笑容。

「牠叫什麼名字？」我問。

「還沒取名字。」

「嗨，蛇。」我說，牠連眼睛都沒眨。

湯米走向我，我無意識地後退。他再次前進，我又不由自主地後退，我企圖用若無其事的笑聲掩飾，假裝這場有如跳探戈的躲避只是在開玩笑。不過，連續後退幾次之後，我撞上了牆，我的背部貼著卡車內側的金屬板與木板，我感覺手掌正貼著一層灰。我努力想藉口，好解釋為何我想遠離這條蛇，但我的頭腦幾乎是一片空白。我開始冒冷汗。

「牠會咬人嗎？」我想盡辦法拖延。

「蚺蛇並不會咬人，牠們只會用身體勒死獵物。」他說。

「噢，是喔。」

「不過牠不會那樣對妳，她知道妳太大了，吃不下去。不過，妳當然還是要小心，不要讓牠纏上妳的喉嚨。」他說。我摸摸我的脖子，想像牠的身體纏著我，越收越緊。

就因為我經歷過許多更為艱難的考驗，所以我知道，一旦想像中的恐懼消失、童年的恐懼消散，這世界若單純到只剩下我和蛇的時候，我就會明白這其實沒什麼，牠不過是地球上的美麗生物之一，牠只是在努力求生。只要認知到這一點後，我就會平靜下來。

但，我無法平靜。

大家來看怪奇秀，是為了看他們隱密的恐懼被公然呈現：畸形、打破性別界線、突變、毀容、進入動物世界，或身體有異常的比例。然而，這就是怪奇秀的宗旨，將展出的人或物件定義於「非正常」的範疇。以這條蛇為例，我應該要表現出與牠感情深厚，幾乎人蛇合一的樣子。人蛇和諧共處，打破了掠食者與獵物的藩籬，這才是足以吸引觀眾的原因。

我看著那條蛇，牠的頭左右晃動，我確切地認定牠在找殺戮的對象，而我卻在這裡冒冷汗。其他幾位表演者掀開簾幕、走進卡車時，就敞開懷抱奔向蛇，發出親吻的聲音，用各種可愛的小名呼喚牠，他們全都有和蛇一起表演的經驗。

「誰是蛇呀？噢，就是妳呀，沒錯，真的好乖喔。」凱西伸出雙手接過蛇，她也發現我整個人貼在牆上，呼吸急促。「蛇認為妳是棵大樹。」她幫我打氣。我點頭，看看門外黑暗的逃生路徑，一個手風琴樂團正在排練《美哉美國》這首曲子。

「老實說，嗯，我和蛇相處的經驗不太多。」我做好肯定會挨罵的心理準備，二十九歲的成年人將被當成撒謊的小孩，但一聽到我認罪了，大家似乎也不覺得有什麼。湯米聳肩，凱西走向我。

「小天使來了。」她迅速將蛇掛在我的肩膀上。

蛇很冷、很重，壓得我不得不低頭看地板，我用力咬口腔內側，嚐到血味，我很清楚自己辦不到，這就像心裡插著一把劍。

✕

我之所以會落到脖子上扛著蛇的地步，起因是和一位巨人的一段談話。

在二〇一三年二月。

四個月後，便是我與蛇親密接觸的此刻。

距離我媽中風的那刻，已過了兩年半。

那是在佛州的一個小鎮上，怪奇秀藝人退休安居的地點。

我溜到馬戲團帳篷後面，那裡有一輛灰白色的老舊露營車，已斑駁生鏽，所有窗簾都拉上了。我敲門，裡面有個東西撞到牆，讓整輛車都晃動著，不久之後就靜止下來。

我感覺到舌頭下方的脈搏，在細嫩的皮膚下悸動著，有如驚恐青蛙的肚子。「不速之客」，如果裡面的人願意開門，他一定會這樣罵我。

我再次敲門，露營車裡有東西在動，接著傳來一陣碰撞聲響。門開了，寬度只夠探出一顆頭。

「嗯？」那個人問，他的身材非常巨大，為了把臉塞出門縫外，他必須彎腰且低頭。在露營車昏暗的燈光下，我只能隱約看出他穿著寬鬆的內褲和泛黃T恤。

「嗨。」我說，不知道接下來該說什麼，這才驚覺我根本沒想過敲完門之後要做什麼。「我想請教一些關於怪奇秀的事。你的人生故事是什麼？」

他呆望著我。

「我是你們的超級粉絲。」我微笑，儘管他沉默不語，我依然死守著門口。

「大白天的，我沒辦法。」他終於開口。他的聲音低沉渾厚，而且很沙啞，彷彿一輩子都對著麥克風大喊，他就是那樣的人沒錯。

我說：「我可以等天黑之後再來。我是一個學生。」我努力丟出各種身分，希望能引起他的同情，讓他願意和我談話。

他嘆息。「那好吧，天黑之後再來。」

我繞回帳篷前，花三塊錢買票進去。

一個男人的指尖飛出一把鋼鐵刀刃，落在一個女人身旁，她背脊拱起，正側身對著他，飛刀距離她只有短短幾吋。咚，飛刀一把接著一把地落在木板上，筆直插在上面。金屬刀鋒組成的星團，有如聖人的光環，彷彿她是應祈禱而生。咚，她沒有畏縮，直直望著對她射飛刀的人。過去幾年，在緊急狀態之間的平靜時刻，我總是覺得疲憊昏沉、半睡半醒。但在這個帳篷裡，看著飛刀在女人身體周圍形成一圈圖形，我感到非常、非常清醒。

這對飛刀搭檔在「驚奇世界」的帳篷裡一塊表演，這個怪奇秀團體目前正在佛州遊樂會演出。帳篷外的主持人說，驚奇世界是最後一個巡迴怪奇秀。我從來沒看過這種表演，我從小在加州灣區長大，那裡太科技了，並不適合怪奇秀。但是，我最近聽說有一個叫「吉布森屯」的小鎮，以聚集許多怪奇秀表演者而聞名，就在離吉布森屯不遠處，剛好有個怪奇秀團在演出。於是，我前往佛州。

所有節目我都看了兩遍。一隻長著人頭的蜘蛛告訴觀眾，她只是閒閒掛在線上，我和所有人一起微笑、翻白眼；一個人用榔頭將釘子敲進鼻孔，我遮住眼睛不敢看。其他藝人扭曲自己的身體，甚至加以傷害——至少看似如此，不然就是在千鈞一髮之際躲過傷害，抓準時機，製造出可能發生慘劇的感覺。

但慘劇沒有發生，他們全都平安無事。

我親眼目睹他們演出的奇蹟。我沒有坐在醫院病房裡，也不是忙著送我媽去進行物理治療，聽醫生對我解釋手術有哪些選擇。

我沒有做那些事，而是專注看著刀鋒，擲飛刀的人拋出最後一把刀，尖銳刀鋒插在助理的頭旁邊，距離很近。他轉向觀眾，輕輕點頭，走向木板取回飛刀。那些刀總是很神奇地閃過肉體。

露營車裡很暗，有股霉味。破損的帆布海報旁放著一隻三英尺長、滿是粗毛的蜘蛛腳。海報上畫著一個男人，用眼瞼甩動粗重鐵鍊。

「我們的工作非常辛苦、很危險。」克里斯·基督開口便這麼說。他是驚奇世界的老闆，與合夥人沃德·霍爾一同經營，他們不只是事業伙伴，也是人生伴侶，他們從一九六七年就在一起。

「每隔幾天就要換一個城鎮，搭起帳篷又拆下。每天工作十二、十四、十六小時，沒有休息時間，永遠都忙碌著。」克里斯說。他口中說出的每個字不僅濕潤也有分量，音量足以在舞臺上讓觀眾聽見。站在舞臺上的人通常都是他，已擔任怪奇秀的主持人許多年了，他曾訓練過猩猩、表演飛刀，也發明新的節目內容。他的塊頭是一般人兩倍大，彷彿在子宮裡也待上兩倍的時間。他有一對招風耳，兩邊嘴角都有菸草汁的痕跡。

「你是怎麼入行的？」我問。當他思考時，我假裝看著他身後的牆壁，但眼角的餘光其實一直觀察著他。這就是怪奇秀演出者的臉，滿是皺紋、油膩，這個身體自願吞進火和劍。

「你的故鄉是哪裡？」我問他。

「你從小就想表演嗎？」

「吞火是什麼感覺？」

「真的有人受傷嗎？」

「你是否一直覺得怪奇秀是最適合你的地方？」

我問了又問，一個問題接著一個問題，一個小時變成三、四個小時，最後他沉默了。他在桌子對面望著我，傍晚暮色變成漆黑夜色之後，我們就一直坐在這裡。我拋出的每個問題他都回答了，也問了我幾個問題——他說，沒想到年輕人竟然會想瞭解這個世界。大部分的人都認為怪奇秀已瀕臨消失了。

「我不知道還能告訴妳什麼。」克里斯終於說。「妳想知道的事都問完了嗎？」

「是，謝謝你。」我說。我環顧露營車，視線鎖定巨大的蜘蛛腳。我想知道更多，我想理解這個虛幻又危險的世界為何如此吸引我。在這個世界裡，工作會把身體操到累慘，任務則是變成另一個人，能夠超越脆弱人類肉體的角色。在舞臺上，演出者既是自己也不是自己。

「妳真想知道怪奇秀的內幕？」他的語氣有種特殊的感覺，是什麼呢——是厭煩？覺得好笑？我動手收拾筆記。

「那妳就加入，一起玩吧。」他說。

我對上他的雙眼，認定他一定是在開玩笑。他凝視著我，揚起眉毛，正等候我的回答。

「真的？」

「有何不可？」他問。

「這個……」我想像我告訴媽媽，有人邀請我加入怪奇秀，但我拒絕了。

我對他點頭。「好。」我說。

✕

幾個月後，我抵達佛州的坦帕市，行李箱裝滿適合全家共賞的脫衣舞服裝，根據未來同事兼舞臺監督陽光的指示挑選。有一輛小巴來機場接我，我將行李扛上車。驚奇世界怪奇秀的裝備放在吉布森屯過冬，居民稱此地為「吉布鎮」，距離坦帕十英里。我們要在那裡會合，然後上車往北方前進。跟隨載著裝備的貨櫃車一路開往賓州，參加第一場遊樂會。二〇一三年的嘉年華季再過八天就要開始了，接下來幾個月，我們將走遍全國，在各州各郡的遊樂會演出，並住在那輛貨車裡。

克里斯·基督大部分的時間都待在佛州，遠端管理演出，巡迴途中的大小事則由湯米負責。湯米也是秀團的主力主持人，是「主持」，而不是「宣傳」——據說只有外行人才會這麼說，他加入驚奇世界已經九年了。

我接受克里斯·基督的邀請，答應加入秀團，但離開佛州之後，我不禁開始懷疑這到底是不是真的，說不定是我誤會了。我發電子郵件，問他是不是在開玩笑。他說不是，歡迎我加入。距離嘉年華季還有幾個月時間，我完成學業、準備畢業，同時再次發電子郵件向克里斯確認，就怕他弄錯人，他邀請的人是我，不是什麼專業藝人。

「我認為，這對妳會是一次難得的體驗。更何況，我們需要人幫忙推廣。妳上過大學，說不定能幫忙寫點東西。」克里斯回信說。

來坦帕機場接我的那一輛小巴上，坐著秀團經理兼主持人湯米，以及舞臺監督兼吞火人陽光。我立刻就認出陽光，她就是之前在佛州遊樂會上當飛刀靶的女人，我覺得像是看到明星一樣。

在我上車之後，陽光問：「累嗎？」她正抽著電子菸。「還有力氣參加派對嗎？這一季碧普西會加入，今晚她辦了一場上路派對，朋友、家人、其他藝人都會參加。」她的語調平緩。她有一雙水汪汪的圓眼睛，頭髮紮成髻，嘴巴則有如默片的女主角微微噘起、流露失望的樣子。「碧普西是美人魚。」

「我愛美人魚。」我說。湯米正將車開往派對會場。

小巴裡很乾淨，灰色座椅十分鬆軟，後視鏡上掛著毛茸茸的藍色骰子。陽光與湯米告訴我，上一季他們有一條十三英尺長的白化巨蟒。「有一天我沒有留心。」陽光漫不在乎地揮揮手，「結果檸檬整隻纏上我的手臂和脖子，然後沿著我的身體往下移動，把我整個人捲住。我罵牠壞檸檬。我得叫人幫忙將牠解開，我才能動，真的好好笑喔。」她和老闆對看一眼，露出懷念的微笑，希望他們沒有發現我臉色慘白。

公路兩旁的棕櫚樹間隔完美，侵入荒野的秩序。沒多久，棕櫚樹消失了，路邊出現許多水泥裝置藝術，是有鵝或短吻鱷輪廓的雕刻作品，在野生灌木叢的襯托下更顯巨大。車速非常快。

湯米說：「不過，今年沒有檸檬了。爬蟲類跨州運輸的規範不久前改了，帶蟒蛇跨越州界必須先申請許可。政府認為蟒蛇和其他幾種蛇類太容易逃脫，會在當地大量繁衍，而且許可證很貴。」

「所以就沒有蛇了？」我的語氣有點太激動。

「噢，還是有蛇，是紅尾蚺，這不需要許可。」湯米說。

「紅尾蚺。」我跟著說。

「妳喜歡蛇嗎？」湯米問，在後視鏡對上我的雙眼，他的眼神很沉著。

「以後應該會喜歡。」我勉強自己說。

除了我寄給湯米吹噓技能的那一封郵件，我不知道克里斯·基督如何向秀團人員介紹我的——我跑去他的露營車，訪問怪奇秀的故事，最後卻莫名其妙加入了。我不知道他們是否相信我會表演，甚至大家是否都看過我寄給湯米的郵件了，我太緊張而不敢問，生怕被抓到撒謊。我更擔心他們相信我真的能演出，就這樣把我扔上舞臺——宛如演員常做的那種惡夢，站在舞臺上卻不知道臺詞，甚至不知道在演哪齣戲。

「除了弄蛇，我還要做什麼？」我的聲音有點發抖。

「妳是我們的攬客女郎，也就是說，妳要和主持人湯米一起站在舞臺上，幫忙他吸引客人買票入場參觀。攬客女郎要弄蛇、吞火、逃脫手銬，及變魔術。」陽光說。

「好。」我大口吸氣，拚命回想小時候學過的魔術花招，同時努力想該怎麼道歉，說明我不懂逃脫術。

「妳會吞火吧？」她問。

「對。」不過我才剛學會，所以十分笨拙。

「那就沒問題了。如果妳有興趣，我可以教妳一些進階的吞火招數。不過一般而言，攬客女郎加入的時候，我們會教她們所有表演項目，妳很快就會學到其他演出技能。」

我的胃部肌肉稍稍放鬆一點，讓我能夠對轉身看我的陽光微笑點頭。我不相信她說的話。即使他們真的會在演出人員加入後教他們表演，但那些人一定具備各種豐富經驗，不像我什麼都不會。

「別擔心，在巡迴的過程中，表演是最輕鬆的部分。」她說。

碧普西舉辦這個派對，是為了讓她沉浸在愛、歡樂與酒精中，據說這是她人生第一次離家，所以非常緊張。她在坦帕的夜店圈表演過幾年，跳豔舞、演出《洛基恐怖秀》，不過現在呢，二十二歲的她想要嘗試巡迴演出。他們介紹我認識碧普西的時候，我對她的瞭解只有這麼多，她的紅色頭髮有如知更鳥般，她不停上下跳動，和室友同喝一杯野格酒，他的年齡是她的兩倍，一條腿於膝蓋上方截肢，他的腿包著白色紗布，碧普西幫他一天換兩次紗布。

「該死的糖尿病。」他說，對著那條腿點點頭。我同意他所說的。

「妳一定不敢相信，我收到多棒的送別禮物。」碧普西拉著我走向一張桌子，她撥弄一小堆整齊疊起的骨頭。「像是這個，用犰狳脊椎骨串成的項鍊，還有這個。」她指著牆上一幅女孩的頭像。「這是我的肖像，用血畫的喔。」她沒有說是那是誰的血。

他們介紹我認識史畢夫，我們秀團的飛刀手兼助理舞臺監督，他正靠在廚房洗碗槽旁，一頭黑髮梳得油光水亮，留著長長的落腮鬍——他說鬍子尖端是他的力量來源。他的鬍子往四面八方豎立，彷彿整個世界充滿靜電。

我試著模仿他超酷的姿勢。「這會是一趟精彩的冒險。」我說。

「沒錯。在路上的生活有夠瘋狂。」他說。

「想必如此。」我說。「等一下，是不好的那種瘋狂嗎？很可怕的那種？」我問，努力保持語氣平淡。

「有時候。不過無所謂，因為我不會死。」

我轉頭看他，以為會看到笑容，但他一臉正經。「怎麼說？」

「我不可能被殺死的，我是狂丑粉（Juggalo）。」他說。

所謂的「狂丑粉」，是指「跳梁小丑」（Insane Clown Posse）這個嘻哈組合的死忠粉絲，這位恐怖嘻哈樂團的歌迷不但愛喝 Faygo 汽水，也拿來噴，而且我剛剛才得知他有不死之身。

史畢夫說：「呃，其實我會死，但必須等我拿到一把生鏽的斧頭、精通巫毒術、搞過名叫布麗姬的肥婊子，還要喝一口 Faygo 汽水。」他越說越有節奏，接著就來了一段饒舌。史畢夫說那是「跳梁小丑」的金曲，「我要我的鳥東西。」（I want my shit.）。多麼美好的想法，除非做完想做的事，否則死亡就不會來臨。我想告訴他我喜歡這首歌的詞，也想告訴他為什麼，但我不想將悲傷強加在剛認識的人身上，更何況這是一場派對。此外，我可能不會告訴這裡的任何人。就算我在這裡關上那個故事的門，那又如何？我掐一下我的腿，讓自己閉嘴。

史畢夫的胸腹之間穿孔掛了一個馬蹄鐵，他把玩一陣之後，摸摸脖子上的十多條項鍊，有木珠、銀鏈、護身符，及各種水晶。他說：「我是半個墨西哥人，但一句西班牙語也不會，我沒有遇到過同樣的人。」他很帥，年紀二十出頭，臉龐有如城市裡的戰爭英雄雕像。我喜歡他述說生平瑣事的方式，不分順序滾滾而出，他背誦跳梁小丑歌詞時的熱烈與專注，不亞於描述少年時期的流浪生活。

「噢，老天，他和妳說了狂丑粉的事嗎？」陽光走過來。「妳得制止他，他會說個不停。」她用手肘戳戳他的肋骨。「來根菸吧？」她問，但史畢夫還不及回答，碧普西就從後方抱住他的脖子。

「嗨，親愛的。」史畢夫的鼻子埋在碧普西的臉頰上，她嬌媚嚶嚀。碧普西有男朋友了，是文藝復興復古秀的演員，就站在幾英尺外準備向她道別，送她出發上路巡迴演出五個月。他似乎沒有發現。

後來我問陽光，「這樣的遠距離戀愛怎麼維持？」她坐在湯米溫暖的腿上，花了二十分鐘描述她的男朋友。

「我非常想念我的男朋友，無時無刻都在想他，真的很苦。」她嘆息。她離開老闆的大腿，來到我身邊壓低聲音說：「我等不及想要退出秀團、回到他身邊，整天和他在一起。不要說出去喔，我打算做完這一季就退出了，我已經做七年了，受夠了這些鬼東西。」

後來，我問史畢夫同樣問題。「這個嘛，大致上是個不問也不說的狀態。在路上發生的事，就留在路上吧。不過，這真的不容易，現在沒有專情這種東西了。」他說。

「也就是說，你對女友很專情，但其他人不是嗎？」我問。

他露出歪歪的笑容，斜眼看我。「我什麼都沒有說呀。路上發生的事，就留在路上吧。」他說。

派對繼續下去，我的四周熱鬧滾滾，大家歡笑、談天，做些派對上常見的事，儘管每個人都擦有深色口紅，背景音樂是某種龐克或硬核搖滾，大家到處走來走去，對每個人都知道該說什麼，因為他們擁有一個共同參與的完整世界，而我還不得其門而入。我覺得現場發生的所有事都離我好遙遠。

我告辭離開，沿著馬路走了半條街。

戴文接起電話說：「妳到佛州了嗎？」

「噢，死定了。」我說。

「是喔？」他說。

「噢，死定了。」

「妳沒事吧？」

我告訴他那些事，關於骨頭項鍊、血畫、狂丑粉，及劈腿出軌。我告訴他，這裡每個人都穿黑色，有些人滿嘴嘉年華術語，我卻穿著有領襯衫配牛仔靴，我實在太平凡，憑什麼認為自己能做這樣的事？憑什麼以為可以不用每分鐘都待在我媽身邊？我覺得自己各方面都格格不入，不論是精神上、肉體上。老天，死定了，噢，死定了。

「唉，是沒錯啦，但這不就是妳此行的目的嗎？」他說，而我沉默了。

戴文即將進入科技業。當我在舊金山海特艾許伯里區[2]的情趣用品店，正要買網襪和有尖刺與鉚丁的高跟鞋，他正在進行採訪，說著「產值」、「介面」之類的詞彙。他拜託我幫忙修改履歷表，我則問他喜歡哪種顏色的假髮。

「孩子，妳永遠都可以選擇離開呀。」他說，這句話讓我心中軟弱的地方變成頑石。我知道我可以打電話給戴維、我媽，告訴他們這裡太苦了，我無法融入。我可以想像我對我媽說這種話，一位曾坐在衝浪客肩頭上表演，幾年後甚至登上只有男性的漁船，在太平洋上工作的女人。現今則是日復一日不厭其煩地把嘴巴張開成圓形，希望能說出話。

「不，我不能。」我說。

2 Haight-Ashbury，舊金山嬉皮文化的發源地，該區名稱即為兩條街的交叉口。

與驚奇世界秀團一起上路的第七天，所有演出同仁的眼睛都注視著我，一位新來的弄蛇人，等著看我如何應付圍在脖子上的美蛇。我要勇敢，我摸摸蛇的身體，我的眼睛湧出淚水。我的胸口劇烈起伏。我幾乎無法呼吸，但盡可能告訴自己不要害怕，沒必要以為蛇會傷害我，每天都有人面對更大的恐懼，例如此刻站在我身邊的那些人。我挖掘內心深處，盡可能引導勇氣，我緩緩呼氣。

「好，不行，夠了。」我在蛇的身體下面縮起肩膀。四雙手伸過來接我躲開的那條蛇。他們抓住很粗的蛇身，將牠的肌肉從我的脖子取下，他們動作很快。根據他們手的位置判斷，他們認為我很可能會讓蛇跌落或將蛇扔開。

「拿掉、拿掉、拿掉。」淚水奪眶而出，滴落我的臉頰，我的心臟無法放慢跳動的速度，驚恐地不停狂跳。

「弄蛇第一課，這算是好的開始。」湯米迅速帶著蛇遠離我，坦然接受我無法掌握蛇的這個事實，沒有流露任何失望。「下次練習就會更好，很快就能和蛇一起表演了。」他將蛇放回箱子裡。

「妳沒事吧？」他問，我點頭。我非常感激，湯米不是老電影裡那種刻板印象的馬戲團老闆，會在半夜把人推下火車。我怕蛇、我對架設工作毫無頭緒，但他似乎一點也不驚訝。我總是焦慮地喘著氣提醒他，明天就要登臺了，但表演上的逃脫術和魔術我都還不會。

他似乎認為，什麼都不懂就跑來應徵攬客女郎是非常正常的事。他不追究我撒謊的事，又或許他認定我會撒謊，也認定我必須讓謊言成真。

現在是晚上八點，開幕的前一夜。明天早上，我必須做好準備，一天抱著蛇十二小時，然後隔天再繼續，接下來每一天都繼續。

3 人類歷史

中風後一週
二〇一〇年十月

我要為她擦上午夜黑的指甲油，這是我的新任務。美甲，我可以專注幫她美化指甲。午夜黑或許有些誇張，珊瑚紅好了，或粉藍。我纏著護士，一個下午至少問了二十五次，她什麼時候會醒來、腳趾抽動又代表什麼意義、我們能幫什麼忙。她告訴我：「不然妳幫她擦指甲油好了。」

「噢，好，她醒來時看到漂亮的指甲一定會很開心。」我阿姨說。於是我們買了一包裝在夾鏈袋裡的多種指甲油，還有軟化指緣的乳液。我媽的指甲被她啃得亂七八糟的。其實，那感覺很奇怪，那就是生活、工作及壓力的證據，現在那隻手卻一動也不動的。

她中風之後已過了一週，醫生說那是人所能存活的範圍內，最嚴重、最惡劣的一種中風。醫生以藥物誘導昏迷，希望她的大腦能自我治療一部分，醒來之後才能評估受損程度。

不過他們說不要抱太大的期待，狀況不樂觀。

有些時候，她的模樣很安詳。在呼吸器的呼咻聲與心跳監視器的嗶嗶聲之間，有幾秒的片刻，她安靜躺在那裡，閉著眼睛。通常在這種時刻，家屬會幻想所愛的人不過是熟睡，很快就會醒來，平安無事。每當我的心思往那個方向飄去，我就會急忙打斷自己。改為想像血液在她腦中瀰漫，有如被原油污染的海洋。

我站在一個可觸及四方牆面的地方，右手邊的門上鎖了，甚至還有門閂。走廊上整個世界分崩離析，但這個只能容納一個人的小空間可以上鎖，不像病房那樣總是有穿著太空裝的護士，還有很吵的機器與恐慌。當我在病房裡，和我媽與她的身體在一起，我會忘記我有自己的身體。我抓住廁所洗手臺，強迫自己注視鏡子，看清我紅腫的鼻子。我的皮膚泛紅了一大塊，睫毛膏也糊了。

「去他媽的人類歷史，這只是人類歷史的尋常輪迴。」我說出聲，努力想裝出理性的語氣，大家都相信我是理性的人，成熟又務實。我想召喚出那個理想的自己，但我的胸口與內臟都在陣陣劇烈抽痛，發熱疼痛有如燒傷。我用指甲掐著虎口，失去父母的人很多，他們都好好活下去了。就人類歷史來看，我們一定有與生俱來的生物應對機制，能夠麻痺哀痛。這個傷會隨著時間癒合，因為必須如此——因為人必須活下去，就算有人死了，星期三一樣會到來，然後星期四時，總得有人去買咖啡濾紙。

我把臉逼近鏡子，我看過別人這麼做，當他們需要嚴肅告誡自己時。

「這件事沒什麼特別的。」我強迫自己說，注視著我的眼睛。我的臉變得朦朧，白癡的愛哭鬼。

✕

十三歲那年，我媽開車帶我去一家貴族私立中學面試。她討厭中學，大學也只隨意讀了一個學期，但她不希望我步上她的後塵。

我們駛離小鎮上的紅杉與橡樹，駛離有禿鷹與白骨的金黃山丘。越接近學校，路邊的房屋變得越大越整潔。車子開了十五分鐘、二十分鐘，然後二十五分鐘，長頸子般的車道頂端出現奢華的建築，我們到了。我媽緊握方向盤，她的臉上冒汗。

車子開進學校的拱門，她說：「我好像忘記戴珍珠項鍊了。」全是象牙白建築，一望無際的草坪翠綠茂盛，看得出經過精心的維護。她撥開垂落耳朵的頭髮，用掌心撫平上衣與西裝褲。那天早上，我們有特別打扮，媽媽叫我脫掉寬鬆牛仔褲下的四角褲，換上燈芯絨褲，搭配毛衣，那是有錢人的打扮，而我需要全額獎學金。為了加入這個新世界，我必須拋棄熟悉的所有人、所有東西，但我不確定是否想要這樣，我媽並不在乎我的疑慮。她將車停入訪客的停車格，我們在車上默默坐了幾分鐘。「我未曾擁有過這種機會，妳知道的。」她說，接著從皮包拿出唇膏。「但妳不一樣。」她轉動唇膏的蓋子、翻開鏡子。「妳超聰明。」她的語氣很尖銳，幾乎有點憤怒。她抹上唇膏。

我看著光鮮亮麗的學生們，他們穿著筆挺乾淨的毛線外套、全新的運動鞋，我的指甲陷進皮膚。我深呼吸，打開門想出去，但她抓住我的手臂，語氣聽來非常急迫。「妳的頭腦不輸給這裡任何人，甚至更好，不要被他們唬了。」說話時，她的視線不曾離開我的雙眼。「這輩子，我一直任由別人說我不夠聰明，我相信了，那句話差點毀掉我，但妳不一樣。去給他們好看，因為妳非常、非常特別。」

✕

在走廊上的病房裡，我媽沒有死。病床邊的桌子上擺滿指甲油，有各種紅色、各種亮粉。日復一日，我坐在她身邊，在她的左手和雙腳擦上指甲油，擦完又重擦、再重擦，因為醫生只准我們接觸她身體的這些部位。她右手的皮膚、臂彎、手指全都貼著固定針頭用的膠布，四條不同的管子插進她的頭。

人都會死。

當然都會死。

儘管如此，我不理會歷史如何演進，不理會時間的必然性，不理會她流血的大腦，不理會她已經喪失了多少自我，我的腹部深處依然藏著悸動的小小希望，期待她的康復。這份希望讓我確信，這並非盡頭，但我不敢讓希望成長。

「妳不特別、妳不特別，妳並不特別。」我對著鏡子說。

4 開門迎客

一百五十日中的第八日——驚奇世界

二〇一三年六月

嘉年華會漸漸甦醒。

我們右邊的遊樂設施「外星飛碟」大聲播放音樂，越來越大聲，然後突然關掉。我們在賓州的巴特勒市。過去四天，我們在這裡架設準備迎接第一場遊樂會，那些總是穿著髒T恤的嘉年華員工，今天換上公司的藍色馬球衫制服，在各種遊樂設施之間大搖大擺地走動，互相點頭打招呼，比較年長的人會停下來握手。這個嘉年華會中，幾乎所有遊戲與遊樂設施一應俱全，這一季已經做過兩場遊樂會了，「嘉年人」從設施上跳下來，輕盈自在彷彿大貓，每個動作都趾高氣昂，流露出主人的氣派。我們是獨立包商，為不同的嘉年華公司服務，每到一個地點就和新的一批員工合作。

二十分鐘後，二〇一三年度驚奇世界巡迴季將正式展開，我們將開門迎客。我將會第一次在觀眾面前表演吞火、弄蛇、魔術、逃脫術。

一想到，我就全身發麻。

遊樂設施全部接好電、亮起燈，音樂大聲放送，空氣中滿是炸洋蔥的氣味，我換上舞臺裝、化好妝。我在帳篷邊和湯米會合，準備一起登上攬客舞臺。我覺得我體內彷彿有一隻小鳥正在亂飛，翅膀觸動每個內臟，讓我忍不住露出像被搔癢的笑容，但笑容下藏著恐懼，我不夠好，沒資格進行任何表演。

身為秀團的攬客女郎，我要和主持人一起站在帳篷前面的攬客舞臺上，湯米和凱西每小時固定輪班，以免喊到沒有聲音。我要表演吞火、弄蛇、逃脫術，還要用魔術將一元紙鈔變成五元。我上過吞火課，而昨晚史畢夫花了五分鐘教我如何逃脫手銬、表演一元紙鈔魔術，而我抱著蛇時終於不會發抖了。以前在學校演出時，總會有大量排練時間，在這裡上臺後才能見真章，陽光這麼說。在舞臺上、在觀眾面前邊做邊學，很能激勵人迅速進步。

「莎莎，準備好了嗎？」湯米走向攬客舞臺，一手拎著一袋劍，另一手拎著錢箱。看到蛇纏在他的脖子上，我鬆了一口氣。他察覺我驚恐的表情，於是說：「牠暫時由我照顧。」

「謝謝你，湯米。」我說。他賞我一個流里流氣的笑容，讓他整個人變得不一樣了，感覺像二手車的推銷員，搭配上亮片西裝外套，簡直太完美，我忍俊不禁。

我們登上舞臺，往中央走道望去，依然只有小貓兩三隻。現在是星期五，快到中午的時間。我們的位置離會場大門最遠，暫時還沒有熱情觀眾會特地穿過整個嘉年華會來到後面這裡，所以我還有一點時間能練習。

「妳要用什麼藝名？」湯米問。

「我還沒想好。」我承認。

「好吧，直接叫妳莎莎可以嗎？」他說。

「當然好。」我說。可是不該這樣的，我特地到此不是為了這樣。「不然，如果你想到好名字，直接用來叫我可以嗎？你有想法嗎？」

「呃。」他用手指點點嘴唇，早上他畫了黑唇髭。「各位觀眾，今天你們將會看到泰克絲・方亭在各位面前表演吞火，逃脫鎖鍊。」他對著麥克風說，然後轉頭看我。「如何，泰克絲？」

「好喔。」我說。

「我會繼續想出更好的藝名。」他說。

一個推著兩輛嬰兒車的家庭從中央走道接近，他們身後還有幾個人慢慢往這裡走來，於是湯米拿起麥克風說話，以誇大的方式介紹帳篷裡的演出項目，他稱之為暖身，我趁觀眾距離還很遠、看不清楚舞臺時，把握機會最後練習一次逃脫術。

幾個觀眾走到能聽見我們交談的距離，於是湯米壓低音量問：「準備好了嗎？」我點頭。

「現在不用排隊，不過最好動作快，精彩的全在裡面，等你前去發掘。」湯米拿著麥克風說。我站在舞臺上，盡可能裝出有用的模樣，不只是穿著暴露而已。怎樣的姿勢才對？我雙手插腰、一腿微彎，感覺像八〇年代的泳裝廣告。我雙手抱胸，稍微往後仰，但現在又像九〇年代的不良少女。無論我換什麼姿勢，感覺都像表演者之外的其他角色。我還沒機會多想，湯米已經吸引了一小群人聚集在臺前。

湯米說：「好的，我們馬上為大家帶來免費演出，就是現在、就在這裡。這位咪咪·愛慕兒小姐正要為大家把一元變成五元，我則要為大家現場表演吞劍，我們的巨大食人紅尾蚺已經被催眠了，會一直乖乖待在我的脖子上。」表演開始，觀眾從十人變成十五人。「只要進去裡面，就能看到蜘蛛女蛛多拉，她天生有張漂亮臉蛋，身體卻是大蜘蛛。」湯米的眼眸閃爍光芒與挑釁，彷彿他深信自己所說的話，同時引誘觀眾進去尋找破綻。

觀眾人數成長到二十人。我看到中央走道上的人們跟隨麥克風的聲音走來，彷彿受到燈塔吸引。

湯米將一元紙鈔交給觀眾中的一位少女，讓她檢查確定是真的。「儘管聞聞看。」他說。「有沒有聞到？那是政府印鈔票的味道，銅臭味呀！」人群發出低低嗤笑。「將鈔票交給愛慕兒小姐。」湯米說，我從少女手中接過鈔票，平放在手掌上，做出想說服大家我們並非耍花招的樣子。湯米繼續攬客，喊出各種表演，介紹令人驚奇的故事，中間穿插各種不可思議的神奇情節，彷彿天方夜譚一般，故事中套著故事。

我以跨張的動作轉動手腕，撫平放在面前的紙鈔，觀眾注視我的手指，我將鈔票摺成長條。湯米正在介紹裡面有哪些醫學難以解釋的神祕奇觀，我將鈔票摺好之後，纏繞在手指上。許多觀眾的視線一直緊盯我的手，相信只要看得夠仔細、夠專注，一定能抓到我的花招，捕捉到我偷換鈔票的瞬間，擊敗臺上的騙子。他們很努力觀察，我坦然承受，他們的注意力，他們深信能揭穿神祕真相的信念。我微笑，只有一點擔心會失手，不過站在舞臺上的感覺真好，非常、非常好。

雖然我已經把一元變成五了，但我還是拖延時間製造緊張感，對著手吹氣，揮動握起的拳頭讓他們繼續仔細觀察，讓他們拚命張大眼睛，抓住偷換的瞬間。當我終於對觀眾舉起一隻手，掌心朝著我，湯米看過來，點點頭說：「快看咪咪．愛慕兒小姐將一元變成五元。」我翻轉手掌、秀出掌心，一元紙鈔被摺成阿拉伯數字五的形狀，有些人微笑、搖頭，有些人則是唉聲嘆氣，有幾個人伸長脖子想看清楚，生怕錯過笑點，以為有更精彩的後續。

「現在呢。」湯米用劍敲敲頭頂的金屬桿，一方面是為了吸引觀眾的注意，另一方面則是為了證明劍真的是金屬，「吞劍人要來吞劍啦。」他調整一下身上的蛇，請一位觀眾上臺。一位少女舉手。「一路到底、毫髮無傷。」他說，然後挺直背脊、挺出胸膛，把劍塞進喉嚨裡。金屬刀鋒有一半消失在他體內，我像觀眾一樣目瞪口呆，第一次如此近距離看到吞劍。

多麼美的表演，優雅、危險，就在一臂之遙處上演，依然難以置信。湯米吞完整把劍之後彎腰，讓觀眾看到金屬消失在他口中，讓他們想像劍尖抵著他的胃袋，幾乎將他刺穿，他張開雙臂、揚起眉毛。他彎腰接近那位少女，以手勢要她握住劍柄，她握住，手差點碰到他的臉頰。劍拔出來時他沒有作嘔，嘴唇保持張大不動，他看著少女專注地拔出他口中的劍。她的爸爸站在她身後，帶著笑意皺起眉頭，她的媽媽拚命拍照。

劍離開他體內，湯米迅速鞠躬。

「開幕日特惠，現在成人票只要三元、兒童票只要兩元。士力架在那裡等各位買票，快去排隊，全世界最神奇的演出將令你嘆為觀止。」湯米說。所有人都進去了，二十個人在售票亭前大排長龍，隊伍吸引更多人加入，大家都以為這裡有不容錯過的精彩好戲。隊伍不斷拉長，第一位觀眾入場，我聽到身後傳來表演開始的聲音。紅毛站在他的舞臺上，歡迎觀眾進場，把釘子敲進鼻孔裡，我站在售票亭外側，揮手請觀眾進去，滿面笑容，穿著亮片超短褲，客人一個接一個買票進場。我感到讚嘆，這也確實令人讚嘆。

觀眾全部進去之後，我回到舞臺上，湯米說：「入場數不錯，這種狀況幾乎沒有發生過，竟然幾乎所有觀眾都入場了。」

「我們一定有魔力。」我對他眨眨一隻眼睛，感覺這一定是屬於我的人生，一定是最適合我的模樣。我們擊掌，我從來沒有這麼亢奮過。

下一場攬客表演隨即展開，同樣順利，一元變成五、吞劍、無比精彩的故事。表演結束後，我們站在舞臺上堆起燦爛笑容，但所有觀眾都轉身離開。

下一場，兩個人入場。

下一場，三個。

長達五個月的巡迴季才開始四十五分鐘，我已經灰心洩氣了。儘管我們每隔七到十分鐘就會重複一次相同的演出，招攬一群新路過的人，但每次的表演都必須感覺新鮮刺激。有時候，觀眾真的很不捧場。

我的腳快痛死了，已經一個小時了。

我的鞋跟相當低，大概只有兩吋半，但我並非那種天生會穿高跟鞋的優雅女性。

網襪把我的腰勒得很難受。

汗水讓妝容糊掉。

馬甲太緊，我有點喘不過氣。

表演幾個小時之後，我終於能休息十五分鐘，我仔細觀察後臺其他女藝人的馬甲。陽光的馬甲貼合曲線，但鬆緊度比較像襯衫，而不是真空收縮袋，側邊有拉鍊，不必費事綁帶子或拆開，凱西的也一樣。我想吃點心，但不確定是否吃得下去，穀麥棒恐怕根本下不去，會卡在我的馬甲上方，像老鼠卡在蛇的喉嚨裡那樣，積成一團。我伸手到背後將馬甲放鬆一些，但仍處於緊到不舒服的狀態。我年輕時演過很多場話劇，就算服裝很不舒服、身體很累也沒關係，因為腎上腺素會不停湧入，而且演出時間有限。但這裡不一樣，一旦開始，就像不斷循環播放的唱片。我喜歡這樣——每天我都可以嘗試再嘗試、再嘗試，努力將同一件事做得越來越好。每一天，我都有機會重來一次，反覆做已做過的事，直到終於恰到好處。

X

我們還有很多機會微調聽到媽媽狀況不妙時的反應。有許多機會練習繃緊臉部肌肉、咬緊下顎、皺起眉頭，一邊聽醫生解釋最新的狀況。我們的這些日子有如噩耗大合唱：

她很可能撐不過今晚。

她說不定撐不過這個下午。

戴上口罩，穿上拋棄式防護衣，穿上鞋套。

她的身體很可能撐不過這次的併發症，機率有七成五。

她撐不過今天早上。

戴手套前、脫手套後，都要用這種肥皂洗手，千萬不要拆掉防護面罩上眼睛部分的塑膠片。

我們先出去讓妳和她獨處一下。
我們讓妳和她單獨說說話。
這次可能真的要結束了。
讓生命不得不煞車的緊急狀況過了一天。
妳有沒有看到面紙？
不要讓她看到妳哭，她可能會放棄。
妳有沒有看到面紙？
讓生命不得不煞車的緊急狀況過了四天。
不要讓她看到妳很痛苦的樣子。
吃個三明治。
這絕對是人體所能承受最嚴重的併發症。
一星期過去了。
四個星期過去了。
做好心理準備，我們要拔掉維生系統。
妳狀況如何？有沒有固定排便？
四個月過去了。

不要碰她的臉。

她或許能活下來，但她會想要那種生活方式嗎？

她的預設醫療指示是怎麼說的？

先生，你不能不顧她的預設醫療指示。

繼續。

九個月過去了。

一年。

兩年。

繼續。

X

從人員會合的吉布森屯出發，前往賓州巴特勒市，我們第一場遊樂會的場地，車程耗時三天。

我們抵達時，一塊巨大的夾板靠在圍籬上，上面寫著「巴特勒市大遊樂會」。招牌後面是一大片開闊的土地，草已經因為夏日高溫而枯萎，顯得坑坑巴巴的，我們把車停好。湯米與陽光走進會場之後就消失不見了。我看著史畢夫和碧普西，希望他們知道是怎麼回事。

「湯米要去找場地總管，問我們的位置在哪裡。」史畢夫說，他打開小巴的車門，懶洋洋癱在臺階上，從腰帶拔出匕首挖指甲下面的污垢。

「現在都還不知道嗎？」

「我們怎麼可能知道啊。」他對我聳肩，我也聳肩。我什麼都不懂。史畢夫認輸，告訴我場地總管會畫好地圖，分配所有遊樂設施、遊戲攤位、小吃攤位、商品攤位、表演團體的位置，大家各自前往指定位置。這份地圖既務實又政治，考量多種角度，例如說，有許多吊臂轉來轉去、較為動態的遊樂設施，這都都放在中道，這樣客人才能從吊臂中間看到其他設施，吸引他們買票。嘉年華會正中央的走道稱為「中道」，那裡是遊樂設施與速食攤位聚集的地方，最吸引人的設施要放在走道圓弧的底端，像是雲霄飛車、自由落體，這樣客人才會走過整條中道，看到可能有興趣的其他設施。設攤的位置也要考量到攤主或嘉年華公司與場地總管的交情，夠深、夠久就能拿到好位置，場地總管喜歡的人就能獲得賺錢熱點，討厭的人就會分到兒童遊戲區的邊緣地帶。

我們附近有其他車輛，其中一輛拖車用小型金屬柵欄圍起，裡面有八至十匹小馬，每一匹都裝了轡頭，綁在一個像八爪魚的東西上，各占一隻金屬手臂，小馬彼此跟隨繞圈圈，頭隨著腳步上下晃動，柱子跟著轉。

「小馬耶！」我指著那一圈動物，開心拍手。

「菜鳥。」史畢夫說。

「可以摸牠們嗎？」我問。

「我們去的每個地方都會有小馬，還有更酷的動物，像是老虎之類的。」史畢夫說。於是我放棄摸馬，只從遠處欣賞。碧普西下車，示意要史畢夫幫她按摩脖子。

在遊樂會場中，卡車慢慢卸貨。自從美國的高速公路數量增加也更安全之後，馬戲團不再靠火車移動，所有巡迴嘉年華的遊樂設施都必須拆解後塞進卡車裡。我正在目睹祕密儀式，見識嘉年華的內部作業，一個男人忙著固定「大章魚」向外延伸出的腿部。

一輛卡車經過時按喇叭致意，車上滿是皮膚曬成粉紅色的年輕男子。每隔幾分鐘就有一輛卡車從我們旁邊經過，開進嘉年華會場，車上載著裝在大塑膠袋裡的填充玩具，不然就是幾個嘉年人。每次經過時，卡車上的人就會一直轉頭看我們，直到開到看不見的地方為止。

「遊樂會很少有女性員工。」史畢夫邊說邊揉捏碧普西的脖子。「他們會非常哈妳們兩個，當心點。」他說。

這句話，感覺像在邀請麻煩上門，我喜歡。我從史畢夫和碧普西身上爬過去，大字形地在草地上躺下，就讓他們看吧。我剛加入三天，儘管很多地方都能看出我尚未融入這群人，我聽不懂他們的小圈圈笑話，也不知道小巴大聲播放的音樂是哪個重金屬樂團，但我就在這裡，就是這些神奇事物的一員。

能夠來到這裡，我很開心——甚至到了狂喜的程度。嘉年華會是狂歡樂園，既然來玩的人都很開心，沒有理由我會不開心，這裡有華麗的燈光、美味的甜食，及各種油炸小吃。我看著卡車一輛接一輛進入會場，測試中的遊樂設施傳出喧鬧音樂，我感到一種集體的懷舊情懷，嘉年華會的概念本身就樂趣十足。我已經很久沒有像這幾天一樣，滿心洋溢興奮，這裡的未來沒有醫院，也不必擔心失去親人。

我想著我媽會有多喜歡，她一定會覺得有趣，這裡可是有小馬呢！

抵達巴特勒大遊樂會場地一個小時後，我們在分配到的位置將貨櫃與車頭分離。我們分到中道U型弧線的中央，位在尖端很不錯，就像U型兩端一樣，缺點是這裡離入口最遠。

我跟著陽光去看貨櫃下的儲藏空間。我們打開鎖、掀起金屬門，感覺像客運車行李艙的加大版。「負鼠肚」是馬戲團的古早用語，指的是載貨馬車下方的儲存空間，可以充當小睡的地方。

「負鼠肚非常、非常特別。」史畢夫說，拿起一支金屬帳篷樁。「是個找樂子的好地方。」他對著金屬挺動下半身。

「卡車司機會在休息站躲在那裡嫖妓。」陽光解釋，她蹲在負鼠肚裡，看著幾堆綁在一起的金屬帳篷柱。「那些休息站的妓女被稱為負鼠肚女王，所以我們就這麼稱呼負責管理負鼠肚的人，負鼠肚女王。我已經當很多年了，這份工作可怕、危險又噁心，所以我不幹了，現在輪到妳啦。」她轉頭看我，微笑著說：「恭喜。」

我感到一陣得意，他們是不是看出我有多勤奮？

負鼠肚裡堆著大約四十支帳篷柱，感覺隨時會崩塌。陽光解開綁住柱子的巨大皮帶，緩緩解開絆扣。「過來這裡坐。」她拍拍負鼠肚的門板，我走了過去。裡面有股潮濕的氣味，還有金屬味和霉味，我想像礦坑裡應該就是這種味道，或是穿過地球的隧道。那堆金屬柱高五英尺、長二十五英尺。

「我需要妳把全身的重量靠在這堆柱子上。」她說。「雙腳站穩，用力往後靠。柱子在路上會晃動，有時候會落下把人活埋。」

負鼠肚的鋼鐵門板在我身體下方發出嘎嘎聲響，剝落生鏽，金屬形成參差的圖形，有如蕾絲。

雖然陽光很瘦，感覺不太強壯，但她在這個狹小空間移動時，動作有如武術大師般精準有力，攀爬、緊握、抓穩、傾身，複雜的動作表明這是一場精心安排的舞蹈。她將柱子一根根拉出，彷彿在玩恐怖版的抽棍子遊戲，一不小心就會葬送性命。

陽光將一根柱子推到卡車尾端，我用雙手接過，很重、很髒，足足有十五英吋長，金屬鏽蝕剝落處很尖銳。我將雙手分得很開，盡量保持平衡，然後走了幾步。重量分配依然不平均，我這輩子沒拿過這麼重的東西。我將一端放在地上，然後另一端也放下，沒有人看我。我重新搬起柱子，盡力回想如何以雙腿使力，柱子的一端起來得太快，出乎我的預料，不小心打到路過的史畢夫。

「噢，對不起。」我說。

「小心點。」他凶巴巴地說，往後跳開，然後繼續匆忙往卡車走去。

我緊握柱子，先看看前後然後才重新搬起，我分開雙手、咬緊牙關，拿著柱子前進。我四周的空間不再屬於我，而是屬於和我一起工作的人。我們的場地旁還有其他工作人員，男人爬上還看不出是什麼的遊樂設施，忙著拴螺絲、固定、連接。現在，我身在這一切當中，感覺自己是個真正的嘉年華人。突然間，我的身體有了用處。這就是工作，這是工作的真諦。看看這些運作中的四肢，肌肉回應指令。

我的步伐像在走鋼索。我的雙手握住柱子中央，專注踏出一步又一步。如果我搬不動，沒有人可以求援——搬動柱子是我的工作。

負鼠肚裡的柱子全部搬出來之後，湯米打開貨櫃的尾門。

我們抓住斐濟美人魚展示櫃的四個角。「不要問接下來要做什麼。」他告訴我。「等候指示就好。不過，不要到處亂跑，也不要心不在焉。也不能去廁所，不可以。」斐濟美人魚的頭髮脫落，塑膠魚尾斑駁。「有時候會短暫休息，就可以去廁所，不過要先問一下。」他抹去前額的汗水。賓州的太陽已經低垂，但依然很熱，而且我們動作很快，我看四周的人都曬傷了。

「所有東西都有制訂好的順序，所以除非有人要妳拿，否則不要移動任何東西。也不要亂碰東西，因為可能會掉下來砸傷妳。上一季有一塊超大的板子砸在陽光頭上，她當場昏倒。」他說。我們搬下一張巨大的椅子，上面有金屬板和電線。

「這是什麼？」我問湯米。

「電椅，電流女用的，她會用舌頭點亮燈泡。」他的語氣突然變得像在舞臺上攬客。

「哇塞，電流女由誰演出？」我問。

「我們之中最勇敢的那個。莎莎，妳想要有一天坐上那張椅子嗎？」他對我眨眨一隻眼睛，我的胃興奮顫抖。

大型馬戲團帳篷布裝在巨大的帆布袋裡，我們在草地上拖著走。我等不及想看袋子打開，看裡面紅藍相間的塑膠布展開，和其他壓平的塑膠布一起組成帳篷，容納我們在舞臺上呈現的神奇演出，或者該說是他們的演出。

「如果陽光對妳大小聲，不要放在心上，紅毛也是。他明天會加入，他可能會凶妳。老實說，我確定他一定會，他會說妳是笨蛋，但他不是針對妳個人。好嗎，莎莎？」湯米說。

「好。」我說。

他發現我滿臉通紅，於是問：「妳還好嗎？」

「有點痠痛。」我拍拍手臂。「我已經感覺到馬戲團肌肉在成長了。」他點頭微笑。我們開始工作還不到一小時。主要的架設工作即使順利也要花上十六小時，接下來幾天才會登場，現在我們要先把放置整個冬季的道具和裝備拿出來清潔。

「好，不要太拚命。」他依然在微笑，或許心裡在偷笑，菜鳥。

肉體勞動一直是劃分階級的指標，從古至今皆然。身為中產階級女性，我的人生很少需要進行體力勞動，頂多只有當保母的時候抱小孩、將漢堡端到客人的座位。我的身體從來不需要勞動，只做些簡單輕鬆的事。但在這裡，我必須用盡力氣避免柱子打到別人的頭，我只能專注讓動作維持協調，讓身體機械順暢運作，其他都無法思考。

「還有我可以幫忙的事嗎？」我問湯米。

「還有我可以幫忙的事嗎？」這句話很熟悉。我問過無數個護士、外科醫生、腦神經醫生、物理治療師，然後也問過職能治療師、語言治療師。不同專業的護士可能會有不同的回答，新醫生也會提出新的事情，然後我就去做：

轉動那隻手臂繞小圈
順時鐘
逆時鐘
往北
往南
用凡士林按摩腳趾間促進血液循環
按摩腳底
沒有穿壓力襪的時候小腿也要按摩
把手指攤開再收攏

我記住要做這所有事，但一、兩天或四天過後，新護士帶來新指示：
新的張口運動，用我的拇指和其他手指捏住她的下顎
如果可以扳開嘴唇，就用檸檬味的海綿幫她擦嘴唇內側的牙齦
讓牙齒保持濕潤
看看連結味覺的神經突觸是否正常運作

新的膝蓋彎曲運動
新的握手方式
轉動：拇指向上
拇指向下
拇指向上
拇指向下
唱歌
哼歌
安靜
說些往事
編造新故事
朗讀書籍
但我會跳過性愛、恐怖、暴力、危險的書籍情節，也會跳過與醫療、死亡相關的部分，太過傷心、太過歡喜的也不行。於是，我朗讀的文章大多在描述沙漠植物，黑嘴天鵝的飲食習慣，及附近一家風電廠的發電循環。

還有我可以幫忙的事嗎？

她的氣味像是塑膠與消毒水的味道，在這些氣味之下，她的氣味只像一個人類母親，我的人類母親。

究竟失去了什麼？她在這裡，一動也不動地躺在我面前，活著。世上只有她這個人類會從背後走向我，將頭靠在我（她出奇高佻的女兒）肩上，從後面抱住我的腰，溫柔地笑著說：我生了妳。

✕

「莎莎，現在沒有妳能做的事了。」湯米說。

一個鬍子刮得很乾淨的男人大步走過來，他頭戴遮陽帽、身穿馬球衫，拿著一個文件夾板，他喊叫湯米。陽光低聲說：「那個人一定是老闆，妳看看他。光看就知道誰是老闆，因為他們洗過澡、牙齒大致完好，也可能坐著高爾夫球車在會場到處跑，一條腿懸在外面，方便隨時跳下車解決危機，不必停車。」

「也方便遇到偷懶的嘉年人直接賞一腳。」史畢夫補充。

湯米回來之後宣布：「大家聽我說，老闆剛剛告訴我，這次有新規定。這場遊樂會所有人都得驗尿確定沒有吸毒。」原本東張西望的大家，瞬間專注看著湯米的臉。「嘉年華公司正在努力打造適合全家大小一起遊玩的形象，洗刷以前的惡名，所以在開幕之前大家都要接受驗尿，才能取得演出許可。」

「噢，媽的。」史畢夫說。

「一定要通過，否則禁止演出，這是老闆的命令。明天我們要去沃瑪爾大賣場，每個人都要買齊有助於通過驗尿的東西，你們所有人……」他壓低音量又說，「都一定要通過，我們沒有替補的人員。要是有人沒過，表演就撐不下去。」

史畢夫與陽光抓住對方的手臂，湯米說完準備離開。「你們有四天的時間。」他回頭大聲提醒。

現在，必須讓每個人的身體達成曾經認定不可能的目標。

「維他命B3可以讓人大量流汗。」史畢夫說。

「蔓越莓汁有助於淨化。」陽光接著說。

「維他命B群。」碧普西說。

所有人都開始迅速行動。

✕

誘導昏迷五天之後，醫生給她施打了「起床藥」。他們想測試她腦部運作的程度，判斷她對什麼有反應，身體能動的範圍。

我們圍在病床邊。

我以為加護病房會有很多人行色匆匆，但其實大部分的時間都一片死寂，很安靜。例如我在等候室認識的那位小姐，每當我無法承受繼續待在病房，或者醫護人員要對她做一些事情，認為我們最好不要看，這時候我就會去等候室。那位小姐的男友騎機車出車禍，她在等醫生確定他是否會醒來。他已經昏迷兩週了，而我們相伴等待。她盤腿坐在有軟墊的椅子上，經常笑容滿面，擦有唇蜜。我們一起拿起雜誌又放下。

神奇的藥物透過點滴進入我媽體內，我們在病床前圍成一個半圓等待。戴維、我弟弟山姆、阿姨，及姨丈。她會睜開眼睛，看到我們，然後露出我們每個人都那麼熟悉的笑容，那個笑容屬於我們人生的主宰、女王，我們會知道這次的災難只是另一個小小難關，我們會鼓掌慶祝她順利度過。

我們等候，期待她會打呵欠、伸懶腰，問我們：「發生什麼事了？」或「這是什麼地方？」然後我們會微笑，無比感激的笑容，抹去眼角溫熱的淚水，告訴她：「不用擔心，一切都平安無事。」

兩小時，四小時，二十四小時。

然後，不管那是絕妙、奇蹟，或是天堂的天使、其他神明，都感謝您，她的左手曾握了一下，只有一下，只是小小的動作，說著，嗨，裡面有人喔。

這是第一個好跡象，她沒有變成植物人。

她會睜開眼睛。

她會睜開眼睛，然後真的睜開了。

我們圍在床尾。「嗨！嗨！哈囉！美女！」我們說，但那雙無比明亮碧綠的眼睛不見了，她的虹膜變成黯淡的灰色，像是卡通裡疾病、邪惡或不幸的化身那樣，但這不是卡通。媽的，這是真正的病人，眼睛顏色改變了，我心裡只有一個念頭：她身體裡面那個人是誰？然後，我又因為有這種想法而自我厭惡。裡面的人當然是她。

不是她。

是她。

那雙灰眼睛不看我們，似乎也沒有在看任何人或任何東西，只是茫然望著前方。

那天晚上，我和戴維、山姆一起從醫院開車回家，我一直反覆在想著這件事，那雙眼睛，是誰的眼睛？這棟房子，她在這裡住了二十二年，做過各種修繕，她一直有雙無比明亮的碧綠眼睛，這棟房子現在堆滿紙箱。他們當初買房的時候價格很低廉，房子位在山丘上，感覺好像會滑落，他們花了一年又一年的時間挖土建造花園，安裝新窗戶，花一、兩年的時間存錢買新家電。但灣區其他地方的房價暴漲，他們實在難以維持。

房子裡堆著一箱箱染劑與手繪布料，幾年前我媽終於不得不結束她的事業。她賣掉了繪畫臺、布料蒸汽機，及漂洗機。小小的工作室兼辦公室也退租了，這裡的空間已經比之前那間小很多了，經過一再縮小規模、降低開銷，最後只剩下幾個被老鼠啃過的紙箱，堆在地下室的泥土地上。幾年前，戴維被裁員後就一直找不到工作，也已經無法再借錢，也不可能繼續挖東牆、補西牆了。所有東西都整理好裝箱，房子沒了，出售中。他們租了倉庫存放這裡的所有箱子，計畫以後要想個好計畫。

搬家日期就訂在她中風後的兩週。

×

我們的鄰居在幫忙整理廚房，將各種東西塞進垃圾袋，開過的泡打粉、變形的保鮮盒蓋子、一包包烤雞用的填料、放在冰箱裡醃的雞，一個陶瓷湯匙架，那是我和弟弟小時候送的母親節禮物。

我走進廚房，頂著蓬鬆鬈髮、戴著綠松石耳環的主婦們正在整理東西。鄰居太太們自願來幫忙，但打包計畫只有我媽知道，所以這下沒有人知道該如何處理所有東西，而每個人都有自己的計畫。其中一個人打開一瓶柏柏爾香料，這是衣索比亞的混合香料，我爸媽親手用杵臼研磨，平常他們把杵臼放在茶包下面，糖罐和麵粉罐旁邊。那位鄰居聞聞香料。「這是什麼鬼東西？」她問廚房裡的所有人。

「柏柏爾香料。」我很想這麼說。我想告訴她們，因為我父母已經連續幾個月連電費都只能勉強湊出來，我媽只能在廚房裡環遊世界。但我還在努力將記憶化做言語，那位拿著柏柏爾香料的太太聳聳肩，將罐子扔進垃圾袋。另一個人拿著裝飾用的牙籤，然後放進垃圾袋，另一雙手扔掉了韓式泡菜。

這裡沒有我能做的事，我連話都說不出來。只裝有四顆丁香的罐子，有什麼理由要留著？確實有理由，只是我找不到。我迅速在走道上前進，體溫升高讓我滿臉通紅。幾位鄰居聚集在門口，討論怎麼處理臥房裡的東西比較好，她的內衣褲、髒上衣，及緞面襯裙。那些襯裙緊緊捲起來，形狀像蛋糕捲，整齊排好放在抽屜裡，淺粉、象牙白、黑色，旁邊塞了幾條皮帶和裝在夾鏈袋裡的絲襪。這是她最後碰過的東西，我不希望那些鄰居觸碰。光是想到就讓我齜牙咧嘴，我需要獨占這些東西。

小細節才真的讓人傷心到發狂。明明不成對的襪子，但她還是當成一雙穿。

「我相信她很快就會想穿高領毛衣了。」站在門口的其中一位太太說，伸手要拿掛著的高領衫。

「臥房我來處理就好。」我微笑從她們中間擠進去。

「我們可以幫忙。」那些太太不肯讓步。

「不用，謝謝。」我說。「真的很謝謝妳們。」我記得微笑道謝，然後當著她們的面關上門。我討厭她們在這裡，我知道這樣很沒禮貌，但她們拿起髒杯子時充滿優越感——那真的是優越感嗎？還是心中充滿憐憫？——這些髒杯子，並不屬於她們美麗的加州住宅，她們也沒有失去房子。但我們需要她們，毫無疑問地，她們是救星。因為有她們幫忙，房子裡的東西才終於能裝箱。我的家人可以即時將東西搬進倉庫，不必勞動警察上門，拿著獵槍驅逐我們，沒有人會流血，只有我們傻傻的心在淌血，還有醫院裡我媽的腦子依然在溢血。

血就是止不住。醫生試了各種藥物、插管、抽吸。她的腦子只想不停流血、流血、流血。

我將壓扁的紙箱打開，用膠帶黏好。製造出新的空間，讓臥房裡的東西居住，如手鍊、胸罩，及乾燥花香包。我開始整理襪子抽屜時，兩位阿姨中的一位進來，我無法判斷該哭還是不該哭。家裡總得有人當總指揮來搞定所有事，顯然那個人就是我，我要扛起重擔。弟弟還在大學校園裡，而戴維出門不知去哪了，他的心大塊地崩解。我們需要有人負責在文件上簽名。

我抓起一把襪子放進紙箱，阿姨在旁邊整理內衣褲，我不介意她在這裡，甚至可以說她在這裡比較好。抓了幾把襪子之後，我摸到一個怪東西，不是軟的，是硬的，我拿出來看，我手中抓著一個有許多按鈕的巨大情趣按摩棒，側面寫著「激情兔」。我臉紅了，用兩隻手指捏著，彷彿那是髒尿布。那個東西很重，一個擁有慾望的活生生肉體使用過，那樣的人生離我非常、非常遙遠，子女通常會忘記父母的人生有這個部分，我通常只想忘記父母有這個部分，但現在的意義不一樣了，那已成為過往的象徵。阿姨是個敏銳又善良的人，她看到我臉上瞬間冒出的驚恐，我手裡那個東西帶來的複雜悲傷，以及我的尷尬。

「噢，我還在想這東西不知道藏在哪裡。」她若無其事地說。「我很慶幸至少是妳找到，而不是妳弟弟。」她迅速從我手中拿走。「上次搬家時，我兒子來幫忙，結果發現是我的，真的很丟臉。」她俐落地以襯裙包住那個東西，然後塞進一隻襪子裡，最後藏進我們正在裝的箱子深處。

我望著臥房窗外的金黃丘陵，想起媽媽曾經教過我如何求生。萬一遇到山獅，要放慢動作，撿起最接近的樹枝，豎立在頭上，一手放在頭上拿穩樹枝，另一手伸長，如果可以，往旁邊盡可能張開，手指像海星一樣張大，這樣就能製造出一個怪物。當妳變成比山獅更大型的野獸，山獅會害怕而不敢攻擊，這時妳就要慢慢、慢慢後退，繼續抓好妳頭上的角、張開翅膀，慢慢地後退，同時注視牠的雙眼。

5

有中國龍的聖誕

中風後一個月
二〇一〇年十一月

感恩節到了，我列了一張清單。

我們全部擠在鄰居家的廚房，他們出遠門度週末了。我媽還在加護病房，感染在她的腦部與血液蔓延。她無法飲食，因為她的腦子忘記了如何咀嚼、吞嚥。我們大部分的時間都在醫院。每天都是最後一天，都是訣別的日子，但新的最後一天又會來臨，一次又一次。

於是乎，感恩節到了。同樣的阿姨、姨丈開車上來，我們所有人並肩站在鄰居家的廚房裡，就像最平凡的美國人。「蔓越莓、新鮮蔬果與罐頭」我抄下食譜的溫度與時間，又寫下「芹菜、奶油、赤褐色馬鈴薯，及麵粉」。大家都有著同樣的幻想，以為感恩節會帶給我們一些療癒。我們家很重視過節，親戚們都熱愛很費工的大餐、裝飾，喝酒，我媽更是如此。但我們忘記了，她永遠扮演在中間指揮的角色，讓所有事成形。

十年前的聖誕節，我媽抱了一個薄紙箱回來，上面印滿中文字。她什麼都沒說，只是從箱子裡拿出一個橘紅相間壓扁的東西。「輕輕拿著。」她小聲對坐在沙發上的弟弟說。

那年他十一歲、我十五歲，她將那個紙做的東西一頭塞進他手中，她拿著另一頭緩緩後退，讓那東西在兩人之間展開。一段橘紅相間的紙變成兩段、三段，越來越多，中間以細繩相連，她倒退走過整個客廳。所有部分都展開了，她繼續後退，紙張繼續拉長，延伸到超乎我們的想像。

「我決定今年聖誕節的主題了。」她說。紙不斷拉長，越拉越長，有如魔術師從喉嚨拉出的手帕。「主題是中國。」她站在最遠端的牆壁前，走了足足二十英尺。一條紙龍橫過整個客廳，從扁平變成立體。那年輪到我們做東，要招待所有親戚過節。

「主題是中國？這是什麼意思？」我們問。

「到時候你們就知道了。」她說，臉上的笑容彷彿在策劃陰謀的卡通角色。

「聖誕節？」我們全都難以置信。

她嘆息。「火雞、火腿，這些我早就膩了，你們不覺得嗎？」我們點頭，但其實我們不覺得火雞、火腿很膩。我來到這個世界十五年，從來沒有在過節時吃過火雞、火腿。我們不吃傳統的應景菜色，因為我媽總是嫌無趣。在我們眼中，那些食物不過是其他人世界的象徵，只有偶爾獲准看主流電影時才能瞥見。

她放下紙做的龍，從箱子裡拿出小鞭炮和紙燈籠，以及塑膠大湯匙。

「你們知道什麼最無聊嗎？」她問，而我們搖頭。「所有平凡的事物。」

接下來的幾個星期，她和戴維每晚都站在馬梯上忙著布置，一個房間接一個房間，他們將我們的小房子變成中國城常見的那種店鋪，塞滿太多貨物，都無法分辨什麼是什麼了。他們在家裡的燈上掛起鮮豔燈籠，上面畫著竹子、蝴蝶、鮮花，天花板上倒掛了許多紙傘，桌面堆滿假玉貓和紅絲緞。她在冰箱裡放了餛飩皮、小蘑菇、大把青菜。

聖誕節當天，八位親戚來到我們家，他們全都感到歡樂又無奈——這個愛玩的瘋狂手足、這個充滿創意的孩子，總是離他們理解的世界幾步之遙。紙龍就掛在餐桌上方，以透明釣魚線懸吊，成為漂浮的重點裝飾。大家坐下，舉杯敬酒開始慶祝聖誕節，我媽說：「今年呢，我們要瞬間移動到非常、非常遙遠的國度。」她的語氣極度鄭重。總是有更好地方可以去，總是有偉大的夢幻冒險在等待，這一次是玉獅子躲藏的迷霧山峰。

她總是有一部分飛去其他地方。當醫生的臉湊近到距離她六吋處，想確定她是否耳聾癡傻，要她伸出舌頭，或許心跑去遠方能讓她好過一點。說不定她之所以不肯回應，只是因為嫌他的要求太蠢、太平凡，她的心思放在更有趣的地方；或許她躲在腦部某個縐摺中，設計讓龍居住的新園地。

我們烤了火雞，用的是爐頂品牌（Stove Top）的現成填餡、品食樂（Pillsbury）即食麵團做的麵包，這是我們第一次真正於過節時享用美式大餐。我們大吃特吃，彷彿她只是出門度週末假期，我們趁機偷渡了大量的平凡人生進家門，要是她回家發現了，可能會取笑我們，也可能會假裝噁心的樣子。每隔幾分鐘，我和弟弟就大肆宣稱麵包多好吃，且次數太多，音量也太大了。真的，超級好吃的，太不可思議。

媽媽中風前兩個月的夏末時節，戴文來我家拜訪，我們當時最大難題就是如何將二十年的人生搬離這棟房子。他沒有見過我的家人，所以我想趁房子賣掉之前讓他來看看。

我們站在露臺上眺望山谷與丘陵，暮色在高處灑上最後一抹金光。牛群分布在枯死的草地上，紅杉延伸出野性的線條。

「我想住在這裡，我希望能有一棟這樣的房子。」他說。

「我不想，這個地方鬧鬼。」我說。

我聽見戴維在屋裡修理一臺老舊的小馬達，發出工具撞擊的聲音，他一心一意忙著修理，儘管有無數更嚴重、更緊急的問題要處理。我聽見媽媽在講電話，和房仲協商日期。她說，多給我們一點時間，一、兩週就好。然後話鋒突然一轉，你的花園還好嗎？

戴文說：「不過這裡有花園呢。我可以去谷歌上班，賺一大堆錢，每天中午吃免費壽司。」

「也是。」

「妳可以寫火辣辣的羅曼史，成為百萬暢銷作家。」他說。

「有道理。」

「有道理呀。」

那天夜裡，我父母去睡了，只剩我們兩個人時，他告訴我，當我進屋後，我媽拿著空葡萄酒杯過去找他，勾著他的手臂，二話不說拉著他離開房子，走向露臺遠處。

「你知道她有多特別嗎？」她轉身直視他的臉。她有著一頭銀色短髮，在超市都會遇到陌生人特地停下來稱讚她的眼睛好綠。

「是，我——」

「真的很特別、無與倫比地特別。」

「我知道。」

「真的知道？」

我們刷牙時，他對我說：「她真的好愛妳。」

✕

「放鬆一點，寶貝女兒。」我媽將一杯龍舌蘭酒推過來給我。「放鬆一點、堅強起來。」

她微笑。

我接過那杯酒，舉起杯子。「我們要敬什麼？」

「敬冒險。」她說，一口喝乾。天花板上掛著小小的閃亮骷髏頭，有如不祥的預兆。

「來，說說看，為什麼妳總是和配不上妳的人交往？」

「媽。」

「想知道我的想法嗎？妳感到害怕，而妳想擁有主導權。」

「別說了。」我說。

「妳覺得需要當老大才行。」她說。

「不是這樣。」我說，儘管事實顯然如此。

「好吧，不然是怎樣？」

「我不想談。」

「先生。」她對上服務生的視線。「再來兩杯龍舌蘭，謝謝。」

「妳別以為灌醉我就能逼我說出口。」

她再次微笑。「要打賭嗎？」

那時候是二〇〇七年三月，她中風前的三年半，我二十二歲。我們在奧勒岡州與加州交界處，於一家廉價購物中心裡的墨西哥餐廳。音響播放墨西哥民俗樂團的音樂，聲音很小，燈光太亮，我和媽媽坐在小卡座裡，靠著黃色牆壁，中間的桌上擺著喝完的龍舌蘭酒杯，而我們之間也隔著陳年的舊事。言語間，隱隱約約暗示著多年前在廚房的那一刻，當時我十五歲，因為媽媽禁止我去一個朋友家，我和她大吵一架，我說：「我不愛妳。」

不過，這並非氣話，從十三歲我就知道這件事，直到二十出頭的那些年我始終深信不疑。我不愛她。

她愕然抬頭看我，嘴角微微揚起，彷彿想大笑，因為每次我說出很誇張的話，她總是會一笑置之。她驚訝的表情，讓我知道下一句該說什麼。「我現在不愛妳，從來不愛妳，永遠不會愛妳。」

她沒有笑，只是平靜地看著我，我們都領悟到，我說的那句話有幾分真實。最後她轉身繼續切胡蘿蔔，有些勉強地嗤笑一聲。「真希望妳的青春期快點結束。」她試著掩飾傷痛，但我知道那幾句話的力量，從此將永遠成為她世界的一部分。

從來不愛，永遠不愛。

✕

「我只希望妳能找到給妳幸福的人。」她舉起另一杯龍舌蘭酒。

「我可以給自己幸福。」我說。

「這個世界很寂寞，妳在世上也很寂寞。」她說。「去找一個伴吧、找個好對象，這樣比較好。」她的酒杯仍懸在半空中，彷彿琥珀容器，裡面藏著能開啟未來的鑰匙，而我也舉杯了。

「就是因為這樣我才會和大衛在一起。」她說。「他無論如何都愛我，他勤奮愛家。」她停頓一下，吸吮青檸。「那時候，只有我和妳相依為命，我不知道接下來該怎麼辦，幸好他及時出現。他幫妳做了一個迷你廚房，妳記得嗎？一個木造的小廚房。從那時候開始，妳一直叫他戴維。別人都叫他大衛或戴夫，就只有妳叫他戴維。他還沒見到妳，就幫妳做好那個廚房了。」

我們喝酒，烈酒刺痛我們的喉嚨。

我們之所以在這裡喝龍舌蘭，是因為我要開車從生父居住的西雅圖，前往媽媽和繼父定居的舊金山，她決定陪我一起上路。

我兩歲那年，我媽拋夫棄子。當時，我們住在西雅圖，我媽、我爸，還有我。後來她去了加州，我不知道她去了多久。

我不知道多久，因為每個人說的版本都不同。

根據我媽的說法，她只去了幾天，頂多幾個星期，去找公寓準備和我一起生活。要知道，她準備離開我爸。

根據我爸的說法，她就那樣丟下他，一個大老粗獨自照顧兩歲的小女兒，他會編辮子嗎？當然不會。當小女兒氣呼呼堅持要把頭髮弄成媽媽綁的那樣，他有因此退縮嗎？當她尖叫、吵鬧得如此嚴重，大老粗爸爸不得不拜託同事教他怎麼編辮子，還花了整個下午的時間借用女同事的頭髮來練習，請求那群編辮子專家教他竅門。他有沒有做到？哼，當然有。

根據我媽的說法，她抵達加州之後沒多久，就收到我爸的來信。上面寫著：「掰啦，我要帶女兒去加拿大了。」他是加拿大人，所以能來去自如，他在加拿大有很多熟人。他不只是加拿大人，而且還是法裔的加拿大人，不只如此，他還是天主教徒，所以他走到哪裡都有親戚。總之，他去了。「其實他，不是真的想獨占孩子。」當我媽第一次談這個故事時，是這樣告訴我的。「他只是明白，這樣會傷我最深。」她嘆息。她決定說出當年的真相作為我大學畢業的禮物，在我結束學業幾週前告訴我這個故事。她說，之前沒有告訴我，是因為她想保護我爸在我心中的形象。「妳說不定會變成印在牛奶盒上的失蹤兒童，而他可能被關進監獄。」

根據我爸的說法，她之所以離家，是因為和一個認識很久的男人外遇，她很可能一直偷偷劈腿和那個人交往，她受夠了我爸、受夠了我。她離開前的幾個星期，那時他還不知道她想離開、想離婚，他一無所知，她為他辦了一場驚喜派對。他們前往會場的路上——他全然不知情——她說要離開他、想離婚，想結束這段婚姻，很快就會搬走。他們抵達會場，一進門，所有人大喊：「驚喜！」

曾經有很長一段時間，我都相信他說的版本，很可能是因為我很少和他見面，所以站在他那邊比較容易。每次我們講電話時，我都會請求他多告訴我一些事，想知道她有多對不起我們，故事就逐漸發展下去。她企圖以法律手段從他身邊搶走我，一次又一次向他要贍養費，卻從來不用在我身上。在我應該和他見面時，她又不讓我去見他。她拋下我，幾個月後又決定把我搶走，因為她無法忍受譴責。每個細節都像傷口，而我拚命往上面抹鹽，有如一塊已經癢到被抓破的皮膚，我卻繼續不停往深處挖。

因此，我逐漸因為她的愛而過敏。當我十歲、十一歲時，每次她碰觸到我，感覺就像滾燙的烙鐵碰到我的皮膚。當她擁抱我的時候，感覺就像內臟墜落了一點，彷彿她的行為只是在演戲，而我的身體知道真相，只要她一接近就會畏縮。我不信任她，我認為她的愛不是真的，因為她選擇拋棄我爸，任由他自生自滅，如此悲傷、如此憤怒。因為，她竟然能拋下我而離開。

既然她不需要我，我也不需要她。

八歲、十一歲、十四、十八歲，中間的那麼多年，我聽到更多故事，深植在我的腦海中，我越來越深信不疑。我越是深信那就是我自己的故事，越清楚明白若想活下去，只能靠我自己。我獨自對抗我媽捏造的世界。

青春期的時候，我花了一些時間想要確認背後真相。交叉比對各種版本，尋找其他故事來源。

我發現竟然還有更多版本，誰做了什麼、都是誰的錯。於是我不再追究。

在我自己的版本中，我斷定父母的版本都太誇張，真相應該藏在中間的某個地方，那兩個版本都可能有一半是虛構的，出於各自的感受而編造，誇大被對方傷害的程度。其實，他們各自認定的真相究竟如何都無所謂，他們都盡力了，不論是我媽、我爸，或我繼父。我因此而深愛他們。

最大的問題是我太殘忍。

我不愛妳，我對她說。從來不愛，永遠不愛。

花了許多年的時間，我才想通。到了二十出頭，我才明白她想要從我身上得到的，不過是愛，她才不會拋下我去任何地方。或許她曾經犯錯，但後來的那些年她盡可能給我滿滿的愛，盡可能讓我明白她愛我，一直愛我，永遠地愛我。距離讓這一切變得非常明顯，但我太晚才想通。

頓悟的感覺是怎樣呢？對我而言，沒有光輝燦爛、鑼鼓喧天、恍然大悟的一刻，沒有確切的轉捩點。我不過是在長大成人的過程中慢慢理解，因為我遇見更多人、見識更大的世界，逐漸明白我媽真正的模樣及我腦中深信不疑的版本，完全不相容。

她中風之前的那年暑假，我回到她和戴維的家住了兩個月，幫忙打包整理。我決定向她道歉，告訴她我愛她，我知道我必須這麼做。記憶中，我勉強說過「愛妳」幾次，但我想告訴她的是我一直愛她。我想說，以前的我害怕、困惑、做錯了。或許說出來之後，一直以來壓在心頭的罪惡感能稍微減輕，我竟然懷疑她，對她那麼壞，或許這能修補她說我在她心頭挖出的洞。

我一直想著要說，在我們整理我的舊芭比娃娃準備清倉大拍賣，一邊喝著葡萄酒時一邊幫娃娃換衣服，放在不同的水果上擺姿勢的時候，我們快笑瘋了。我當然愛她，我想，但我沒有說出口。住在家裡的那段時間，我一直想著要說，也有許多適合說的時刻：有一天早上我們去散步的時候，看到一隻鹿從前方跳過，她開心地捏捏我的手臂；她準備我最愛的草莓，沒有明說的原因；她焦頭爛額煩惱著接下來要搬去哪裡、能賣掉哪些東西。我幾乎要開口了，我感覺那句話在喉嚨裡，幾乎就要脫口而出，感覺像企圖逃脫的動物抵在我的牙齒後方。不知為何，我始終沒有說出口。

我要去阿拉巴馬念研究所，八月底我開車回去。開車前往西南部的漫長車程中，我媽在電話上告訴我，失去房子、失去居住二十二年的社區，她和我繼父都非常難過。她覺得自己很失敗，無論理財、事業都一敗塗地。一事無成，她說。

這是最完美的時機，我應該說她錯了，她的人生帶給很多人激勵，也有很多人愛她。但我卻說，「噢，老天，別緊張，船到橋頭自然直。」

六週後，血液淹沒她的大腦。

6

三十六種缺陷的士力架

一百五十日中的第九日——驚奇世界

二〇一三年六月

紅毛拿著榔頭，圓似滿月的釘子頭從他鼻孔露出，他把釘子敲得更進去，扁平的釘頭距離鼻孔只剩一英吋，金屬將他的鼻孔撐大。他用榔頭另一端的釘拔將釘子緩緩拉出，釘子反射光芒，只有最前排的觀眾能看到上面的那層鼻水，不過其他人也很熟練地腦補。

我們在攬客舞臺上，但沒有客人。我半蹲著，從帳篷開口偷看紅毛表演。

「還想看嗎？」他問觀眾。

「想！」他們齊聲大喊。

「有夠變態。」他說，再次將釘子插進鼻孔，稍微彎腰讓他們看清鼻孔裡的釘子，讓他們見證釘子真的在裡面，他不是在唬人，現在他們可以拍手了。

紅毛剛到巴特勒大遊樂會的場地時（他比從吉布森屯出發的我們晚一天到達），其他所有演出人員全都跑過去擁抱他。

我們正要將金剛女王搬下車（牠是我們的大猩猩標本，裝在直立式玻璃櫃中），但牠很重，需要七個人合力才能從卡車卸下，但我們只有六個人：湯米、陽光、碧普西、史畢夫、大大班（秀團的粗工，我們在吉布森屯接他上車），還有我。就在此時，彷彿知道我們欠人手，紅毛的廂型車開過來。

「紅毛！」陽光大喊，從我們的場地奔過去，一把抱住他的脖子。所有人都上前打招呼，紅毛用拇指比比剛從廂型車副駕駛座下來的矮小男子。

「他是士力架。」他介紹。

「士力架·T·小丑。」士力架掀一下軟呢帽致意。他穿著西裝背心，但底下沒有穿襯衫，西裝褲非常舊了。他沒有微笑。

紅毛說：「朋友的朋友介紹的。他可以做粗工、賣票。」

「我也會表演。」士力架搶著說。

「目前我們只需要粗工。」湯米說。

「我會很多節目，我表演很多年了。」士力架說，很長一段時間沒人回應。

「再看看吧。」湯米轉身離開。「總之，紅毛，很高興見到你。你的舞臺已經卸好了，延長線也準備好了，你可以拉去廂型車用。」

「你們從哪裡來的？」我問士力架，他給我一個誇張的笑容，酒窩太深，肯定是疤。

「我在費城和紅毛會合，我們在那裡待了幾天。從他媽媽那裡接了一隻小貓，然後就出發來這裡了。」

「小貓？」我看看四周。

「牠在廂型車上，和紅毛的貓在一起。」士力架說。我往廂型車看過去，不過窗戶的內側都已拉起深色窗簾。

「在車上不會太熱嗎？」

他說：「後車窗裝了冷氣，大臺的那種。我的貓叫星期三，和《阿達一族》的小女孩一樣。我表演很多年了。」士力架看看帳篷四周，點起一根菸。「我的血液裡有表演天分，等他們見識到我的本事，一定會立刻讓我上臺。」

「你會表演什麼？」我問。其他人都走開回去工作了。

他用右手抓住左手食指往後折，直到碰到手掌根部。他用每根手指做同樣的動作，拉過去再拉回來，然後換手。

據說，士力架天生每個關節處都有三個關節，他一出生就有三十六種缺陷，在洛杉磯兒童醫院待到四歲。「我是醫院的招牌寶寶。」他說著解開背心。「我不誇張，開車經過一〇一號公路時，就會看到我超可愛的臉蛋掛在廣告牌上，他們愛死我了。」

他脫掉背心，整齊摺好放在凳子。一幅刺青從右側胸口延伸到肩膀，圖案是長滿刺的粗藤蔓，類似很流行的部落刺青圖案，只是所有突出處都畫成尖刺。他的上半身歪扭，一些地方骨頭突出，而且都是我沒看過骨頭會突出的地方，肋骨下方有個點外凸，感覺彷彿裡面的東西想刺破並鑽出皮膚。

他深吸一口之後，將菸叼在嘴角。他吐氣，然後收縮腹部，變得像玉米片紙盒一樣扁，兩側肋骨有如展開的翅膀。他扭動上身，發出啪啪聲響，通常聽到這種聲音表示得去看醫生了，但他繼續扭動，兩側肋骨互相靠近，髖骨往反方向移動，骨頭從我無法理解的地方突出。他站直，挺起肩膀，發出更多啪啪聲響，我一手遮住眼睛，但還是忍不住從指縫間偷看，另一手摀住嘴巴。他問我有沒有拆掉網子的網球拍，他可以鑽過去。我道歉說沒有。

「我的肋骨就像橡膠一樣。能在這個秀團表演是我畢生的夢想，到現在我已經演出十二年了，經驗非常老到。我不想吹噓，但我非常厲害，我一定會贏得演出的機會，一定要。」他說。

「回去工作。」湯米在後面大喊，我立刻回去。

X

「如果紅毛凶妳，不要太難過。」湯米說。

我們正合力將帆布帶繫在金屬樁上，這些樁能讓馬戲團帳篷安穩地固定在地面上。「我要讓妳加入他那邊的工作。總之無論發生什麼事，不要認為是針對妳。」他說到這裡，陽光剛好經過。

「你要讓她去幫紅毛？好可憐呀。」她摸摸我的肩膀。凱西正在旁邊搭建舞臺簾幕的框架，聽到我們講話，她大聲說：「他什麼都懂，真的很厲害，不過如果他罵妳，也不要太難過。他會叫妳笨蛋，但他叫所有人笨蛋，叫妳笨蛋表示他愛妳。」

我望著帳篷的另一頭，紅毛打赤膊坐在那裡，挺出硬硬的圓肚皮。他拿著工具，彎腰蹙眉研究變電箱。

「紅毛！莎莎歸你了。」湯米大聲對他說。紅毛點頭，轉開視線。我走過去，小心翼翼，迫不及待想讓他知道我有多能幹。他的手臂和胸膛都有刺青，一個解剖人體模型往後彎，喉嚨插著三把劍，周圍有一圈星星。他的手臂上刺了一個紅圓圈，黃色大字寫著「奇異」，另一隻手臂寫著「怪胎」。他叼著菸，雙手忙著修理一個燈泡。

「嗨！」我說。「我是泰——」

「把燈架拿給我。」他說。

「我不知道什麼是——」

「快去！」他大吼，於是我朝他指的大致方向奔跑，遇到凱西時抓住她的手臂匆匆問了一下，然後繼續奔跑。原來燈架是一條四方形的長桿子，上面裝滿紅藍雙色燈泡，裝在長長的海報牆柱子上，形成懸掛的外框。我們要測試海報牆每個區塊的燈光，準備裝到離地二十五英尺的柱子上。

前一天晚上，我聽說了一些關於紅毛的事，或許大家是為了解釋他的脾氣。據說，他很年輕就結婚了，深愛妻子和寶寶，愛到瘋狂。只有得到以為永遠得不到的東西，才會愛到那種程度。後來他的寶寶死了，後來他的妻子也死了。他又變成孑然一身。

「用主接線盒測試燈架。」他大聲說。我衝向放在金屬推車上的一堆變電箱，希望能靈光乍現領悟出接線盒長什麼樣子，然而那堆發出嗡嗡聲響的變電器與零散電線依然是個大謎團。我抓起一個插頭，以為金屬腳的形狀能給我一點線索，證實沒用之後，我改為用手沿著線找到起頭處。我回頭看紅毛，希望他看到我的困境會來幫忙，也希望他沒看到，去忙別的事，徹底忘記我。但他不見了，我轉回頭看著那堆亂七八糟、互不相連的電線，試圖猜測電力如何連接，突然間，他出現在我身後。

「不對。」他搶過我手中的電線。

「我真的不知道——」我開始解釋，但他又開始發號施令。「找出裝旗子的袋子，把繩子打好活結。」我茫然呆望著他。「好吧。」他看看四周，尋找適合白癡的工作。「有沒有看到燈架上的燈泡？」我點頭，看到了。「把燈架插在這個接線盒上。」他說，我發現這就是我剛才搞砸的工作。「測試每個燈泡，確定會不會亮。如果壞了，或者有燈泡破掉，就把這個鉗子插進插座，轉動燈泡的基座，拆下來換新的。」我看著他交給我的鉗子，是金屬的。我對電工幾乎一無所知，但我記得小時候學過，千萬不能將金屬插進插座。

「我可以先拔掉燈架的插頭，再把鉗子插進去嗎？」我問。

他嘆息，轉身回工作檯。「應該吧。」他又轉頭大聲說了一句，「菜鳥。」

我努力執行任務，盡可能快速完成，以彌補我的無知。我匆匆忙忙在接線盒與燈架間跑來跑去，看到史畢夫和大大班將很長的延長線接上這個盒子，互相大聲吼叫，一一測試秀場和宿舍的每項電器。所有燈光、音響的電源都來自這個複雜的變電器，就連我們宿舍使用的一點點電力也是。

正當我即將完工時，我聽到紅毛大吼：「拔掉豬尾巴！」我繼續轉動正在拆的燈泡，感覺有些自滿，以自己的工作能力為榮，能夠像個真正的嘉年人完成分配到的工作。「喂！」他大喊。「拔掉豬尾巴！」這次我回頭看他坐著的地方，想知道他在吼誰，愕然發現他直直注視著我，他吼叫。「對，就是妳！妳聾了嗎？拔掉豬尾巴！快！」

我又聽不懂他在說什麼了。我跳起來奔向接線盒，研究眼前的諸多電線，希望其中一條長得像豬尾巴，捲捲的或彎彎的或粉紅色。「豬尾巴！」他再次吼叫，音量更大了。我拿起一條電線，問他那是不是豬尾巴。「不是！有這麼難嗎？拔掉他媽的豬尾巴！」他說。「豬尾巴！豬尾巴！」他怒吼，我慌了，把所有電線輪流拔起來，不時回頭大聲說我不知道豬尾巴是什麼。他從椅子上站起來，怒氣沖沖大步走過來，他的影子有如暴風雨逼近，他怒瞪我，不停叫罵，「笨蛋！快拔掉豬尾巴！」我感覺雙眼發熱，我想起之前大家叮嚀過的情緒反應，不要以為他是在針對我，但誰能做到？真是的。誰能隔離情緒反應？我很想知道。我繼續拔掉插頭又插回去，紅毛對我狂吼，其他工作人員停下手邊的工作看著我們，他不停飆罵，我驚慌失措，沒錯，可想而知，我眼眶含淚。當他距離我只剩三、四步的時候，我依然蹲在地上，像隻流浪狗，準備挨一頓踢然後被趕走，就在此刻，湯米突然出現在我身邊，迅速、和氣，以急促但堅定的語氣，指著我手中四條電線中的一條，叫我把線扭在一起，然後把插頭拆下來，說完他就消失了，我得救了。紅毛即將殺到我面前，但又轉身離開。他走向座位，沉沉癱坐，彷彿我讓他累慘了。那個插頭的樣子完全不像豬尾巴。

我還聽過另外一個版本的故事。紅毛的寶寶死了，他因為傷心過度而發狂，他的妻子因為害怕他漸漸變成怪物，於是離開他。另一個版本則是他去越南參戰，回國之後，妻兒消失了。在巡迴季中我聽過至少四、五個其他版本，關於他為何住在廂型車裡、為何這麼多年一直在流浪、他如何培養忍痛的能力，他失去過多少人。無論故事的開頭是什麼，結尾都一樣：「一個永遠流浪、永遠孤獨的男人」。

第二天晚上，工作結束，螢火蟲閃耀，我看到士力架從兩輛車中間走出來，他發現我在看他，於是揮手要我過去。

「我想給妳看我表演逃脫的影片。」他邊說邊點起一根大麻。「要抽嗎？」他問我。

「我們很快就要接受毒品檢驗，湯米沒有和你說嗎？」我問。我不是故意要當乖乖牌，但這個威脅感覺很真實。

「隨便啦。」士力架匆匆說，憋氣含住一口菸。他往我們的貨櫃看過去，雖然天色很暗，但依然可以看清白色車身。他呼出一大口。「我做過很多次毒品檢驗。從來沒有因此停止吸毒。從來沒有檢驗出陽性。我自有方法。」

「那好吧。」我說。

「要嗎？」他再次將大麻遞給我。「只抽幾口，根本檢驗不出來。」

「還是不要吧。不過，謝了，下次吧。」

「酷。」他說，按下手機播放鍵，給我看一段他表演逃脫術的影片，長度四分鐘。雖然影片有旁白，但他還是在一邊說明。他的手腕和腳踝都用繩子綁起來，腳踝用鎖鍊繫上兩個十五磅的啞鈴。他打赤膊，和兩個助理一起準備的過程中，他稍微有點發抖。負責拍攝的人低聲偷笑了幾次。他被綁好之後，一位助理用黑色大垃圾袋罩住他，打結之後扔進河裡。不到十秒鐘，他已經撕破垃圾袋出來了。儘管影片品質不佳，但他的熱忱足以彌補這件事。我想像小時候的他，在醫院裡看逃脫術大師胡迪尼的影片，他能夠將身體化為奇蹟，當所有人都認為他死定了的時候，他一次次成功地活下來。

「好了，我要去惹點禍了。」士力架對我眨眨他的一隻眼睛，然後漫步離開我們的貨櫃，走向「嘉年城」的核心深處，那裡是會場中的住宿區，所有嘉年人的宿舍全部擠在一起，那裡才是真正熱鬧的地方。「還是說，妳想一起去？」他停下腳步回頭看我。我想去，我全身每個部位都想去。這幾天，陽光給了我很多叮嚀，但反而更激發我的好奇心，讓我想直擣最險惡、骯髒的地方。我腦中有個部位，認為只有冰毒上癮的人才能享受這樣的體驗，這種想法可以原諒。但這時我看到湯米的影子，他從和陽光共用的露營車與秀團貨櫃中間走過來，到目前為止的經驗讓我明白，最好在他心中保持好印象——對其他團員也一樣，於是我搖頭拒絕。

「不去是妳的損失。」他說完之後消失在夜色中。

「莎莎。」湯米低聲說，讓我回過神。紅毛的釘子入鼻演出結束了，士力架坐在攬客舞臺旁的售票亭裡，湯米看到有客人接近。

「準備好弄蛇了嗎？」他問。

「嗯。」其實當然沒有，清楚明瞭的「沒有」。湯米用雙手將蛇從肩上取下，放到我的肩膀上。牠扭來扭去、冷冰冰，眼睛呈現粉藍色，因為牠準備要蛻皮了。牠腹部的肉靠在我的肩膀和喉嚨上，滑過我的身體，纏住我的四肢。小朋友走過來指著蛇大喊，濕答答的嘴巴噴出唾液，其中一個尖叫。「有蛇！超大的蛇！」

一個體型像蘋果的嘉年人路過時停下來問，「紅尾蚺？」

在蛇的身體之下，我的心臟重重踱步、猛烈踢踹，跳動速度非常快，我很擔心蛇會誤以為是老鼠的心臟，把我當成晚餐，想到這裡，我的心跳更加速，髮際線與人中出現汗珠，高跟鞋裡的腳汗把網襪浸濕了。

那個嘉年人後退幾步，但依然注視著蛇。他說：「我養過紅尾蚺，養了十年。我很愛牠，不過最後不得不殺死牠。」

「哦？」我好奇地問，但不太想知道原因。

「我去獸醫那裡幫牠買藥，正要離開的時候，我隨口提到牠這幾個星期的行為有點怪。我夜裡醒來，發現牠拉長身體，躺在我旁邊。我讓牠在家裡自由行動，但牠從來不會那樣，我原本是覺得好笑才講給獸醫聽，因為我覺得牠想和我窩在一起。沒想到獸醫立刻放下手上的工作，一臉嚴肅地看著我，要我立刻回家把蛇裝進籠子裡，帶回診所。我問為什麼。獸醫說，因為牠在測量你的長度，確認是否吞得進去。牠打算吃掉你，我必須將牠安樂死。最後他真的殺死牠了。」

湯米高聲狂笑，聲音太像舞臺表演，所以很難相信是真的，我快尿褲子了。

「千萬記住，有一天牠拉長身體躺在妳身旁時，就是道別的日子了。」那個嘉年人說。

「我該回去了，回頭見。」他說完之後邁步離開，最後比了個「耶」的手勢。我有很多事想問湯米，但我還來不及開口，他搶先說：「妳可以扛著蛇表演把一元變成五嗎？」湯米問。

「當然。」我用力吸氣，努力擠出笑容。

昨天晚上準備睡覺時，湯米向我要一隻穿過的襪子。我從堆積的髒衣物中找出架設那天穿的，穿了很久、流了很多汗。他把襪子放進蛇籠裡過夜，他說這樣能讓牠們熟悉我的氣味，感到安心。但我滿腦子只有一個畫面，一隻蛇纏住襪子，另一隻用尖牙撕碎，藉此作為威嚇，就像在門階上放動物屍體。

湯米伸手進售票亭拿了一張一元紙鈔給我。我的雙手都放在蛇身上，花了幾秒的時間重新把蛇安頓好之後，才空出手接過。

「不然這樣好了，妳先和蛇混熟。晚一點再加上紙鈔把戲。」湯米說。

我突然意識到，他們其實沒有理由要讓我留在秀團，說不定他們隨時會把我踢出去。他們可能判定我沒有足夠的能力、體力或經驗，以及其他所有團員似乎都具備的那些東西，他們大可以叫我滾。

我做個深呼吸，決心要站穩腳步，讓自己成為不可或缺的一員，設法留下。

大美蛇趴在我的脖子上。

我感覺牠的舌頭舔過我的耳垂，我感覺牠舔我的臉頰。我在微笑、我在揮手。那個小朋友指著蛇，我們要拐他們進帳篷。我專注在那種感受上——我的工作就是為這個孩子展現驚奇。我感覺蛇的臉滑上我高舉在脖子旁邊的那隻手，我用手指壓住不讓牠盤起身體，以免牠勒死我，冷靜、冷靜、沉著冷靜，我對自己反覆叮嚀，每天都有人在做這件事，就在某個地方、某個人。蛇不想傷害我，因為牠以為我是樹，我想著，這時我的手指一陣刺痛。我急忙把手抽回去，拿到眼前仔細看，流血了。

蛇咬我。

這下我要死了。

我站在舞臺上等死。

湯米繼續攬客。我將手指舉高在眼前，就這樣過了兩、三秒，看著血滴從肉裡冒出，確信一定很快就會有人發現而尖叫，但湯米準備要吞劍，其他人根本沒有看我。我用手背盡可能把蛇的臉推開。

我被咬了，我被蛇咬了。我腦中不停重複這句難以置信的話。

我不相信這條蛇沒有毒。當然，有人告訴過我，牠沒有毒，因為牠是蚺蛇，蚺蛇不咬人，只會把人纏住勒死，牠卻咬我了。

我以誇張的驚恐眼神看著湯米，不想打斷他的攬客演出，但又急著希望他能察覺。萬一我昏倒，希望他來得及接住。

「今天，你們會看到一位從加州來的女孩吞火、喝下燃燒的汽油，就像你我喝冰茶那樣。」湯米對逐漸聚集的觀眾說。「你們會看到無痛人、冰島巨人，以及無頭女奧爾嘉．海斯。」他說。我應該要在他說出每個表演項目時指著後面的海報，但湯米和觀眾似乎都沒察覺異狀，我不知道該怎麼辦，只好在他介紹時指著海報，盡可能不讓觀眾看到我的手指正在流血。

我的手指刺痛，不過最初的三十秒過後，除非我去擠傷口，否則流血的量並不驚人，我向嬰兒車裡大聲哭叫的寶寶揮手，趁機察看傷口，發現並沒有尖牙刺穿的兩個洞。蛇繼續用身體纏住我，彎曲強壯的脖子望著我的臉，牠的動作讓我覺得牠想攻擊我，於是我繼續用蠻力把牠的頭移開。因為用力過度，我的二頭肌已經在發抖了。

湯米的攬客演出結束了，他悄悄問我，「妳掌握住蛇了嗎？」無論怎麼看，我都沒有掌握住蛇。我沒有掌握住。

「蛇咬我。」我輕聲說，努力保持笑容。我的聲音有點悶，像腹語表演那樣。我聽見自己的聲音發抖。我舉起手指給他看，等著聽他驚恐尖叫，不過我自已仔細看過傷口之後，發現比較像擦傷而不是咬傷。只是一道小擦傷。

「什麼？以前沒有發生過這種事。」他說。我們一起望著我的手指。其實感覺比較像蛇用牙齒擦過我，沒什麼大不了。「有時候蛇準備蛻皮的時候會磨蹭東西，幫助皮膚剝落。我猜牠大概想要妳幫忙，牠一定很喜歡妳。」

「牠才不喜歡我呢。」我的眼睛發熱，我知道這表示眼淚快湧出了，又來了。

「妳想把蛇放下嗎？我可以接手。」湯米伸出手。我朝他彎下腰，準備讓他從我的肩上把蛇拿走。我的腦子裡彷彿有蜜蜂、蛆、蜘蛛，恐慌的疼痛與憤怒。我沒有想到，在這裡竟然每天都得面對恐懼。我以為怪奇秀是可以逃避恐懼的地方，但這裡也有恐懼，一次又一次地重複。

蛇縮緊肌肉，纏住我的身體。湯米的手伸向我。我想深呼吸，克服恐懼，讓自己面對肩膀上這隻動物的真面目，其實牠沒有那麼可怕，我怕的是蛇很危險的概念，我想讓自己勇敢起來。

我對湯米輕輕搖頭，盡可能鼓起勇氣，讓蛇繼續半垂掛在我的肩上。我將流出來的一點血抹在亮片短褲上，因為不知道該做什麼，於是我對路過的客人微笑。

7 還是要過生日啊

中風後兩個月
二〇一〇年十二月

她的眼睛依然是灰色的。

她醒來之後已經過了七週。我媽的眼睛睜開又閉上，她會握我們的手、醫生的手、任何人的手。她的左腿、左臂、左手可以動，但右邊毫無動靜。

眼睛的顏色是由黑色素的分布與密度決定。創傷可能造成虹膜異色症，也就是虹膜顏色改變，原因有很多，其中一個是太多血液積在前眼房導致過量鐵質沈澱。沒有人確切知道究竟怎麼回事，她的眼睛怎麼會變色、腦子出了什麼狀況。

兩個月來，我們焦急地想要知道她進步了多少，或沒有進步。她會康復到什麼程度，或完全不會康復。我們請她朗讀。書籍、卡片、照片上的文字。她只是看著。有時她會皺起眉頭。有時她會用手指著照片、字母。然後她會轉開視線。我們不知道她是否無法閱讀，或者她可以閱讀，只是單純無法表達，也可能她只是不希望我們繼續說這件事，因為她太混亂。

我們要求她寫自己的名字，不行。

畫一棟房子，一個圓，一個人。

她會點頭嗎？不，有時她的嘴唇或眉毛會動，感覺好像想說話，只是忘記了臉的哪個部分會發出聲音。

她的舌頭左右移動，代表了什麼意義嗎？

她是否會利用拿起的東西來表達不同的想法？會不會拿起杯子代表「不」，拿起玩具熊代表「是」？

如果我們用平板電腦、筆電、字卡，是否會有幫助？如果給她用呢？

我們持續嘗試，幾週，幾個月。我們什麼都試過了。專家也什麼都試過了。所有方法都用過。

「噢，她中風了嗎？」鄰居、熟人這樣問我。「真慘，我叔叔也中風過，住院快一個月才醒過來，重新走路、說話。相信她一定很快就能康復。」

時間過了兩個月，她沒有康復，醫生一直告訴我們她不會康復。戴維所有時間都待在醫院，希望能讓她康復。

他能找到辦法和她溝通嗎？可以，他說，他有信心，他樂觀得要命。

她可以動動手嗎？拇指朝下表示不，拇指朝上表示是？

戴維坐在她的病床邊。「小可愛。」他說。「我們希望幫助妳溝通，這樣才能知道妳需要什麼、想要什麼。好嗎？」他問。

她注視他的雙眼。

「我要幫妳把手握成拳頭。」他溫柔地將她左手的手指收進去，將拇指往上拉直。她做出了拇指向上的動作。

「很好，太好了。」他露出大大的笑容，然後回頭看我和弟弟，確認我們都看到這美麗的一幕。「拇指這樣豎起來就代表是，好嗎？」

「吶吶。」她說。

「很好。」他說。「好，手放鬆。」他幫她把手指張開，一一親吻，然後把手放回床上。

「我們來練習。妳的名字叫泰瑞莎嗎？」他說。她舉起手。我屏住呼吸。

她動動手指，放鬆，她的手停在半空中幾秒。我全身的每條肌肉都緊繃。我弟弟在啃拇指。

她清清喉嚨。伸出她的食指。將手放回床上。她看著戴維。她的眉毛專注皺在一起，前額的皺紋表示她力不從心，這些線條我們越來越熟悉。

「沒關係，老婆。再試一次。」他溫柔說。「妳的名字叫泰瑞莎嗎？」

她迅速舉起手。

「很好，現在試試看握拳。」他說。

她握拳。

「很好。」他說話的速度變快了，「現在豎起拇指。」他說。她動了動其他手指，看看手又看看他，然後又看看手。她思考片刻。用力看著手。動了動其他手指。然後豎起拇指。

「對、對、對！」我們三個一起大喊，我和弟弟上下跳，戴維拍手。我媽滿臉笑容，溫柔的笑容從臉龐中央延伸到左側，眼睛來回看著我們三個，看我們的喜悅。

戴維跳起來，抓住路過的物理治療師。「快來看，快來看！」他將她拉進病房。

「泰瑞莎。」戴維說。她的手又放回床上了。「我是妳老公嗎？」

「吶吶吶。」她說。

「可以豎起拇指回答問題嗎，親愛的？」他問。

「吶吶。」她說。手依然放在床上。

「妳剛剛豎起拇指過呀，記得嗎？她剛才真的做過。」他說。「可以再做一次給琳達看嗎？」他問。她看著他。她知道他要求她做一件事。「就在這裡，就是這隻手。」他說，輕拍她放在床上的手。

她舉起手，手臂直直伸出去。她知道他要求她做一件事。保險給付復健治療——物理治療、職能治療、語言治療，條件是病患必須有能量化的持續進步。我們需要進步，我們快狗急跳牆了。

她因為太過專注而吐出舌頭，舔舔嘴唇。我們所有人渴望的眼神注視著她。

「我是妳老公嗎？拇指向上，還是向下？」

她依然直直伸出手臂。她轉動手腕，平平的手掌九十度向下。她的前額再次出現皺紋，她看著我們，彷彿知道這個結果不會讓我們開心。

「沒關係。」治療師說。「我得快點走了，很高興知道妳做了豎起拇指的動作。明天再試一次，好嗎？」她說，但我媽的嘴依然因為用力而皺起，她很努力，非常努力。

「明天見。」琳達說完之後出去關上門。

「琳達哪懂？」戴維說。「沒關係，明天妳再做給她看，哼，琳達。」

我媽的眉頭稍微鬆開一些。她吁出一大口氣。

「準備好再試一次嗎？」

「吶吶吶吶。」她說。

只要能給她人生，他什麼都願意做，什麼都肯付出，一次又一次。

幾天後，我和戴維坐在醫院走廊上等候，醫生正在吸取我媽的血液與腦脊髓液，準備送去化驗。她中風之後這兩個月，邁向康復的路程中，又發生其他危機——頭部傷口感染、更多內出血、新發生的小中風、更多必須進行的手術（她已經動過六次腦部手術了），敗血性休克，一樁接一樁，我們很難得知究竟進步了多少，又退步了多少。我們只知道危機重重，而且她很痛。

醫生說，最人道的方式就是停止以機器維生。

現在她的生活還算生活嗎？

她想這樣活下去嗎？

你們願意這樣活下去嗎？

我們所有人擠在會客室，安寧病房的工作人員告訴我們，餓死一點也不痛苦。只要拔掉鼻胃管就好。過程很平和。

感覺不像真的，我說。

呃，我們會給病人大量嗎啡，他們其中一個人說。身體機能會停止，很自然的，不會不舒服。

不會不舒服？

安寧病房的人員握住我的手。唉，妳知道，她說，蹙眉微笑的表情讓她的臉頰鼓起，有如兩塊餡裝太滿的酥皮捲。

最可怕的事實是，不。我不認為她想這樣活下去。我自己也不想。

我和戴維與安寧病房的人談完之後，出來坐在等候區。他背對著窗戶，外面有棵大樹，樹上說不定躲著山獅，什麼都有可能。時間還早，金黃陽光一束束從窗戶灑落，擁抱浮塵微粒，如此平凡的美麗，我們兩個一起看著。都過了兩個月，才過了兩個月，但我們已經忍耐太多精疲力竭。持續性緊急狀態令人心神不寧，這個詞其實很矛盾——緊急狀態竟然可以長期持續——不過至少控制住了。我們處在這樣的狀態中。他低頭躲開陽光，一手遮住眼睛。他的語調比平常高。

「假使泰瑞莎走了，我恐怕沒辦法繼續活下去。」他說，我點頭。我們都知道這種時候會用上這種詞彙。例如，這種時候。

「我撐不下去。」他說。他依然一手遮著眼睛。這並非什麼抽象的比喻，這也並非美式的英雄故事，堅毅忍耐又忍耐。他認為他的愛情故事面臨終點。對他而言，這是唯一重要的故事。

我想到弟弟。我試著想像，二十一歲父母雙亡，他的人生會變成什麼模樣。我的胃墜落六層樓摔在馬路上，我的心劇烈狂跳，那一刻我好想衝過三百英里，跑進我弟弟的大學，踢開所有啤酒桶，將他擁入懷中，拿著劍準備將所有膽敢靠近的人開腸破肚。

我極度冷靜地對戴維點頭，接受所有條件。

×

這天是她的生日。她中風之後過了七個月。

戴維訂了蛋糕，他說一定要有滿滿的棕色糖霜，要看起來像皮革。蛋糕一邊要裝上把手，上面要有顏色鮮豔的裝飾，做成郵戳的樣子。其中一個必須寫上「巴黎」，另一個則是「威尼斯」、「德國」。正中央則是一個行李牌，上面寫著「虛擬旅遊」。

很貼心的主意，我們全都同意。弟弟、外婆、兩個阿姨，她生日前一週左右，我和不同人講電話時都聽過這個蛋糕計畫。真可愛，做這樣的白日夢，就像要找到獨角獸一樣。

我媽那時住在復健醫院。鄰居、護士和其他親戚都來參加戴維為她舉辦的派對。他們唱歌、吃虛擬旅遊蛋糕。但我沒去。

我待在阿拉巴馬，盡力克服繁重的學業，每當有人說這可能是她最後一次過生日，我都會抗議。大家稱讚她六十五歲了還這麼漂亮，在派對影片中，鏡頭不斷回到她身上，她的輪椅放在木造露臺上，她的頭一直轉來轉去，彷彿有蟲飛到她臉上，她想躲開。賓客彎腰靠近，表達他們的愛，音量比平常大兩倍。她看看他們又移開視線。無法得知她是否很想回應卻做不到，因為太過沮喪所以無法注視他們的眼睛，也可能她只是以各種能做出的動作予以回應，而望著長青樹的低樹枝是她那一刻選擇的回應方式。愛永遠不嫌多。但不知為何，這樣的畫面感覺愛得太超過。

我一次次重複看影片。我看到自己不在場，看到她因為大家的祝福而感動不已。有一段時間，我每隔幾週就會回家，最初的三個月過去之後，我變成每兩個月回家一次，但這樣遠遠不夠。每次回家我都會考慮是否該輟學回來陪伴她，因為孝順的女兒就該這樣，但我一直沒有實行。

那場以虛擬旅遊蛋糕慶祝的生日派對過後一個月，我回家探望，從復健醫院回家的路上，戴維去了一趟旅行社。他把我留在車上，說很快就會回來。他重新上車時拿著一堆義大利地圖和旅遊書。

「我們要去吃義大利麵、喝葡萄酒、欣賞噴水池。」他用指節抹去眼角的淚水。我想到媽媽做過氣管切開術。護士從那個兩毛五分錢硬幣大小的洞幫她抽痰，因為她無法吞嚥，因為她經常會被自己的口水嗆到。

「我們一直計畫退休之後要去，如果我們有錢的話。」他說。

「那你有錢嗎？」我問。

「我們會想辦法的。」

「什麼辦法？」

「我們會想出來。」

他沒有告訴我太多，我認為一直追問太失禮了，我以為他們根本想不出辦法，這個計畫會胎死腹中，我們所有人都會平安待在家裡。他們不久前才被迫要出售房子，怎麼可能有錢去旅行？醫生怎麼可能同意讓她出國？他們怎麼可以決定拋下我們？這一切都感覺不可能發生。但即使只是一個虛無縹緲、無比遙遠、難以實現的想法，依然讓我覺得車子變得太擠，繼續坐在他旁邊我一定會爆炸。

「你真的認為她能出遠門？」我盡可能保持語氣輕柔緩和，但話中暗藏利刃。

「她想去。」

「你怎麼知道？」

「她一直很想去。」

「現在呢？」

「我問過她，非常明確地問過，她也非常明確地回答想去。」

「她沒有回答想去！她不會說話！這樣真的很自私。」我想對他大吼。「那麼危險！那麼愚蠢！帶她去那麼遠的地方，讓她死在那裡，實在太可怕！」我想一一列出，他想出這樣的計畫有多白癡、只想到他自己，但我沒有說出口，我怕他會將我排除在外，我也擔心或許這個計畫不只是為了她，說不定他也需要讓他支持下去的力量，一個心願、一個夢想。

我們默默行駛幾分鐘，他抹抹臉，我們兩個都沒有看對方。我們彷彿住在各自的大陸上，中間的排檔桿形成深淵。我們同時伸手抹抹淚濕的眼睛，接著只剩下一個人，另一個變成鏡中的倒影。抹去證據，有如失去溝通方式的大腦左右半球。

8 頭髮的成分

一百五十日中的第九日——驚奇世界
二〇一三年六月

據說，有個女人因為愛上摩天輪而成為嘉年華員工，她為它取名「布魯斯」。整整七年，他們一起走遍各地。第八年，一場颶風吹襲嘉年華會，布魯斯慘遭摧毀，被送往紐澤西的垃圾場。她追去那裡，找到它的殘骸之後向它求婚，他們結婚了。她在三明治店打工，希望存到足夠的錢將布魯斯運回佛州。

我還沒愛上任何遊樂設施，但也可以說我全都愛。準備期間看到架設一半的遊樂設施，感覺有點尷尬，彷彿不小心撞見它們只穿內褲的樣子，還沒有穿上光鮮亮麗的外衣，還沒裝好令人目眩的長手臂和燈光，大聲播送夏季熱門金曲。我喜歡看它們在夜裡的樣子，關閉電源，安然熟睡。

我們第一次去沃爾瑪剛回來。

想要遇見一堆嘉年人嗎？在舉行嘉年華會的時候，半夜去沃爾瑪吧。希望他們有一點嗨，有一點愉快。希望他們沒有和死敵狹路相逢，餐車小販在看早餐麥片，遊樂設施員工在逛罐頭湯。

沃爾瑪是美國嘉年人的麥加，不但東西便宜、環境熟悉，遊樂會打烊後我們才有機會買乾糧屯貨，而這裡是唯一還在營業的地方。湯米囑咐一個小時後在小巴會合，然後就讓我們在鹵素燈照耀的消費城市自由放飛。我們進去的時候，湯米看著我的方向說：「建議妳充分利用，呃，衛生設備。現在妳應該很清楚，遊樂會場的廁所有時候不太乾淨。」

「甚至根本沒廁所。」陽光跟著說。

「沒錯，在這裡拉屎還能同時吹冷氣，加上有用不完的衛生紙，簡直是拉屎天堂。」湯米說。

我們上路九天了，從來沒出現過有空調、衛生紙、門鎖的廁所，甚至沒有時間可以獨處，所以能夠在清涼的廁所隔間裡單獨消磨幾分鐘，也令我感到興奮。更別說還有成千上萬排列整齊的商品等我去選購。

上過廁所之後，我到處亂逛。準備行李時，我不知道加入怪奇秀要帶什麼。我依然不太清楚現在應該買些什麼，才能讓我撐到下次有機會補貨，不過我想到一樣東西。我睡的床墊包著塑膠套，床單則是上一季有人留下的，我的汗水聚集成一灘攤，我覺得自己像陽光下的一包熱狗。貨櫃後面的住宿區，以木板分隔出類似小小雙人房的空間，但是沒有門。巡迴期間，我的個人空間只有那個兩尺寬、六尺長的小床，那是我睡覺的地方——也充當階梯，讓睡上舖的人爬上去，另外就是旁邊的小塑膠抽屜。至少我可以讓床有一點個人風格。

我走向寢具區，發現其他人都在那裡，一點也不奇怪。

「怎麼這麼貴啊？」史畢夫問，他慢慢走在走道上，裝在塑膠套裡的床單堆在一起，他一一察看價格。「不過是塊布罷了。」他沒有拿起任何一個包裝。「該死的資本主義。簡直太扯了。」

「這邊。」碧普西喊，她整天用大手帕遮著臉防曬，現在終於拿下來了。她站在走道盡頭，翻著一堆鮮豔的床單，價格比其他低很多。我們走過去。那些床單很硬，好像放在地上會自己站直，觸感像紙，類似婦科診療用的拋棄式床單，但價格不到二十元。

「還是很貴。」碧普西說。

「我得去領錢。」史畢夫說。

「我也是。」碧普西說。

「我已經領了。」陽光在我們身後說。

「妳要去嗎？」史畢夫離開時問我，「還是妳身上有錢？」

我想說我也需要，我沒有錢，我這幾年都在念研究所，生活過得很拮据，但我沒有說出口。事實上，我的銀行帳戶裡有一點錢。很少，但還是有錢，至少足夠買床單和其他生活用品。然而秀團的其他人員似乎並非如此。這份工作薪水不高，而且只限巡迴期間。身為菜鳥，我的週薪才兩百七十五元，還要扣稅，不過其他資深員工的薪水似乎也沒有高多少。儘管如此，我的處境還是比他們好。

「我不用。」我說。我或許買得起針織床單，價格貴六元，比較軟、比較吸汗，但我沒有買。買得起針織床單這件事，讓我覺得很可恥。我選了我所能找到最便宜、最粗糙、最寒酸的床單，因為我想成為他們的一員。

團員告訴我，要準備接下來幾天的食物，湯米說最好準備一星期的分量，以及其他在宿舍生活要用到的東西。我買了一個枕頭，能找到最便宜的那種。我買了棉質小短褲睡覺穿，因為宿舍在金屬貨櫃裡，所以熱得嚇死人；一個夾式的小閱讀燈，作為床上的照明；還有食物，如花生醬、香蕉、蘋果、扭結餅、鮪魚、早餐穀麥、鷹嘴豆泥，和水。

在貨櫃的走道上有一個小冰箱，類似大學宿舍裡的那種，所有人共用。不過這裡和大學宿舍完全不同。並非因為這裡沒有未來夢想，也並非因為這裡的人不會在星期五晚上喧嘩胡鬧，而是因為這裡獨一無二。我們專屬的宇宙，一道鐵絲網將我們圍起，封鎖在城市之外，要通過長長的泥土路才到得了——距離夠近，方便遊客來玩，但也夠遠，足以讓人輕易遺忘。我一直以為，嘉年華會設在城鎮外是因為空間比較大，但現在我領悟到，或許也有一些隔離的意味。

買完東西回去，我走在黑暗的泥土路上想去廁所，另一個人突然無聲無息地冒出來，直接走在我身邊，彷彿一直都在。

「我在沃爾瑪看到妳了。」那人說。

道路兩旁停著幾輛露營車，窗簾縫隙透出燈光。淡淡月牙沒有提供多少照明，反而讓野餐桌下的影子感覺像淺墳裡腐化的屍骨。

「噢。對呀，我們去買糧食。」我說。他靠近，一道斜斜照過來的光打亮他的臉。香菸冒出的煙像蛇一樣蜿蜒盤旋，飄過滿是汗漬的棒球帽。他臉頰的肌膚光滑緊繃，感覺彷彿有人從後面抓住他的頭髮往後拉，而且非常用力。他把菸從口中拿出呼了一口，同時微笑並且吐出舌頭舔舔嘴角。我們繞過轉角，廁所上方的兩盞小燈照亮他的整張臉，汗涔涔，皮膚曬傷。我已經聽過幾次警告了，最好和嘉年人保持距離。這個人感覺不太壞，我有種感覺，想要解開這裡的謎，他說不定是解答的一部分，每個嘉年人都是。

「妳巡迴幾季了？」他問，我想撒謊假裝老鳥，但沒有這麼做。

「這是我的第一季，第一場遊樂會。」我說。

「老天爺，菜鳥呢。有過這樣的經歷之後，妳就會變成不同的人了。」他說。他的南方口音很濃，於是我問他是哪裡人。如果和他打好關係，說不定他會告訴我更多事，說不定他不會對我做出大家含糊警告的那種壞事。

「我來自紐澤西的大西洋城。」他說。「不過我特地學這種口音，為了把遊樂會上的北方女生，她們超愛這種口音。」他大笑。「妳知道這裡最漂亮的女生是誰嗎？」他說。「在沃爾瑪和妳走在一起的那個，紅頭髮、黑長褲的，屁股辣得像是沒有明天那個。」他說的是碧普西。她確實很美，像是電影《威探闖通關》的潔希卡兔子混搭了日本動畫龐克風，她徹底融入這樣的形象，非常有自信。白天時，她穿著一層層長袖上衣、外套、毛帽，晚上則穿上小背心。她想盡辦法保持皮膚像藝妓一樣潔白，因為巡迴結束之後，她要去爭取公主版《洛基恐怖秀》的白雪公主一角。

「我一眼就能看出誰才是真正的美女，我的智商只比愛因斯坦低五分。」他說。我們已經到廁所旁邊了，我心中一方面很慶幸能夠和真正的嘉年人聊天，圈內人，馬戲團雜工，而且發現他和我遇到過的其他怪人沒兩樣；另一方面，我累慘了，等不及想走進三步之外的廁所，裡面有自來水，可以洗掉我臉上的層層灰塵，然後沿著同一條黑暗的路回到貨櫃，上床睡覺，準備明天把所有事情再重複一次。表現更好、更堅強。

「好了，我該進去了。」我說。

「等一下。」他逼近我的臉，伸出尖尖的舌頭舔嘴唇外緣。「我要告訴妳一件事。」他一手抓住我的前臂。「妳知不知道讓頭髮迅速留長的祕訣？」他脫下帽子，扒了一下凌亂的棕色短髮。我搖頭表示不知道。「吃鈣片。鈣是頭髮的重要成分。」他更加靠近，嘴唇幾乎貼上我的臉。「所有女生都想留長髮。」他低語。他撥弄我的頭髮，我感覺血流在脖子抽動，我的手臂汗毛直豎。

「好，下次見吧。」他說完之後轉身離開。我微笑，不確定是交了第一個嘉年人朋友，還是給自己惹了麻煩。我納悶這兩者有何差別。「我確信一定會再見到妳。」他背對我說，然後吹起口哨，聲音感覺濕答答。我依然站在外面，雨又下了起來，這條路的遠方，幸福的孩子暖洋洋睡在床上，他們會來嘉年華會遊玩，我們所有人，包括我這個菜鳥，包括隨便摸陌生人頭髮的傢伙，將會負責讓他們享受開心時光。

我低頭躲雨走進廁所。凱西和陽光在裡面刷牙，她們立刻轉身看我。「千萬、千萬不要和嘉年人講話。」陽光說。「一旦妳和他們講話了，就等於允許他們做各種事情、可以隨時來找妳，無論妳在什麼地方。他們會做出妳絕不喜歡的行為，他們會一直纏著妳。」

「我想應該沒事，他感覺沒那麼壞。」我說。

「等著瞧吧。」她說，一條牙膏泡沫掛在她的下巴上。「妳等著瞧。」

目前為止和我打過交道的其他嘉年人，就遊樂會開幕前兩天和我一起等驗尿的那一群人，感覺也不太糟。

我前面排了六個嘉年人，我們全部擠在一輛大型露營車後方，等著去前面的臥房兼辦公室進行驗尿。我們要在相連的小浴室裡用紙杯裝尿。

很難判斷大家的年紀，因為年復一年在太陽下曝曬，導致肌膚老化，加上嘉年華的一切彷彿都不遵守線性時間，每一天感覺都像塞進十幾天：遲到的摩天輪終於乒乒乓乓開始組裝的那天；學習在廁所洗手台洗衣服、洗碗的那天；想了又想還是不確定打電話回家會是誰接的那天。

這天中的一天要驗尿，排在我正前方的男人靠在牆上，放下手中的楞杖讓腋下休息。更前方，一個嘉年人從臥室出來，對排隊的其他人頷首致意，然後離開。

我旁邊的那個人腳上纏了一大包繃帶。另一隻腳穿著普通的運動鞋。他描述他工作的短吻鱷獨家秀，我不停偷瞄他包著繃帶的腳。他告訴我，獨家秀和單場秀是怪奇秀的分支，一般的票是吃到飽，也就是只要付一次錢就可以看十種演出，甚至更多，獨家秀的門票要五十分或一元，而且只有一種演出：世界最大的老鼠、最小的馬、最肥的豬，而這位包繃帶的嘉年人，他則是展出最巨大的短吻鱷。他很喜歡這份工作，因為可以整天坐在陰涼的地方。

排隊的人似乎並不緊張，不像我們團員，過去的七十二小時，他們穿上所有衣物，在正午時間跑步，想要讓汗水帶走所有證據。幾個家族嘉年華公司最近都開始幫員工驗尿，那個包繃帶的人解釋，因為他們想讓客人安心，覺得操作遊樂設施的人員很可靠，也為了減少員工之間的衝突。此外，驗尿有助於打破刻板印象，因為大家都認定嘉年人全吸冰毒。

「真的嗎？」我問。

「要看是哪種秀、哪種嘉年人。」他解釋。

前一年，嘉年華來到這場遊樂會，導致地方毒販連續兩週沒有生意可做，因為嘉年人拚命推銷自己的貨，而且價格低廉。為了報復，當地毒販報警說嘉年城有人販毒，並且給了很詳細的資料。深夜時分，搜索燈點亮、警笛大響，警察闖進所有貨櫃臨檢，直昇機與霹靂小組從四面八方湧入。嘉年人的宿舍都在長形貨櫃裡（至少有六十呎）隔成許多小房間，每間擺兩、三張床，從外面看，很多感覺像流動廁所。霹靂小組在宿舍區找到製造冰毒的實驗室，以及數量驚人的存貨。

於是乎，一年後，在同一個會場，我們準備驗尿，我攀談過的人一半以上都說他們的褲子裡藏了夾鍊袋，裡面裝著別人的尿。

「你的腳被機器壓到？」排隊的嘉年人問我前面那個人，朝他包著繃帶的腳一撇頭。

「還是被短吻鱷咬了？」另一個問。

幾個人冷笑。

「不是、不是，都不是。」包著繃帶的人說。「巡迴季之前發生的。」

「你馬子幹的？」另一個人問，他再次大笑。

「胡說。」那個人說。「不是啦，雖然她很難搞，但沒有到這種程度。」

他們全部安靜了一下。我以為這個話題結束了。

「你們都知道我有嚴重的糖尿病。」他接著說。大家點頭。「糖尿病會讓人感覺不到手腳的狀況。」他說。「有一天晚上，我馬子值夜班，我在家陪狗。我們有兩隻狗，一隻很大的哈士奇，和她的小吉娃娃。總之，我去睡覺的時候，那隻小狗精神還很旺盛，一直繞圈跑，牠經常那樣。後來我睡著了，被尖叫聲吵醒。我馬子站在床尾往下看，我坐起來也跟著往下看，這才發現到處都是血。『怎麼回事？』我問她，但她還在尖叫，她彎腰想抱起小吉娃娃，但立刻停住，不停後退。牠也全身都是血。」

隔壁房間裡的老闆在咳嗽，露營車門外有個小孩在哭鬧，但我們全都靠向那個人，安靜等他說下去。

「總之，我坐起來看我馬子在看什麼，這時候我終於明白了。到處都是血，我的腳也是，那隻小狗在那裡不停啃一個東西，我再次看我的腳，這才察覺樣子很奇怪，我再次看那隻狗，我這才看出來。那隻狗，牠嘴裡叼著我的大腳趾，牠從我的腳上咬下來。」

所有人不發一語，望著那個人的腳想知道是不是真的，望著他的腳，想像繃帶裡面是什麼樣子、少了什麼，彷彿只要我們看得夠仔細，就會發現紗布上有一點血跡作為證明。

「真要命。」其中一個人說。

「因為糖尿病太嚴重，我一點感覺也沒有。」他說。

「你有沒有開槍轟爆那隻狗的腦袋？」另一個人問。

「噢，沒有。牠不是故意的。」那個人說。「我很愛那個小傢伙，晚上還是讓牠和我一起睡。」

×

去沃爾瑪的隔天早上，我醒來時全身痠痛，只能慢慢移動下床。和秀團一起巡迴十天，我已經習慣痠痛了。現在是早上八點，還有一小時才開工。這個時間一片寂靜，在嘉年華會裡，只有這個時間才會這麼安靜。我發現，如果有辦法能稍微早一點起床，我就會有時間在會場散散步，或是坐下看看書，在一天的工作開始之前，享受片刻寧靜的獨處時光。

我走進貨櫃的公共區，這裡是我們髒兮兮的木板後臺家園，但我立刻停下腳步，因為只差幾吋我就會踩到一隻腳，有個人趴在地上。我的呼吸停止了幾秒，以為那個人躲在這裡埋伏，打算翻身攻擊，也可能是發生了命案。

我安靜迅速地跨過那個人的腿，背部緊靠著貨櫃牆壁，躡手躡腳走到頭的那邊。帽子遮住那個人大半張臉，不過帽沿下露出熟悉的酒窩，是士力架。

我的驚恐瞬間消散，我低頭呆呆看著，木地板很髒，到處都是木刺，躺在上面真的舒服嗎？我聽到有腳步聲來到我身邊。「那是士力架嗎？」史畢夫問。

「對。」我說。

「他怎麼會在這裡？」他問。我看看史畢夫的臉。他揚起眉毛、皺起前額，彷彿他剛才被迫說出最荒謬的問題。

「天曉得。」我說。我彎腰想搖他，但史畢夫抓住我的肩膀，搖頭制止。

「交給老闆處理。」他輕聲說，然後小心跨過士力架熟睡的身體，走下臺階前往湯米的露營車。

不久後，湯米出現了，凌亂的模樣令人很不放心，他的頭髮亂糟糟黏在一邊，身上穿著籃球短褲，我原本以為會看到龐克搖滾英雄，但他現在的模樣落差太大。他站在士力架身邊，叫了他的名字幾次，然後伸手搖他的腿。士力架動了動，眨眨一隻眼睛，因為動作太慢，感覺彷彿眼皮被黏住了，一動就會痛。

「兄弟，你在這裡做什麼？」湯米的語氣沒有一絲幽默。

「嗨，湯米。」士力架一邊的嘴角拉起真誠的笑容。他稍微抬起頭，臉距離地板一吋。

「你怎麼睡在這裡？」湯米問。

士力架完全沒有要離開地板的意思，只是一直對湯米眨眼微笑。我發現距離他的頭不遠處，牆邊放著兩個瓶子，其中一瓶是啤酒，另一瓶則是水。

「我不想又遲到。」士力架說，依然滿臉微笑，但現在多了點叛逆的感覺，像是以為能智取父母的小孩。「所以我想乾脆睡在這裡，一醒來就上工。」

「第二次了。」湯米說完之後轉身回他的露營車。

我跟著史畢夫回他的房間。

「這裡的規定像棒球一樣嗎？三振出局？」我問。

「如果運氣夠好。」

「我不懂。」

「妳不會有事，妳是乖乖牌。」

「湯米說第二次了，第一次發生在什麼時候？」

「噢，不關。」

「不關？」

「不關妳的事。」

「噢。」

「等一下掛海報別遲到。」他說完之後爬上床。

×

我漫步出去，感覺清晨陽光灑在臉上，聞到泥土的氣味。陽光與泥土的氣味讓我感到平靜，讓我聯想到露營、健行，獨自面對大自然的那種孤獨況味。儘管嘉年華會似乎是個與自然無關的地方，但也可以說這裡其實讓自然展現到極限。例如說，我們秀團旁邊展出世界最小的馬。馬廄上的招牌如是說，遊樂會裡有很多這類展出，不論是世界最大的老鼠、最重的馬，或最小的豬。最大、最小的東西總是最能吸引客人。

他們沒有花錢請湯米或凱西這樣的主持人在前面攬客，而是播放廣告錄音帶，從遊樂會一開幕就不停重複：「世上唯一比貓還小的馬，活生生就在這裡，只限今天。」二十世紀後半，怪胎秀江河日下，演出預算越來越少，廣告錄音帶變成不可或缺。

這裡所有獨家秀的廣告錄音帶感覺都很舊，聲音與錄音帶本身都很老派，彷彿邀請客人進入古早世界，在那個時代，慷慨激昂的語調還不會被嘲笑，展出的物品更是千奇百怪。

有一位非常知名的廣告錄音帶配音員，名叫彼德·漢南。聽說，漢南有一天半夜打電話給朋友說：「我想到一個好點子！你聽聽：『快來看神奇小女孩，她出生在水中，一輩子活在水底世界。她一離開水就會死。她住在水裡，在水裡上學。快進來看吧。你們可以盡情發問，但她不一定會回答。』」難道是真正的美人魚？他的朋友很疑惑，這有可能嗎？

漢南喜孜孜地解釋，進入獨家秀的場地之後，會看到一個巨大的金魚缸，裡面有幾隻金魚在游泳，旁邊的告示上寫著：

金魚一輩子都活在水底世界，這些魚都是女生，牠們成群結隊，就像在上學。請盡情發問。

獨家秀能經營得下去真的很不可思議。不過門票很便宜，而且裡面的東西也是真的有看頭，廣告不全然是騙人的。世界最肥的豬真的相當大，巨型戰馬其實是拉車用的克萊茲代爾馬，體型真的很巨大。為什麼上當的那些人不警告其他人？或許他們覺得自己很傻，竟然期待只花五毛錢就能看到真正的奇觀，或許他們也希望別人上當。

世界最小馬的廣告錄音帶不停重複播放，攤位的老闆里奧坐在露營椅上看報紙。每一頁他都鉅細靡遺地讀。儘管每隔七到十分鐘我們會上臺宣傳同樣的東西，但音響系統依然反覆宣傳演出內容。我無法想像里奧有多痛苦，不過每次我上下舞臺時，都會近距離經過那輛傳說裝著世界最小馬的拖車，而他每次都對我揮手微笑。

有一天收工之後，我們捲起海報（這是每天晚上必須進行的工作，那些海報長達三十英尺，帆布上以手繪圖案宣傳我們的節目，收起來才不會受損），他對上我的視線，比比他的小馬拖車。想看嗎？一收好海報，我立刻小跑步過去，登上幾級臺階，就在那裡，在平臺凹下的地方，有一匹非常小的馬。體型大約和黃金獵犬差不多。我彈彈舌頭，對牠伸出一隻手，但牠沒有抬頭看我。

「我養蘭花，那才是我的真愛。」里奧說。他拿出手機，用粗短手指笨拙地操縱小按鍵，呼吸粗重，當按鍵沒有帶他找到想找的東西，他低聲罵起髒話。我看著小馬，牠不動如山地啃乾草，完全沒有發現我的存在。「這裡。」里奧說，來到我身邊。他的手機螢幕上顯示一朵紫色小蘭花的照片。「還有這個。」他接著給我看一朵花瓣很大的雪白蘭花。「這些花在我的船上過得很愉快。船停靠在佛州，妳可以隨時來我那裡住。」他說。「我永遠歡迎妳。提醒我一下，妳叫什麼名字來著？」

「泰莎。謝謝你。」我對他說。「花很美。」我很驚訝，他竟然對陌生人這麼好。若是其他的時空，這樣的邀請或許有點變態，不過他心裡似乎只有蘭花，我沒有理由懷疑他。

「妳出來巡迴幾季了？」他問。

「這是我的第一季。」我說。

「噢，妳感覺很專業。」他說，我想到手指上還包著ＯＫ繃，肌肉痠痛、被蛇嚇哭，我差點大笑起來。「不蓋妳，有過這樣的經歷之後，妳會變得完全不同。這樣的人生會改變一個人。」里奧說。

「其他人也對我這麼說過。」我說。

「曾經在路上流浪的人，就是不一樣。」

「好的不一樣？還是壞的？」我問。

「要看狀況。」他微笑著說。「過一段時間才看得出來。」他秀出更多蘭花的照片。

這是顯而易見的道理——無論過怎樣的生活，人都會因此改變。不過，小時候我並不知道，一般的孩子也都不會發現，其實每個人的世界都很獨特。以前我也不知道自己對美國的概念，其實與別人不同。

在我的美國裡，女人有腋毛。我讀的學校是從幼稚園直升到八年級的體制，校舍兼作社區中心與托兒所，大門上畫著彩虹，經常舉辦音樂活動。他們會聚在刺刺的草坪上圍成一圈打鼓尋求靈性，或舉辦音樂會，我家的人像其他人一樣走路去參加。婦女會站起來，隨著音樂搖擺，一開始很慢，等到音樂逐漸激昂，進入她們的心中，動作就會加快，並且高舉雙手，這時她們柔軟可愛的腋毛就會出來見人，搖曳的裙襬有如喇叭花，大麻與鼠尾草的煙飄起——很多年之後我才知道，原來這是兩種氣味，不是一種。有時候男人也會站起來，眼睛半閉搖擺，有如溫和的大怪物，整體感覺很愉快。這是我所認識的美國。

我媽會刮腋毛。偶爾也刮腿毛。她教我一週要刮一次，只刮腳踝到膝蓋中間。絕不能刮膝蓋以上的部位，她說，因為大腿其實沒什麼毛，而且一旦刮了，重新長出來就會變得又粗又黑，有如藤蔓上的刺。

當音樂讓她感動時，她會像其他受到音樂感動的婦女一樣站起來，但她不會高舉雙手。她會彈指，也會左右移動重心搖晃。她會扭屁股，微笑，啜飲葡萄酒。

有一次，我十二或十三歲，她一個下午叫我陪她跳舞的次數多到難以置信。快來跳舞啊，她呼喚我。不要這麼害羞，她溫柔地說，微笑對我伸出雙手，隨著節奏彈指，然後招手要我過去，我多希望自己變成隱形人，不然乾脆死掉也好。

我觀察周圍的狀況。這個鎮，主要是那些婦女，積極投入各種請願活動，保護藍腹蠑螈、保護山稜線、保護產卵鮭魚、建立兒童冥想空間。所謂的兒童就是我們，我們吃種在馬路邊的礦工生菜，擁有許多愛，當地放養的有機愛。當我看著她們的腋毛，有如拉拉球一樣晃動，上面還掛著汗珠，有如美麗的蜘蛛網，我不能說我不羨慕這樣的放肆、這樣的「老娘不當一回事」，我認為我媽也有同感。我看到她在那裡，左右搖晃的，和朋友聊天，但不時偷瞄那些狂野的媽媽，很想知道是否有一天她也能學會完全不在乎，有如學會表演新把戲。

「她就是這樣」、「她就是那樣」，這是最簡單的說法——喜歡微笑的嬉皮自由靈魂，住在喜歡微笑的嬉皮自由小鎮——但這不是她，這只是她的一部分。她很複雜，就像所有人一樣。一部分的她想在世上活得自由放肆，狂歡地慶祝人生，但另一部分的她渴求來自上流人士的認同，那些戴珍珠首飾的貴婦，雇用她彩繪布料當裝飾。

我媽和戴維之所以搬來這個打鼓的嬉皮小鎮，主要是因為他在附近找到新工作，他們本身是半吊子嬉皮，她當時身懷六甲，我弟弟快出生了。幾年後，我問我媽，她怎麼可以離開我爸之後這麼快就嫁給別人，而我的語氣不太和善。

有時候，人必須做出對自己最好的選擇，即使不太光明磊落。

戴維一聽說我媽準備要離婚，立刻就辭去公共電視臺的音效主管職位，沒有找新工作，將所有家當塞進車裡就橫越美國，從華盛頓特區直奔舊金山，就為了她，為了和她在一起的機會。

戴維用的詞是「命中注定」，再次找到對方，並結婚。他找到新工作，一年後我弟弟出生，我們去購物中心的肖像攝影工作室拍全家福。店家準備了很多道具，玩具熊、塑膠玫瑰、馬車、一堆堆聖誕禮物盒，全部排列在牆壁旁邊。我們選了馬車，把弟弟放在車上，我跪在馬車旁，有如拓荒家庭的乖巧女兒，手緊緊交疊，以秀氣的姿勢放在腿上。當時雖然才五歲半，但我已經知道自己是多餘的。我不是這個家庭的核心成員，不屬於這個命中注定的新家庭。我很少說話，生怕讓別人想起這件事，他們一定也知道。

「嗨，我人生的摯愛。」戴維對我媽說。她坐在沙發上，剛剛打瞌睡醒來。在醫院與復健中心住了十個月，她終於出院由他負責照顧。那幾個月的時間，他租了一間小公寓，準備了柔軟的毯子、淋浴椅、馬桶升高座，以及所有能讓康復過程比較輕鬆的產品。她神智清醒、好好活著，依然右半身癱瘓，依然不會說話。

她頭部的傷口又打開過，常常這樣，因為醫生多次嘗試止血，植入引流系統、管子、磁鐵，將骨瓣放回去又拿出來、又放回去又拿出來，放回去、拿出來。多次發生感染，幾乎一直感染。

她回家和戴維生活了幾個星期，然後又入院。出院回家兩個月，又再次入院。她開始發生癲癇，她突然發高燒。她跌倒，撞到頭，又再次入院，醫生盡力救治，戴維每天去醫院陪她，我和弟弟盡可能去探望，然後她又出院回家由他照顧，他會盡最大的努力照顧她，無微不至。但總是會有狀況發生，再次感染，身體虛弱，傷口問題，什麼都有可能，他們又回到醫院。

「義大利。」他對她耳語。「只要想著義大利就好。」

ㄨ

收工之後，我發現蛇又在我身上留下了痕跡，但這次有些不同。今天我扛著牠，心裡依然很害怕，但牠沒有害我流血，我盡可能和牠溝通，傳送平靜的感覺。我將浸透汗水黏答答的馬甲從身上剝下；肋骨終於吸飽空氣而舒展，因為放鬆而隱隱作痛，有如在寒冷處待了幾個小時之後，手終於暖起來的感覺。我全身都黏上薄薄的蛇鱗片，到處都是，因為天氣太熱而黏得很緊，我摸摸被馬甲勒出痕跡的肋骨，指甲裡滿是粗糙的蛇皮屑。

我躺在小床上，腿和腳都很痛，肋骨發熱，我閉上眼睛，努力呼吸。不過沒多久，我感覺到脖子上有沉沉的重量，冰涼光滑的身體滑過我的喉嚨，爬到我的胸骨上。我知道身上沒有蛇，我知道自己安全躺在床上，精疲力竭、渾身髒污、獨自一人，但我依然感覺到蛇，不只是牠的重量與冰涼，也感覺到牠移動時肌肉伸縮的動作，牠的臉用力緊貼我的臉，往我的頭上爬過去。失去四肢的人偶爾會有幻肢痛——現在的狀況也是那樣嗎？或許從此之後我的人生會一直這樣，無論蛇在不在，我都會感覺到巨大紅尾蚺繞在喉嚨上的重量。

然而，我之所以睡不著，並非因為感覺有蛇，而是因為害怕那個經常做的夢。每次的場景都不太一樣（由我駕駛的車輛、我走進房間），都是很正常的場所。我一進去，從視線看不到的地方就會傳來我媽的聲音，可能是從汽車後座或房間角落傳來。她會非常小聲說話，幾乎聽不見，我會轉頭找她。她就在那裡，和夢中的其他人一起做些很平常的事，例如要我右轉，或者問三明治的麵包是不是全麥的。我滿心歡喜，她的聲音回來了，熟悉而悅耳，我好久沒聽見了，即使在夢中，我也知道這些話是天賜的禮物，她的聲音是一種奇蹟。當我看看左右，發現夢中的其他人都不以為意，似乎她能說話很正常，任何人能說話都很正常，每次到了這時候，喜悅的感覺就會開始消散。我察覺她的聲音不是真的，她說的話只是多年前留下的痕跡。一領悟到這一點，時間就會開始加快，我會要她多說幾句話，反正夢裡這輛車不會撞毀，於是雖然在路上疾駛，我依然轉身，拉長身體靠近後座，想要拉近距離聽見她不可能說出的話——什麼？可以再說一次嗎？不過，當然，她從來不會再說一次，因為我意識到不可能，所以打破了幻想。我想大喊，但這是我的夢！拜託再說一次，有時候她會舉起手，非常、非常溫柔地按住我的臉頰，眼睛像綠色的鏡子，對上我的眼睛，我知道這是給我的課程，讓我學會接受現實。但我不肯。拜託，再說一次，我哀求她，拜託告訴我該怎麼做？我沒有聽見。拜託，一次、一次，又一次。

9 來玩吧

中風後兩個月
二〇一〇年十二月

據說，匈牙利男爵夫人席多妮雅產後開始長鬍子，她生下的孩子非常迷你。體重只有一磅半。寶寶的爸爸是安東·德·巴爾西男爵，他是個身材魁梧的大漢，體重四百磅，寶寶剛出生沒多久，他破產被迫逃離匈牙利。一八八五年，這個新家庭坦然迎接新人生，決定成為巡迴演出的藝人。他們和馬戲團一起巡迴多年，遊歷整個世界，他們家族的故事令觀眾大為驚奇，因為太精彩，幾乎不像是真的。

戴維經常說德·巴爾西家族的故事給我聽，睡覺之前說，去距離我們家五英里的紅杉林露營時也在營火前說。戴維說，他們的兒子，尼古·德·巴爾西男爵是我的第一個朋友。

一九〇三年，德·巴爾西一家來到美國，繼續一起演出，直到一九一二年男爵過世，那之後匈牙利男爵夫人席多妮雅嫁給了長髮切羅基族人，他也是馬戲團的藝人。重組的家庭繼續在馬戲團與怪奇秀演出，直到一九二三年，席多妮雅的健康每況日下，長髮切羅基族人甩了她，和一個侏儒藝人朵麗塔·波伊金在一起。一九二五年，席多妮雅過世了，尼古繼續演出十年，退休後住在奧克拉荷馬州的莊蒙德小鎮，以前他們去其他地方的路上曾經路過這裡，而戴維的祖父母就住在他隔壁。

他家的廚房裡有訂製的桌椅，專為身高兩呎半的人打造。戴維當時七歲，去他家玩的時候，第一次坐下時腳可以踏到地面，而不是懸空，第一次可以舒服地將手肘放在桌面上。他在那裡如魚得水，開心極了。匈牙利貴族就住在隔壁，而且他曾經在馬戲團和怪奇秀表演，還環遊世界，這些雖然都很神奇，但更棒的是身為兒童的他，終於找到一個似乎為他量身打造的世界。

小時候，我很愛聽這些故事。在外面的某個地方，有個詭異狂野的世界等著我去探索。無論多大多小的人，那個世界都能容下，在那裡每個人都很正常，因為沒有人是正常的。我小心收藏這些故事，有如小小的獎品，偶爾允許自己欣賞。

✕

我媽生病兩個月了，這兩個月裡，經歷了醫院、復建中心、緊急訣別、腦部手術、復健、嚴肅的諮詢、血液與腦脊髓液滲漏，病危、康復、哼歌，然後我在阿拉巴馬州的塔斯卡盧薩遇到了一個嘉年人。

我和戴文從酒吧出來，準備各自回家。

那個嘉年人三更半夜倒在城鎮的幹道上，軟軟靠在邊坡上。

再過兩年，我才知道有驚奇世界這個秀團，再過兩年，我才聽說佛州有個怪奇秀藝人退休養老的小鎮。

自從我媽中風之後，我大部分的時間都在加州，一次又一次訣別，但她似乎還不打算死，於是我回到阿拉巴馬。盡可能表現出完全、徹底、絕對正常的模樣。

我們看到那個人，問他是否需要幫助，他沒有回答。我們搖搖他的肩膀，他的眼瞼慢慢張開，有如電池沒電的玩具。「我在嘉年華會工作，可是我找不到了。」

街上有很多改裝過的福特小貨車呼嘯而過，喝醉的兄弟會男生個個猛踩油門。假使把他扔在這裡，我們擔心他會出事，而且嘉年華會員工的身分令我們覺得很新奇，於是我們說：「跟我們走吧。」我們彎下腰，一人一邊扶他站起來，他搖搖晃晃，我們抓住他的手肘。

「我們幫你叫計程車，送你回嘉年華會。」戴文說。

「嘉年華會在哪裡？」我問。

「妳知道在哪裡。」他說。我很想知道在哪裡，我多希望能有偵測嘉年華會的第六感，可惜我沒有。

我們站在人行道邊緣，希望這個沒有計程車的大學城會有計程車奇蹟出現，希望司機會知道遊樂會在哪裡。我們站了二十分鐘，沒有計程車經過。我們打電話也叫不到車，也查不到任何關於遊樂會的資訊。

「你在嘉年華會做什麼工作？」我問，我站在昏昏欲睡的那個人旁邊，靠得很近，戴文對路過的車輛揮手、豎起拇指，希望能遇上大發善心的陌生人。

「遊樂設施，有離心飛船，還有其他，很多。我們去開心吧，我們去玩吧。」他說。

我看看戴文，他依然焦急地努力攔車。善良又講義氣的戴文。他看到我的表情，走過來拉著我的手肘往前走。

「不可以帶他回我家，我不要。」他說。

「當然不會，那樣很不明智。」我附和。我們看著那個人，現在他已經完全清醒了，他輕聲唱著歌，來回張望街道。「不過或許沒有那麼糟，他可是真正的嘉年華員工呢，我們帶他回你家吧。你有啤酒，我有一大堆問題。」

「他又不是路邊迷途的小狗。我們帶他去市中心那家酒吧好了，他們應該知道怎麼幫他。」戴文說。這個辦法合情合理，我無法辯駁。

那天晚上很暖和，一群群金髮女孩讓空氣中瀰漫她們的花香調香水味，有時候我好想咆哮，我也想要那種輕鬆的人生，不過今晚不一樣，我們擄獲了一個真正的美國流浪嘉年華員工，說不定他能告訴我漂泊的人生是什麼感覺，在摩天輪旁邊醒來又是什麼感覺。我想瞭解那個世界，所有無法融入其他地方的人，都能在那裡找到歸屬。兩個月來，我第一次感到如此興奮。

我們選了一張卡座，那個人坐在戴文旁邊。我幫大家倒啤酒，那個人打著瞌睡又突然驚醒，直視我的雙眼。他的眼睛是十分明亮的淺藍色，幾乎接近白色，介於冰河藍與思樂冰藍之間。

「我們去開心一下，我們三個一起。」他說。戴文嘆息一聲，離開座位去洗手間。

那個人的眼皮沒有抽動也沒有閉上。他看著我，凝視著我。「我真的覺得我們可以有發展，我和妳。」他說，我用力吞嚥了口水。

「嘉年華會的真實狀況是怎樣？」我問。

「什麼都可能會發生。」那個人說，然後停頓一下。「妳可以住在我的露營車裡，我有電視喔。」他說。

我大笑，笑我自己竟然喝醉了，而且這麼認真，我喝一口啤酒，看看酒吧四周。我們都沒有說話，直到戴文出現，往這裡走來。那個人伸手越過桌面，握住我的手。

「和我一起私奔吧。」他輕聲說，語氣急促，那雙非常、非常藍的眼睛注視著我。「和我一起私奔加入嘉年華會。」我無法吞嚥。淚水滾落臉頰兩側。

戴文快步趕回來，在距離只剩幾步的時候，他大吼，「喂！那個混蛋剛才對妳說了什麼？怎麼回事？」我抹抹眼睛，跟他說「沒事」，想要安撫他，但是誰都不知道該說什麼。

「老兄，你對她說了什麼？」他氣勢凌人地站在那個人身邊。

「沒事、沒事，真的沒事。」我說。「他沒有說什麼不好的話。」

「感覺不像是這樣。」戴文說。

「我得回去了。」那個人說。

「到底怎麼了？」戴文問，一直盯著我。「到底怎麼回事？」

「我們喝酒吧。」那個人喝了一口啤酒。

「他只是——」我說，不知道該說出多少實情，最後決定乾脆全說出來。「他要我和他私奔加入嘉年華，我一輩子都在期待有人會對我說這樣的話。」

「老天爺，妳真是的。老天爺。」戴文說。

10 月亮是蘋果派

一百五十日中的第十四日——驚奇世界
二〇一三年七月

今天是七月四日國慶日，星期四，我們表演的第七天。星期日是我們第一場遊樂會的最後一天，我們要徹夜拆除，然後立刻出發前往俄亥俄州的另一場遊樂會。

但是，還不到那個時候。現在是晚上九點，天空剛剛變黑，我們還要繼續演出三小時。突然間，一聲轟然巨響讓所有人縮了一下，煙火在我們的帳篷後面綻放，發射地點好像在嘉年城另一邊的大停車場。我們站在舞臺上幾乎可以看到，我們不得不停止攬客，因為煙火聲音太大，我們的音量被蓋過，而且觀眾都跑出來，互相摟著腰，姿勢彷彿在等人拍照，他們指著天空，喝著裝在大塑膠杯中的啤酒，他們的眼白有如彎月型的小鏡子，映出天空中的色彩。

湯米也在看煙火，但每隔幾秒就回頭看觀眾，表情很焦急。這次遊樂會的收入不如預期，沒有達到能維持營運的數字，我們演出的時間只剩幾天，然後就得收拾前往下一個地點。眼前有一大批觀眾想進去看表演，問題是煙火引開了他們的注意力。巡迴季開始之前，所有財務都已經先算好了，包括每個地點要賺多少錢才能有足夠資金前往下個目的地。雖然經理不會和藝人們討論這些事，但每天中道上僅稀少的觀眾從我們帳篷前走過時，湯米焦慮的神情讓我能夠略窺一二。

「快請進，我們有冰島巨人——」湯米開始講話，但一發煙火炸開，他沒說完的句子被吞沒。「免費表演、免費表演。」湯米大喊，幾個人回頭看他一眼，但天空中一連串的煙火綻放，他們又立刻回過頭。就連我也緊盯著煙火。

湯米推推我的手臂。

「點燃妳的火把。」他對我耳語。

「現在？和煙火秀搶鋒頭，未免太違反美國精神了吧？」

「有什麼事會比賺錢更符合美國精神？」

我點燃火把。

我想起第一次上吞火課時，老師警告過我們汽油會導致不停打嗝、牙齒會因為高熱而產生裂痕、舌頭長水泡，她還特別嚴正叮嚀我，千萬不能在吸進油氣時懷孕。當我在舞臺上點亮火把時，這些都不重要。我只能看到身邊的汽油罐，我將火把泡在裡面，甩掉多餘的液體，然後拿起打火機。我感覺到觀眾在看我準備點火。我無暇思考每次吞進汽油會死多少腦細胞，每次表演吞火也難免都會吞進一點汽油。我點燃一支火把，然後用手指捏一下另一支火把。我將手靠近點燃的火把，讓手指點燃。火焰在我的拇指與食指間張開，有如咬過的口香糖。我將火苗移動到沒有點燃的火把前，用指尖點火。

吞火最早出現在印度，苦行僧與伊斯蘭蘇菲派修士以這種表演傳達對性靈的追求。一八八〇年左右，開始成為怪奇秀與馬戲團的熱門演出項目，及巡迴表演不可或缺的重要節目。不難看出為什麼。我們攬客舞臺周圍五十尺的範圍裡，所有人的視線都轉向我，然後又轉回去看煙火，但很快又回到我身上。天空中的煙火確實璀璨耀眼，但太過遙遠，人們一個個像喪屍般往我這裡走來，點燃火把時我經常會看到這般吸引力，彷彿他們不由自主地想要追尋火焰。我們面前聚集了一小群觀眾，我的手指穿過火焰，用火把掃過手臂，熄滅一支火把，然後再次用手指將火帶過去點燃。觀眾越來越多，煙火依然在我們後方綻放，我有些激動，我竟然能搶走煙火的鋒頭。湯米開始攬客，放慢速度、拉長內容，讓更多的人聚集，煙火的爆炸聲漸漸減低，他的劍倒映火光，他舔舔劍身，讓觀眾感受劍的重量，同時感受火在我口中燒灼的感覺。我們的責任重大，必須讓秀團經營下去，就像一般真實、善良、辛勤的勞工。

大批觀眾買票入場，秀可以繼續上演。

第二天早上我起床時，湯米站在我旁邊的床位前，巨大的影子遮住門口，一絲陽光也透不進來。士力架坐在床上將衣物塞進行李袋。湯米雙手抱胸，我沒有看過他擺出如此嚴肅的姿勢，他曾經在紐澤西州擔任職業摔角手，或許是當時常用的架勢。我偷看史畢夫，他在貨櫃另一頭接電線。

「怎麼回事？」

「士力架被炒魷魚了。」他說。

「三振出局了？」

「大概吧。」史畢夫邊說邊處理眼前的電線，彷彿這件事甚至不值得他抬頭看一眼。

「他做了什麼？」

「我只知道昨天晚上他跑去嘉年城，又闖了禍。我不想知道細節，而且也不在乎，那傢伙不是好東西。」

士力架開始低聲唱歌，大笑著從貨櫃公共區域拿東西，很靠近我們坐著的地方。我想給他一個同情的笑容，但他只是不停狂笑搖頭。

「我只在乎明天拆卸要少一個人手了，而且賣票的人也少了一個，他真是害慘我們了。」史畢夫說。

「別擔心。架設的時候你也看到我有多行，有我罩你。」我用手肘推推他，他嗤笑。

「想知道怎樣才是真正幫我嗎？幫我口交。」他說。

「做夢吧你。」一說完，我便漫步離開去洗手間，很高興他認為我能招架他這種粗魯的玩笑話。

我覺得士力架很可憐，他剛來的時候滿懷夢想，沒想到這麼快就失敗了。他的人生很艱苦，以為終於可以實踐目標。我很同情他，但也心中一驚，竟然這麼快就有人被踢出秀團，畢竟他加入才短短十天。嘉年華什麼人都收，許多在其他地方找不到工作的人，都能在這裡安身立命——來自其他國家的人、吸毒的人、有前科的人、精神不穩定的人——不過這裡依然有規矩，依然要遵守一套準則，破壞規矩的人會立刻被趕走。我還不懂那套準則。我甚至不確定是否知道。後來我去問湯米，他輕描淡寫地帶過。「只要準時上工，而且不要以為這份工作會有輕鬆的一天。」他說。

✕

一年中有一半的時間，陽光與史畢夫分擔電費，另一半的時間則跟隨秀團在全國各地演出。他們兩個都來自加州卡馬里奧，他們從小就是朋友。兩個人的家距離很近，一起上學，放學一起玩耍，但後來狀況變得很苦。

據說，史畢夫曾經無家可歸。他對我說起這段往事時，不停轉動手指上的幾個銀戒指，不停修改、回顧，確定所有細節都沒錯。演出第八天，表演結束後我們坐在後台休息。「有一陣子，我朋友讓我去他們家睡沙發，但很快他們就受不了了。我沒有任何地方可去，也沒有沙發可睡了，就在這時候，陽光照亮我的生命。」他被自己的笑話逗得大笑。陽光去廁所洗澡了，但她身為後臺主管的存在感，卻從來不會消失。「我巧遇陽光，告訴她我無家可歸，她立刻要我帶著所有家當去她家。」

後來，我問陽光關於她和史畢夫的故事。

「我需要人幫忙。」陽光說。她母親住院很久，終於可以出院回家了，沒想到房東卻說要裝修，要求她空出房子。「那時候我驚慌失措，而且沒有人可以商量。」她說。後來史畢夫出現了，他搬進她家睡客廳，他們互相支援。他就這樣留下，已經三年了。

史畢夫告訴我，他早年待過少年觀護所，加入過幫派。現在他二十三歲了，已經很多年沒有再犯錯。他邊說邊把玩之前買的紙花，他準備要送給碧普西，因為她心情不太好。很難想像他少年時曾經是個頭痛人物，尤其是他和陽光在一起時候。他們不管去哪裡，都經常挽著手蹦蹦跳跳的。

今年，是陽光第七次跟隨怪奇秀巡迴演出。身為舞臺監督，她負責所有幕後工作（包括放音樂、排演出順序，及排輪休順序），她也負責掌管貨櫃裝卸。不過。她最知名的其實是吞火絕技，小女生看過之後都會在帳篷邊小聲討論。她會很多我不敢嘗試的花招——例如人體蠟燭，她將油氣含在口中，然後點燃，張成圓形的嘴巴吹出火焰，她稀鬆平常的態度就像吹泡泡一樣。

她穿著五吋高跟鞋站在舞臺上，黑裙配馬甲，纖細的腿裹著黑絲襪，從汽油罐中拿出兩支火把，將火把點燃，以指尖引火，噴火，一次又一次吞火，然後用舌尖點火。休息片刻之後，她回到舞臺上，站在飛刀靶前，讓史畢夫像插花一樣用飛刀將她圍起。

他們幾乎形影不離，但並非一直如此。這是史畢夫的第二季，所以有兩年的時間，陽光跟秀團巡迴的半年裡，史畢夫待在家。去年她準備出發進行第六次巡迴，陽光開始考慮要請史畢夫加入，她從不曾邀請外人加入怪奇秀。

「不能隨便帶人加入，基本上不能這麼做。」陽光說。她的其他藝人帶朋友或家人一起巡迴，但他們往往半夜偷溜再也不回來，因為工時太長、工作太累，能撐下去的人不多。萬一為別人擔保，那個人卻逃跑，讓秀團陷入困境，那問題可就大了。這麼多年來，陽光的人生中從未出現她認為能撐下去的人，直到史畢夫出現。

史畢夫放手一搏。他和陽光一起巡迴，撐過了一整季，擔任售票員。他工作十分認真，很快便證明自己的價值，沒多久就爭取到重要的內部工作，負責架設與拆卸舞臺。兩位老闆也看出他有演出的潛力。今年，他的第二季，老闆教他幾個演出項目，像是躺釘床、射飛刀圍住活人靶——也就是陽光。

昨夜，凌晨三點，一場暴風雨呼嘯而來，風雨聲有如火車撞上磚塊山。史畢夫從床上跳起來，衝過走道，不到一分鐘就開始用塑膠布包住電力設備，降下海報以免被強風吹壞。

第二天早上，我問他怎麼知道要起床處理該處理的事，他告訴我，「在這裡要不斷證明自己的價值。這是我的工作、我的職責。」

演出之間，史畢夫描述暴風雨的閃電有多可怕、雷打得多近，陽光仔細聆聽並不時發問，但他一開始描述觀眾中有個女生多可愛，她立刻翻白眼。聊到一半，他們站起來掀開簾幕上臺，不用互相提醒。她依賴他，而他也依賴她。舞臺上大聲播放熱力四射的搖滾樂，但複雜的音效系統也壓不過飛刀射進木板的聲音，每一次都那麼響亮，演出結束後，觀眾的掌聲也比音樂更大聲。

×

陽光與史畢夫的故事我覺得並不陌生。我媽和戴維的故事也很類似，我從小聽到大。

戴維的父親名叫ＤＳ，一九三〇年代末期在奧克拉荷馬大學演奏小號。有人介紹一位剛加入姊妹會的大一新鮮人，他約她去喝可樂。介紹的人告訴他，那個女生身材嬌小、纖瘦，非常漂亮。她名叫瑪麗．法蘭西斯。介紹的人告訴她，DS無論去哪裡都帶著小號。他們見面喝可樂，我只知道這麼多。我很愛幻想他們共用一支吸管，他想瞭解她生長的山區、她的姊姊，以及常聽人說起的炮竹。才剛進大學，而這是她人生的第一次約會。瑪麗．法蘭西斯是我外婆。

他們相處很愉快，但決定當朋友就好。他繼續在城裡演奏小號，她和姊妹會的人一起去跳舞。有天晚上，在一場派對上，她發現她跳舞的時候，另一個樂團的另一個小號手一直在看她。演奏結束後，他放下樂器，過去自我介紹，說他名叫艾佛瑞（Everett），希望能約她出去。三年後，他們結婚了。成了我的外公、外婆，艾佛（Ev）與瑪麗。

那時，DS也遇到了真命天女蕾諾兒，這兩對情侶，艾佛與瑪麗、DS與蕾諾兒，一起開快車在奧克拉荷馬州奔馳，狂歡跳舞到深夜，不料第二次世界大戰爆發。艾佛被送往德國作戰，而DS則奉命留在鎮上當牙醫。

這樣的情節，應該很適合拍成電視電影。

諾曼第登陸的行動中，艾佛是其中一艘船的指揮官。二次世界大戰持續下去，每封電報、每次有人敲門，都讓瑪麗心臟快要停止。艾佛參戰後過了七個月，瑪麗生下一個寶寶，茱蒂絲，我媽的姊姊。艾佛在義大利安佐海灘的山洞裡生活了六個星期，每天早上用黏在土牆上的紙寫信給她，然後震撼來臨。

極度的震撼。

死裡逃生的震撼。他參戰三年以來認識的所有人當中，只有他毫髮無傷回到故鄉。六十年後，他依然經常強調：他毫髮無傷呢。

艾佛回到奧克拉荷馬，蕾諾兒與瑪麗同時懷孕。二月，戴維出生；九週後，在同樣的時間，泰瑞莎出生。我的繼父、我的媽媽，戴維與泰瑞莎一起成長到三歲。他們在草地上打滾，把口水滴在對方身上。後來，艾佛和瑪麗帶著女兒去加州。

七年後，戴維與泰瑞莎十歲了，戴維的家人在好友慫恿下也搬去西部，在同一條街上租了一棟房子，那是一九五六年。那一趟在酷暑中橫越美國的漫長車程，蕾諾兒講了一個又一個故事，描述在奧克拉荷馬認識但很久沒見面的老朋友，他們有兩個漂亮的女兒，喜歡跳草裙舞、騎腳踏車。這些故事深深印在生性浪漫的十歲男孩心中，儘管上次見到泰瑞莎時他們才剛會走路，但他感覺到一種命中注定的愛。他們終於抵達艾佛與瑪麗的家，戴維立刻跳下車。一個膚色黝黑的女孩從大門出來，她穿著吊帶褲，有一雙明亮的綠眸，走路很有氣勢。她問他要不要加入她的幫派，他想要吻她，她說她不是那種女生。他摸摸她的手臂，那是他摸過最柔嫩的肌膚。

×

今晚是閉幕夜，演出第十天。上面交代下來，要把所有行李打包好堆在床上，一些舞臺部件要塞到床底下。我們的抽屜要關好，所有吊掛的物品都必須取下——例如我每天晚上掛在一根釘子上的髒網襪，貨櫃後方要打掃乾淨，小冰箱的東西全部取出，工作服拿出來準備好，晚上十點等摩天輪一熄燈，就要盡快換上。我們前一天晚上便全部弄好了，因為早上九點就要開工。現在九點半，儘管嘉年華會看似運作如常，但可以發現許多嘉年人以兩倍的速度在設施間移動，陰暗處堆著捲好的繩索，食品攤位旁堆著半透明垃圾袋，裝滿沒賣掉的爆米花、軟扭結餅，感覺有如小墳墓。

晚上十點整，一分不差，大摩天輪熄燈，場地上的所有人紛紛大喊「摩天輪熄燈了！」由中道一路傳過來。

「你們有十分鐘的時間，去上廁所、換下表演服裝收好、穿上工作服，然後回來集合。」湯米告訴大家。

「集合之後呢？」我問。

陽光嚴厲地看我一眼。「到時候妳就知道了。快去吧！」

我立刻離開。

一整夜時間，我們將秀團的所有東西打包好，我原本以為應該會很輕鬆，因為不到兩週前我們才架設過，但我怎樣都想不起來之前是怎麼弄的。我不知道怎麼收拾東西，我分派到的每個任務（拆開無頭椅、摺好帳篷布）都需要以精準的方式完成，不但要維持良好狀態以便重新架設，也要能夠放進卡車裡指定的空間，不容許任何差錯。接下來的幾個地點的天數都比較短，只演出五天。我很慶幸架設與拆卸之間的時間很短，比較不會忘記怎麼做。

拆解電椅時，我感受到一股神奇力量，我想再次體驗，卻一直被叫去其他地方幫忙。所有攤位的收音機都開得很大聲，我們一直忙到凌晨五點十五分。

「如果擠得進床位，就去睡幾個小時吧，我們九點出發。」湯米說。

陽光握著方向盤，緊繃的骨感手指挾著電子菸。去俄亥俄州的路程要四小時，非常奢侈的四小時，我們可以坐在小巴裡，頭靠在軟軟的頭枕上，看著車窗上的塑膠扣震動，因為他們以最大音量播放「超優」（Sublime）樂團的重節奏龐克音樂。

我們停車、吃披薩，每個人都點了起司口味，我原本以為是因為比較便宜，後來才知道原來幾乎每個人都吃素。我在腦中想著，我的嘉年人都是素食人，我編出來的這個小詩句讓我很開心，回到小巴上之後，我輕聲說給坐在旁邊的凱西聽。

並非全部「都是」，也不是「我的」，更不是「嘉年人」。

「我們不是嘉年人。」凱西說。「呃，我以前是，不過現在不是了。」

「沒錯。」坐在前座的陽光以實事求是的語氣說。「我們是藝人，那差別非常大。我們的地位比嘉年人高。」

「藝人」，這聽來很順耳，但「嘉年人」也是。

「階級地位劃分得很清楚，千萬不能搞混。可想而知，最高層是老闆，然後是藝人，接下來是嘉年人。遊戲攤和遊樂設施的競爭很嚴重。遊樂設施員工比較有權力，因為他們可以讓漂亮女生插隊先玩，也比較能聚集人群，但遊戲攤比較賺錢，輕易就能騙客人掏錢。很明顯，最底層的是飲食攤，不過有些攤位也非常賺。千萬不能說藝人是嘉年人，懂了嗎？」陽光說。「絕對不可以。」

「好，對不起。」我說。

我想改變話題，讓大家遺忘我的失誤。

「你吃素多久了？」我問史畢夫，他坐在我後面，他的雙手拇指和食指在把玩胸腹之間穿的環。

「有一陣子了。我沒辦法吃肉，因為我知道動物不想被吃。」他說。

我點頭，準備轉回正面，但他繼續說下去。

「我第一次吃迷幻菇的時候，搖搖晃晃在外面亂走，遇到一隻蜜蜂。牠在一灘水裡，踢水、划水，我彎腰想看清楚，那隻蜜蜂對我說話。」

「蜜蜂說了什麼？」

「我沒辦法告訴妳，我不記得了。不過我們聊了很久，談了很多話題，各式各樣的狗屁。我把牠從水裡撈出來，和牠聊完之後，我知道自己再也無法吃動物的肉。」

陽光接著說：「我只吃魚，還有鱷魚。不過，妳有沒有聽說教宗不久前講的話？他宣稱老鼠也是魚類，這樣住在南美的人才能在星期五吃水豚。」

我們的小巴跟著太陽走，沿著八十號高速公路一路往西前進，然後轉上九十號，經過伊利湖，路上有間廉價商場，遍布全美的所有購物商場都一模一樣、難以分辨。車子經過鬧區，星期五餐廳、中式自助餐、星巴克，一家接一家出現——遊樂會場附近絕不會有這些店。當路邊開始看到當鋪、便利商店、老舊工廠，就表示快到場地了。有錢人不會光顧嘉年華，但光是一個晚上，人們在那裡花的錢累積起來卻相當可觀。

「你們知道一群雪貂的單位詞是什麼嗎？」坐在後面的碧普西問。我們搖頭。「是生意（Business）。等我離開秀團之後，要用雪貂生意做生意。」

我們大笑，繼續往俄亥俄州前進。雖然我很想裝酷，但我好像愛上我的嘉年人了。

11 全天下最柔嫩的肌膚

中風後兩年八個月
二〇一三年六月

每天早上天還沒亮，戴維就起床付帳單、預約行程。他搜尋坐輪椅如何參觀威尼斯玻璃博物館、殘疾人士參觀大衛像的特殊導覽行程、歌劇、郵輪餐廳的洗手間、客房裡淋浴間的大小。他上許多網站，他點選、捲動、抄筆記，再次捲動、閱讀、抄筆記。

晨光從窗戶照進來時，他回到臥房，坐在妻子那邊的床緣。她動了動，沒有癱瘓的那條腿彎曲又伸直。「早安啊，小可愛。」他彎腰環抱她的上身，拉起來讓她坐直，然後移動她的臗部，讓她的腿垂在床邊。

「吶吶吶。」她沙啞地輕聲說。氣切插管四個月之後，終於拆除管子，她又可以發出聲音了。她的體力恢復許多，可以自行吞嚥、咳嗽，她平常和戴維一起生活，只有發生緊急狀況時才需要回醫院。

她抿嘴又鬆開，發出聲響，每天早上起床後她都這麼做，彷彿每一天都有不同的滋味，她想仔細品嘗。

他一手伸到她健康的手臂下方，另一手按住癱瘓的那隻，他的身體靠在她右邊，他們一起轉動坐上輪椅。曾經發生過那麼多次災難、緊急、病危，現在只剩下這樣的日復一日。很平靜。

「我沒有遇到過皮膚比她更柔嫩的人。」他對我說，我十幾歲的時候說過一次，最近在醫院又說了一次。「非常不可思議，妳摸摸看，來呀。沒關係，摸摸看。」

很多人送我媽乳液，表達善意，或為不幸的狀況表示遺憾。有的用郵局包裹寄來，有的包裝成生日禮物，有的就那樣出現在家門口。或許他們都知道她的皮膚有多嫩，所以想幫忙保存那份奇蹟。然而，我幫忙整理抽屜的時候，發現自己抱著一大堆乳液，紫丁香、尤加利、玫瑰、清新亞麻，容器有玻璃瓶、藍罐子、塑膠軟管，有長的、有圓的，有機、萬用、中藥，眼睛用的、白天用的、祛疤用的、夜間用的。抱著這麼一大堆東西，這份隱喻太過明顯，但也無比正確，我和戴維胸前抱著這堆歪歪斜斜的東西，儘管我們知道，一定會因為不穩而掉落。

他們租的那棟房子，離他們賣掉的那棟不遠，整個鋪滿了木板，感覺像船身，感覺彷彿他們隨時準備出航。我媽坐在輪椅上，不是越野用的「泡泡」，而是室內用的普通輪椅。她整天都坐在輪椅上，除了偶爾被他抱起來上廁所、上下床、上下車。有時候會由我抱她上下拿東西，但我經常覺得自己像外人，要幫助癱瘓的身體移動需要非常多的溫柔。有時候她需要移動，但我會故意躲在其他房間，因為我是個渺小、害怕的人。

兩個月前他們去了一趟急診室，因為我媽頭上的傷口無法完全癒合。醫生切開這道傷口取出骨瓣，讓腫脹流血的大腦有足夠的空間容身。手術傷口無法癒合，周圍的皮膚壞死。幾個月又幾個月發生感染，她開始癲癇。我出發加入怪奇秀團之前的一個月，她因為癲癇而入院，但他們安排好三個月後要前往義大利。

我出發加入怪奇秀的前一週，她出院回家。日子再度恢復平靜，照常付帳單、洗衣服。

我媽背對著我，輪椅緊靠在沙發前。她稍微往前傾，然後又坐直，左手臂往前伸出去，然後往外畫個弧線收回來，她手中拿著一件灰色T恤。在緩慢康復的過程中，她不但要重新學習許多工作，還要學著用左手做。

她面前的沙發上放著一堆洗好的衣物，有上衣、襪子、胸罩，及運動褲，我原本打算等一下去摺。老實說，所謂等一下，可能遙遙無期。然而她卻動手做了，我的母親，我花了無數個小時說服自己那個身體裡的人已經不是她了。因為如果不這麼想能怎麼辦？我要怎麼繼續活下去？

但此刻她拿起一件皺皺的灰色上衣，抖一抖讓衣服變平整。我屏住呼吸。她經常發抖，輕微抽搐。有時候很嚴重。癲癇。我已經將近三年沒看過這樣的畫面了——我媽媽，在那裡，做家事。

她將那件上衣放在沙發上，和其他衣物分開，用掌心撫平。我在她身後，她看不到我。她那隻瘦骨嶙峋的手，以前經營布料生意的時候總是沾上不同的染料，最近則是插了太多點滴管，變得彷彿有自己的臉龐與態度，因醫學而生的蛇髮女妖。

最初的一個月，她似乎永遠不會真正醒來，只有那隻手會動。我盯著那隻手，彷彿只要看得夠用力，就能召喚奇蹟。我看著那隻手在醫院的白床單上抽動，顫抖著緩緩從身側舉起，摸摸包住大腦的皮膚，她的頭骨被取下一瓣的地方。我看著那隻手摸摸她的眼睛——這裡，在這裡——太陽穴上有乾掉的血，一條條乾掉的腦脊髓液。我看著那隻手顫抖回到她身側，然後重新開始，出發探索，想要理解究竟少了什麼，這裡、這裡，還有這裡。我抓住那隻手吻一下，讓她停止，低聲焦急道歉，那隻手會暫時靜止休息，然後又舉起，準備再次繼續。她出發，又被迫回到原位。

中風之後，她在加護病房住了一整個月。每一天都是最後一天，然後又是新的最後一天。

中風六週之後，醫生讓她坐在椅子上，四周全部堆滿枕頭給予支撐，她一連坐了三十分鐘，我們瘋狂鼓掌。

中風之後兩個半月的跨年夜，她揮舞我們帶去病房慶祝用的手搖響板。沒錯、沒錯，我們來慶祝！我、戴維和弟弟齊聲說。她開始做物理治療，不用枕頭也能坐起來，並在幾位治療師和懸繩的幫助下站起來。

腦部感染讓她重回加護病房。

然後她又得重新開始。

我媽用手掌將放在沙發上的衣服壓平，節奏仔細、動作精準。我沒有幫忙，我想看看她能做到什麼程度。如果她能完成這項工作，那麼，我對她能力的推測就全部錯誤，是我低估她了。

她中風之後過了好幾天，我才終於說出我愛妳，這三個字如同我肺裡的火焰。我知道一定要說出來才行。我愛妳，我說，很小聲，字全部糊在一起，我盡可能多說。離開醫院時，我愛妳、我愛妳，我只是不確定她是否能聽懂。

她將一隻舊舊的袖子往裡摺，然後換折另外一隻。撫平摺線，撫平領子，將兩邊拉齊。她的另一隻手依然動也不動地放在腿上，但這隻手抓住上衣下襬，往上摺到肩膀處，形成一個完美的四方形，可以整齊收進抽屜。這個清涼的春日傍晚，在這棟木造小屋的沙發上，發生了平凡的奇蹟。她無法言語、行走，但做到了這件事，她完成了一項家務。這是她的日常生活。

我們經常討論行李的事。雖然我出發加入怪奇秀之後兩個月，我父母才要去旅行，但我花很多時間研究他們整理到一半的行李箱，我父母家中隨處可見。日復一日，戴維仔細做足準備，為了踏上「那趟小旅行」（他如此稱呼他所計畫的那趟漫長又危險的旅程）。儘管如此，我依然不放心。

一天下午，我媽在臥房午睡。

「我只是想看看，當她看到佛羅倫斯的那些橋會有什麼表情。」戴維說。他整理放在一個行李箱外袋的藥瓶，為了裝四個月分的抗痙攣藥、降血壓藥、滲透性利尿藥、抗生素、止痛藥、纖維錠、維他命，他準備了許多超大型夾鏈袋，裡面裝滿半透明的橘色藥瓶、白色藥瓶、棕色藥瓶，各種形狀、尺寸的瓶子，各自裝著一小部分的健康。另一個行李箱特別用來裝成人紙尿褲。合適的尺寸很難找，他不想冒險，選擇乾脆帶齊三個月的量。一個袋子裡裝著輔具支架，一個袋子專門用來裝另一輛輪椅，泡泡。他們的衣服只有一袋，戴維決定一人只帶七套衣物，在盥洗包裡放了一大瓶布朗博士品牌的洗衣精，他們幾乎每天晚上都要洗衣服。好幾個備用隨身碟塞在不同口袋裡，裡面存著他們的病例、預設醫療指示——我們姊弟也各有一份。其中一個袋子裡裝著錄音設備，讓他能夠錄下身邊街道的聲音。

總共十一件行李。

超過兩百五十磅。

加上坐輪椅的可愛美人。

「只要能看到她看著威尼斯運河的表情，一切就值得了。」他說。

他清點藥丸，裝進七天份的長條藥盒裡。「我十九歲的時候，在羅馬發現一個祕密花園，在一個廣場的大馬路旁邊。我一個人亂逛走到那裡，那時候我還是個小鬼。我在暗巷向一個人買了大麻，幾乎可以說是意外走進那個有破雕像的隱密花園，我在那裡抽。那是我見過最美的地方，這趟旅行我最想去那裡，我想找到當時覺得很神奇的那個地方，我想讓泰瑞莎看看有多神奇。」

12 身為女兒

一百五十日中的第二十日——驚奇世界
二〇一三年七月

我們的車隊，包括載著演出道具的貨櫃、十五人座小巴拖著湯米和陽光的露營車兼辦公室、紅毛的廂型車，一塊開進遊樂會的預定場地，空間不大，四周的房子都裝了鐵窗。我們在俄亥俄州的茂米市。幾個遊樂設施已經運來了，工人忙著張開巨大的翅膀，扭緊、接合、並拉長，準備迎接小朋友光顧，但場地大部分空著在等候。這裡比上一個場地小很多。湯米去找場地經理，我們坐在車上等。當老闆和其他老闆談話時，我們不可以打擾，也不可以沒有得到命令就下車，遊樂設施在架設時我們也不能接近，因為很危險，要戴安全帽才行，但架設的工人很少戴。那些金屬部件（我喜歡想像成從金屬花莖上開出的春季鮮花）會揮動、撞擊、斷裂，在架設時導致人員重傷。基本規則就是不要靠近。

午後陽光漸漸變成淺金色，今天早上我們離開巴特勒，開了兩百三十英里的路程來到這裡，巴特勒的場地鋪了柏油，十分平整，但這裡地面只有泥土，中道只是一條清掉雜草的路，兩旁長著枝葉低垂的大樹，葉片很綠，可能是柳樹，以及許多蒲公英。我們等待的時候，四周逐漸出現一閃一閃的螢火蟲。我期許自己，每次到新的場地，我的吞火功夫就要進步一些、更不怕蛇，能吸引更多觀眾入場。我會把該做的事做得更好、更加專注，這樣我的腦袋才不會有空間想像其他地方可能發生的災難。

我們一起上路兩週半了。因為第一場遊樂會為期太長，我們只架設過秀場一次，不過，儘管我們都累了，這次的搭建工作感覺比較沒有那麼辛苦、那麼可怕。

一輛越野機車來到我們旁邊，騎車的人塊頭很大，他用前臂抹抹臉，啐了一口唾沫，他大搖大擺走向小巴，大腿的直徑不輸方向盤。因為不得不開除士力架，老闆在分類廣告上登了徵人啟事，要找新的售票員。新人來面試，基本上就是讓湯米看看他是否具備以下條件：

第一、體格夠強壯，能夠搬重物

第二、性格夠強悍，能夠留下來搬重物

走過來的那個人，體格甚至比我們的粗工大大班更大，我們都很期待有魁梧的大漢加入，多一個強壯的人分擔工作，加快搭建帳篷的速度。

湯米帶新人去後面談話，然後帶他走進帳篷，態度有如建築工地的主管，雙手比畫著，邊走邊指著東西，說明需要他去做的事情。他在評估新人，觀察他身體的動作。我納悶，粗工真的只能由男性擔任嗎？畢竟秀團的女性也包辦很多體力活。

我加入驚奇世界的第一天，去吉布森屯拉出在那裡過冬的秀場裝備時，就已經有人和我解釋過以性別區分工作的事。我們的小巴開進一個堆著破銅爛鐵的地方，幾英畝的空地上長滿野生的佛州藤蔓與雜樹，巡迴季結束之後，嘉年華公司將大型用具與壞得差不多的摩天輪存放在這裡。一輛曾經是黃色的校車巴士長滿青苔、掛著葛藤，只能隱約看到鏽蝕的車身，我聽說有個人住在這裡，看管送到這裡存放的大型機械。這個地方一望無際。

儘管這裡堆著很多遊樂設施和幾輛老舊的馬戲團車，但沒有其他怪奇秀將設備放在這裡過冬，因為已沒有其他巡迴秀團了。巡迴怪奇秀曾經是一種文化，但慘遭科學與社會進步碾碎。十九世紀末，大眾的觀感開始轉變，怪胎秀展示的那些戲碼都有了醫學解釋，一九五〇、六〇年代，殘障人士的權利獲得立法保障，狀況更是雪上加霜，舞臺上能展出怎樣的人和物，以什麼方式展示全都受到管制。到了現代，少數夜店會請怪奇秀藝人表演，他們在成人秀的圈子裡流轉。目前美國依然有兩個固定的怪奇秀團，一個在紐約的柯尼島、一個在洛杉磯的威尼斯海灘。不過，威尼斯海灘的秀團已被驅逐，離開了原本在木棧道上的家。

驚奇世界是最後一個傳統巡迴怪奇秀團。之所以能存活至今，單純是因為秀團的人不肯任其滅亡。

在吉布森屯的廢棄場上，透過棕櫚樹的葉片與摺起的海盜船桅杆，我第一次看到秀團的外殼。卡車一側的車身寫著巨大的紅字、金色邊框；四個角落點綴著金色蔓葉圖案。貨櫃的整個側邊寫上：

驚奇世界
絕妙大秀

貨櫃後方大約三分之一處有一扇門，上面畫了一個紅色大星星，標示著「非工作人員請勿進入」。我滿臉傻笑，我很努力想掩飾（對其他藝人而言，這沒什麼好激動的），但我藏不住歡喜。短短幾個月前，我還是個觀眾，目瞪口呆看著危險又美麗的人們，他們的生活完全配得上這輛卡車。我第一次去看秀的時候，釘床表演到一半，後臺的簾幕被風吹起，我瞥見一位藝人在後臺休息。她坐在一張折疊椅上，彎腰駝背吃杯麵，麵條掛在她的嘴上。她左右兩邊各有幾張空椅子，地上有些垃圾，整體感覺髒兮兮，但沐浴在午後的自然光下，這不平凡的平凡令人陶醉。

那所有歷史與偉大的漂泊人生，全都裝在這輛彩繪大貨車裡，停放在廢棄物保管場，我們只要清理掉葛藤就能出發了。

但過程沒有想像中快。

有小動物鑽進去、零件生鏽。陽光不停抽菸，史畢夫與湯米負責所有粗重工作。他們叫我坐在旁邊看。碧普西在練習豔舞。

我想過去幫忙，但湯米拒絕了，陽光告訴我：「以前女生都坐在陰涼的地方休息，男生負責秀團的所有勞力工作。

「不過，實在太沒效率了。我們坐在旁邊枯等幾個鐘頭，看那些男人辛苦做工，我們只能浪費時間，因為大老闆——克里斯和沃德——不希望女藝人受傷，他們認為我們是珍貴的鮮花之類的玩意。不過大約五年前，有一次行程真的很緊湊，似乎不可能及時趕上下一場遊樂會，於是我們女生站起來動手幫忙，克里斯與沃德終於明白有些事情我們也能做，於是開始分配工作給我們。以後我們會有很多時間要做這些工作，這並不輕鬆，只是現在我們還不用幫忙。」

「可是我覺得現在應該也有我們能幫忙的事情。」我說。

「沒有。」

「好吧。」我雖然這麼說，但並不服氣。

「克里斯與沃德依然希望我們打扮風騷、頭上插羽毛，他們很老派。所以有時候只要珍惜我們得到的就好，不要強求。」她說。

大約一個小時之後，男生合力將貨車連結上車頭，可以出發了——我的飛機降落佛州還不到二十四小時，我們似乎已經準備好上路了。

「我們要去接契約工。」陽光一本正經地說。

車子停在一間組合屋前，外面放著一個超大帆布袋。

「這是**大大**班，我們的粗工，團裡他力氣最大。」湯米說。

「他是全天下最可愛的人。不過，他要是企圖吻妳，儘管對著他大吼，然後賞他一耳光，這樣他才會學到教訓。」陽光說。

我們打開車門，大聲的蟬鳴湧入車內，大大班踏著笨重的步伐從組合屋出來，沒有看前面的小巴，也沒有回頭對裡面的人說話。他扛起袋子，輕輕鬆鬆，像是沒有東西一樣，走過來放進後車廂，他沒有說話。他年近三十，臉頰粉紅，有一口歪歪斜斜的牙齒。

「小班！」陽光大喊，他坐上車時難掩笑容，又嘆了口氣。

「小班，準備好了嗎？」湯米問。

「大概吧。」班回答。「我告訴自己再也不要做了，可是我又來了。」他說話時不看任何人，他的手臂非常粗，有如古羅馬競技鬥士。

據說，他為另一家嘉年華公司工作了幾年，他簽的合約原本還有幾年才到期，但我們的兩位老闆從那家公司的老闆手上買下合約，讓班解除和那家公司的關係，開始在我們這裡工作。當別人說起這個故事時，他只是笑嘻嘻地看著窗外。我無法判斷這個故事的真實性，我以為這個年代已經不會以這種合約綁住勞工了。

「這個故事是真的嗎？」我輕聲問他。他又笑了，聳聳肩。

後來，班不在的時候，有一位藝人告訴我他智能不足，另一個反駁，說他只是較遲鈍。湯米說他腦袋受過傷、出過意外，還有動脈瘤。但大家一致同意，他是全天下最可愛的人。

「等妳看到他用大槌，才會知道他有多強。」史畢夫說。

那個大塊頭男子騎機車離開我們在俄亥俄州的新場地後，我問湯米會不會雇用他。湯米說：「或許吧，我們需要撐得住的人。上次那個，我一看就知道撐不住。」

「士力架嗎？」我驚訝地問。他點頭，彷彿那是世上最沒必要問的問題。

我緊張起來——湯米竟然能事先察覺這樣的事，而且如此篤定。幾天後我再次問起這件事，盡可能裝作若無其事。

「我有一套測試方法。」湯米告訴我。那是一個週間的午後，當我們站在攬客舞臺上時。「足以判斷新來的人能不能撐過一整季，又會不會逃跑。」

這場遊樂會人很少，天氣很熱。大家都拿著四健會的傳單搧風，臉龐發紅，因為吃油炸的漏斗蛋糕而嘴巴油膩膩。他們泛著油光，活像油亮的餐前點心。

「我知道士力架不行，一開始就知道。」
「怎麼測試的？」
「我不能告訴妳。」他說。
我嘆息，調整一下蛇。
「好吧，不過妳要保密喔。我不希望這件事傳出去，讓外人知道我們的祕密。」湯米說。「從兩個地方可以看得出來。首先，架設過程中，敲帳篷樁的時候，如果有人摀住耳朵，他一定撐不下去。」
我想起那個刺耳的聲音，金屬大槌將長長的鋼鐵帳篷樁敲進地下，一開始傳進耳朵時是「叮」的聲音，但還來不及意識到「叮」聲，那聲音已經鑽進頭殼，將整個腦子覆蓋一層金屬，每一次的聲響彷彿都有各自的交響樂章，即使敲打結束，工人敲了十五到二十下之後就會去敲下一根樁，但那個聲音霸占頭腦，這種時候最好不要有人跑來找你說話。
「萬一有人摀住耳朵，就表示他太敏感，絕對撐不住？」我問。
他點頭。
我急忙轉頭，以免他看見我臉紅的樣子。我有沒有摀住耳朵？我是不是太敏感，不能繼續待在這裡？我想起架設第一天，我很想摀住耳朵。我很想，因為碧普西摀住了，她似乎和秀團所有人打成一片（她原本就認識其中幾個人），我認為應該盡可能模仿她，但我也記得當時我多想表現出強悍，無論發生什麼狀況，我都能承受。但我到底有沒有摀住耳朵？

「第二個呢？」我問。

「愛講大話的人。如果有人一來就拚命宣傳自己經驗多豐富、絕對打不倒，說在這裡工作是他們的夢想之類的，那些講得好像他們已經很清楚自己在做什麼的人，他們絕對撐不住。」

我回想士力架來秀團的第一天，滔滔不絕炫耀他的成就，強調他多有資格加入。

「我們的工作並不輕鬆，需要很大的膽量與毅力，要謙遜，也要能屈能伸。我想說的是，我在這裡待了九年，這早已證實過太多次。」他說。

「第一次架設的時候，我有沒有摀住耳朵？」我盡可能讓語氣感覺像在開玩笑。

「不曉得耶，莎莎。」湯米笑嘻嘻說。「妳有嗎？」

新的粗工拖著巨大的柱子走過草坪，他蒼白汗濕的手臂比柱子更粗。他每天都騎機車來上工，名字叫史帝夫。如果有人叫他的名字，他就會對他們抬抬下巴。他滿身大汗，非常勤勞，只有偶爾會一臉疼痛伸手按住腰側。我希望他留下來，多個能幹的幫手。

「你是俄亥俄州人嗎？」我問。

「嗯。」

「感覺不錯。」

「這個地方超鳥的，我之所以留下來，完全是為了我的女兒。」

「噢——你有幾個女兒？」

「兩個，她們搞得我很煩，兒童扶養費之類的事，但我希望能見到她們。兩週前我才去看過她們。」

後來休息的時候，我問他：「來這裡之前，你原本是做什麼的？」他抹去嘴唇上沾到的紅色開特力運動飲料。

「我領了一陣子殘障救濟金。去年國慶日，我發生了很嚴重的意外。」他說。

「煙火？」我問。

「更嚴重。」他掀起上衣。他腰側的皮膚皺巴巴，有無數交錯的疤痕，幾乎糾結成一團。「加農砲。」

「太扯了。」

「是啊，我朋友買了一臺小加農砲。大概是南北戰爭時期用的那種。我們裝上火藥，但不知為何無法發射，我過去彎腰檢查，結果，唉……」他沒說完。

「也就是說，你用加農砲打中自己？」

「我們那群人全都有份。」他說。

「炸出一個大洞嗎？」

「比較像是很多小洞，我的兩個女兒覺得有夠酷，可以算是啦。我前妻幫忙照顧我一陣子，但她很可惡，我很高興她走了。」他藏不住大大的笑容。「她抓到我偷吃兩個女生，所以我們就離婚了。」他說。

「抓到第一個就該離婚了吧？」陽光說。「我絕不會寬容。」

「她沒機會，因為我一次搞兩個。」他的臉上冒出誇張的笑容，有如炸開的大痘痘。

怪奇秀的男團員很愛炫耀女兒的照片，他們每個人手機裡都有最愛的照片，經常得意地拿出來秀給別人看。史畢夫第一次秀照片，是在第一場遊樂會架設場地的第一天晚上，他給我看一張照片，主角是個嬌小的女孩，穿著泳裝，另一張則是她穿著小小的慢跑裝，總是抬頭對鏡頭笑。

他說：「她超聰明的。看到小狗的圖片，她就會說汪汪，看到鯊魚的圖片就會說登登，妳知道，因為電影大白鯊的主題曲。」他望向遠方，眼睛半閉、歪著頭，彷彿心愛的小女兒就在眼前。

俄亥俄州架設的最後一天，我再次問起他的女兒，我問她喜歡什麼，因為我想再次看到他整張臉發亮的模樣。「呃，她喜歡動物。」他又興奮起來。

「只要在電視上看到鯊魚，她就會說登登、登登。」

我無法分辨他之所以重複這個故事，是因為不想讓我們知道太多，還是他只知道這個。或許他還有很多故事，但只想一個人獨享。

那個小女孩今年兩歲，和他的前女友與她的新男友住在一起。孩子不知道史畢夫是她的生父。這是他們談好的條件。他每隔幾個星期或幾個月可以去看她一次，她可以認識他，但只能當叔叔。

幾天之後，一個沒客人的午後，大家在後臺聊天，話題是抽了大麻之後最適合看什麼節目。凱西說，「探索頻道的鯊魚週最棒了。」

「跟你們說喔。如果問貝卡鯊魚怎麼叫，她會說登登、登登，可愛死了。」史畢夫說。

過著漂泊的生活，很難和生命中的其他人保持聯絡。

在俄亥俄州的茂米郡遊樂會，第二天演出結束之後，我打電話給我媽和戴維。我很累、心情惡劣，但我還來不及抱怨，戴維先興沖沖描述他為泡泡裝了新的越野輪胎。他告訴我新輪胎非常大，簡直像改裝過的怪獸卡車。

「義大利的街道都是石板路，要找到最棒的咖啡館、去所有想去的博物館，我們必須迅速移動。」

我問他計畫做得如何，他傳來一份十六頁的文件，列出郵輪將停靠的所有港口城市，以及他們想看的其他城市景點，如佛羅倫斯的大衛像、威尼斯歌劇院。

他說：「非常棒，威尼斯有一些水上計程車的踏板可以推輪椅上去，可能是為了載貨，說不定是裝滿義大利麵的手推車。」他笑著說。「裝滿義式餛飩的手推車。」他又嘆息。「不知道他們有沒有用過吊車？」

「你有沒有整理出那一帶的的醫院？」我開始冒汗。

想到他們要去到那麼遠的地方，要留在那裡，我不禁有種快從身體滑出去的感覺。

「有、有。」他隨口說。「這些都準備好了。」

「很好。」我說，停頓一下。「一定會很棒。」我花了很多時間想像這趟魯莽的旅行會出多少差錯，萬一她再次中風、萬一她摔倒、萬一她癲癇發作跌下輪椅，一頭撞上大衛像該死的腳趾。萬一戴維心臟病發作，房間裡只有她一個人，她無法幫助他，他也無法幫助她。有太多的可能，會讓他們受苦受難。

我和弟弟做好了計畫，我們一直在存錢，也申請了額度很高的信用卡。我們講好了，萬一有必要的話（很可能會有必要），我們會立刻放下手上的事，跳上飛機趕過去，無論他們在哪裡。我們會去救他們，這是我們唯一想到能做的事。

儘管如此，我講電話時仍用最振奮的語調傳達出不輸他們的熱忱，我不希望他們知道我有多害怕。我希望自己能像他們一樣勇敢，於是我深吸一口氣，召喚出在舞臺上的我，告訴他們，我以他們的計畫為榮。能夠是一位因為家人即將出發去冒險而感到開心的舞臺藝人，她勇敢又堅強，她愛家人，而且還會常常對他們說。她不該是上網搜尋如何將遺體運送回國的那個女兒。

他們要掛電話了，因為有太多事要做。我獨自站在舞臺下、帳篷外，夜晚的空氣悶熱黏膩，淚水落下，不停落下。

✕

有時候，怪奇秀可以救女兒的命。

一個體重只有兩磅的嬰兒，醫院判定「太過虛弱」，只能等死。那是一九二〇年，醫院沒有新生兒設備。據說寶寶的父親將孩子（名叫露西兒．洪恩）包在毯子裡，在醫院外面攔了一輛計程車，直奔柯尼島的怪奇秀。寶寶是雙胞胎，一個出生就死了，他不願意失去另一個孩子。直到二十世紀後半，醫院才有能讓早產兒存活的設備。

露西兒的父親抵達怪奇秀，門口的一個招牌寫著入場費的價格：二十五分。進去之後，四面牆邊展示著不同種族、階級的早產小小嬰兒，全部躺在鋼鐵與玻璃製造的保溫箱裡。有些在哭，有些在襁褓中熟睡，這個展覽由馬丁．庫尼醫生經營，他是新生兒保溫箱的研究先驅，醫學界對他的發明抱持懷疑的態度。

庫尼醫生收入場費，讓人參觀躺在透明世界裡的迷你嬰兒，藉此賺取研究經費。他展示嬰兒的演出事業為期非常久，從一八九六年到一九四〇年，曾經在世界博覽會展出，也在遊樂園展出，只要有觀眾的地方，他哪裡都去。入場費讓庫尼醫生能夠維持寶寶的生命，而且不必向父母收費。他宣稱曾經和當時的其他醫療先鋒一起研究，但事實如何已不可考，他究竟是否具備醫師資格也依然存疑。無論如何，他讓數千個寶寶得以存活——他照顧過八千個嬰兒，其中六千五百個活了下來。若非他的發明，這些嬰兒只有死路一條。庫尼醫生於一九五〇年過世，在那之前不久，醫院才終於接受他的保溫箱，作為一般醫療程序使用。

露西兒在保溫箱中待了六個月，父母終於可以接她回家，她繼續活了九十六年。

×

有時候，女兒得靠邊站。

我媽中風之後不久，我打電話給爸爸，她是他唯一的一段婚姻，雖短暫、神奇，又可怕。我兩歲那年，他們就離婚了。

我告訴他，她發生嚴重中風。

「噢老天、噢老天，噢老天。」他說。

「我們不確定以後會怎樣。」我的聲音在顫抖。「但並不樂觀。」

電話那頭一片沉默，只有悶悶的哽咽呼吸。「我無法相信，我一直深信有天我們會重新在一起，兩個老人坐在搖椅上相伴。」他說。

「爸——」

「我們會住在森林裡的小木屋，坐在門廊上抽菸，一根接一根。」

我很震驚。他們離婚二十四年來，兩人不斷吵架、威脅、訴訟、責怪對方殘酷無情，我以為他們對彼此的感覺只有怨恨。

「我一直認定那就是我的未來。」他說。

「你們彼此痛恨。」

「沒錯，但也彼此相愛。只要有兩張搖椅和鳥叫聲，這就是我的計畫。」他說。

我錯愕到說不出話來。我站在停車場，我特地走出來，選在這個毫無特色的單調地點打電話，因為我以為爸爸終於會開始有爸爸的樣子，和他談完之後我會流下感動的淚水，而這裡是最完美的地點。我以為可以和曾經非常瞭解媽媽的人聊聊，告訴對方這次多可怕，已經有多少東西消失了。

「門廊上的兩張搖椅，感覺很不錯。」我好不容易擠出一句回答，我的聲音沒有發抖。這份提醒來得太快——他就只是他那個人，他不會突然變成別人，變成我想要的那種父親。他有自己的痛苦，也有自己的心願。

「她等不及能再次抽菸，等到她夠老，抽菸也沒差的時候。」他說。以前，我從來沒發現，儘管他常常告訴我他有多恨她，她對我們父女有多無情，其實他仍一直愛著她，最重要的其實是這個，他愛她。

我忽然覺得自己很多餘，爸爸夢想和前妻一同度過的美好未來裡，沒有我的容身之處。

我沒有預料到會多添一層新的苦痛。我因為媽媽而感到深深悲傷——失去她，無論以何種方式發生。但這是另一種層次，我尋求幫助與愛的對象，戴維、我爸，全都沉浸在自己的痛苦中，沒有餘地去關心別人。已經沒有人能扮演大人的角色幫助我度過難關，就剩我自己了。

我想像我小時候我爸是什麼樣子，有人問起他的小女兒時，他會說什麼故事，又知道多少關於我的事。我記得，他曾經說過一個故事，我三到六個月大的時候，每天一到下午四點就會開始不安哭鬧，怎麼哄都沒用。終於有一天，他將我放在前臂上，頭枕著他巨大的手掌，屁股卡在他的手肘彎，他就這樣帶著我在家裡走來走去，唱歌給我聽。

丹・塔克是個老好人，他唱著，我抬起皺成一團、歇斯底里的臉對他大哭，他用平底鍋洗臉，用貨車輪梳頭，腳跟牙齒痛。他一次又一次唱著，同樣一首小曲，我的哭鬧終於漸漸平息，我望著他，聽他唱歌。或許，這就是屬於他的「鯊魚故事」。或許當有人提起不停哭鬧的寶寶，他就會說起這個故事，說他將女兒撐在手上，在客廳裡不停來回走動，直到父親哼唱的可笑歌曲終於讓她平靜下來。

13 妳的一天怎麼度過

一百五十日中的第二十日——驚奇世界
二〇一三年七月

距離我們帳篷最近的浴室也最靠近家畜欄，於是在俄亥俄州茂米郡的第二天，淋浴間到處是大塊的泥土與青草，無數小蟲繞著燈飛舞翻騰，然後撲下來攻擊入侵的人類。四健會的小朋友在豬圈玩耍之後會來這裡清洗，而我們來這裡清洗則是為了盡可能有點明星的樣子。我走出淋浴間，盡量躲開泥水坑，凱西站在洗手臺前，整個人彎成兩半，褲子脫到腳踝處，在屁股上擦治療痱子的白色藥膏。

「噢，嗨，寶貝。」她從雙腿之間反過來看我。「需要痱子藥膏嗎？」

我嗤笑一聲，轉頭看碧普西，她站在凱西後面，彎腰對著洗臉盆，往頭髮噴灑大量紅色染劑。上路之後，她已經換了兩次髮色。碧普西穿著露出腹部的短上衣，棉質長褲很低腰，褲腰上方似乎露出一小片黑色陰毛。

「小碧，妳……」我開了口，卻不知道如何說完，於是開始大笑，她低頭看褲腰。

「我的刺青！」她大喊，也跟著笑起來，我靠近觀察，那是一個暫時性刺青，圖案是幾把劍和幾顆骷髏頭，已經剝落暈開了，黑色圖案因為摩擦而掉屑。

「因為我要演戲，不能真的刺青，所以偶爾會用這種暫時的。」她說。

凱西依然屁股朝天，大聲說：「看起來像性病從妳的跨下爬上身體。」

碧普西宛如完美的卡通人物，睜大眼睛、圓張嘴巴，彎腰察看她的「性病」。她開始大笑，凱西和我也跟著又笑了起來。凱西依然彎著腰，將嬰兒用的藥膏擦在屁股和大腿上，這一切實在太荒謬，感覺太詭異，輕鬆的笑聲越來越大、越來越強，變得更吵、更誇張，我們三個全都笑到失控，逐漸邁向歇斯底里。上個星期的辛勞、汗水、眼淚全部一次爆發，有如狂風暴雨，這樣很好。再過八個小時，我們又得起床，掛好海報、準備道具、換上舞臺裝，各自表演我們的節目，然後重複再重複再重複再重複再重複，直到晚上十點、十一點、十二點，遊樂會終於打烊關上大門，沒有休息時間，沒有假日，還要繼續一百三十天。不過，那是明天的事了。今晚，此刻，我們只是在泥濘浴室裡狂笑的三個人。

最後，碧普西與凱西回帳篷去，我留在浴室刷牙、洗臉，在洗手臺洗內衣褲、麥片碗，邊做邊學習如何以更好的方式洗衣服、洗碗。我在浴室待了十來分鐘，幾個人進去又出來，但我一定沒有仔細留意，因為一個女人從隔間衝出來，嚇了我一跳。她穿著遊戲攤位的上衣。我知道很多人會利用隱密的廁所隔間抽菸、吸毒、注射各種東西，上路短短幾個星期，我已經從隔間下方看過很多雙腳，腳尖朝內，身體用力壓住門。我猜想那個女的應該也是在做這些事，雖然我很好奇，但視線沒有離開洗手臺裡的工作。

那個女人在廁所隔間門口停下腳步。像個雕像一動也不動，於是我放膽偷瞄。她的深色頭髮綁成馬尾，因為綁太緊，皮膚整個往後拉，難以分辨她的表情。她注視著手裡拿著的東西，我跟著看過去，以為會是菸管或注射器，那些嘉年人常用的東西。

沒想到竟然是驗孕棒。她注視那支白色的小塑膠棒，繼續看了三、四秒，她沒有移動，我沒有呼吸。然後彷彿終於按下了播放鍵，她走出隔間，快步走向角落的大垃圾桶。她將驗孕棒顯示的兩種答案都可能是她想要而期待的，但兩種答案都可能帶來災難。這個地方不適合思考如何照顧別人，或失去這樣的機會。我準備離開，經過垃圾桶時特地放慢腳步，說不定我能查出她是哪個遊戲攤的人，和她交朋友。給她一點……什麼呢？我雙手按著門，推開走出廁所，向滿天星斗許了一個籠統的願望：祝福全天下的女兒。

第二天早上，星期四，茂米郡遊樂會開幕，但場面並不熱烈。幾個年輕媽媽推著嬰兒車在中道閒逛，幾位老人家對我們笑笑，然後繼續慢吞吞往前走。

「遊樂設施區在哪裡？」我問湯米。

他大大張開雙臂，示意就是這裡，有一臺離心飛船、一臺拉鍊飛船、一臺海盜船，就這樣，非常、非常小的鄉村遊樂會。我們是中道上體積最大的一攤，也是風格最誇張的。我們前面有座池塘，對岸有幾座畜舍，遠離我們的墮落放蕩，裡面養了許多馬、牛、綿羊、鴨子，這裡有常見的各種四健會兒童，以及會參加蘋果派大賽的媽媽。畜舍占據會場大部分的面積。

這場遊樂會有宣傳功能，但我不確定是否所有遊樂會都有這樣的目的，不過這一場會用喇叭大肆廣播，而且越來越頻繁。「各位遊客請注意。」喇叭傳出鼻音很重的聲音。「下午兩點，三號馬舍有授粉保育說明會，請踴躍參加。」另外還有幾場分享會、晚間聚會。開幕前一晚還召開了會議，商討該如何處理遊樂會的走失兒童，廣播也會每小時一次告訴我們領取冰塊的時間。廣播宣布水牛小丑秀快開始了，負責麥克風的人在念高中的時候一定被剝奪了廣播的機會，因為喇叭不停放送，加上我們對面就是樂團舞臺，熱情翻唱一九五〇年代的熱門金曲，這讓我們很難攬客，因為一句話還沒說完就會被打斷。好不容易讓一些人停下腳步，幾個好奇的人過來看蛇，我們正準備讓他們再靠近一點，偏偏水牛小丑在這時候騎著賽格威經過，廣播宣布侏儒山羊大遊行即將開始，站在我們帳篷旁邊的人視線一轉就走開了。

我們不得不進去讓表演暫停，一天發生了六、七次，因為儘管我們使出渾身解數，依然無法讓觀眾進帳篷。湯米將入場費從三元降到兩元，在後台和紅毛商量。這天即將過去，湯米望著中道的視線落在越來越遠的地方，尋找可以拉過來聽我們攬客的人，思考是否有辦法將聲音傳到池塘對岸的四健會畜舍，要是他們能看見帳篷裡有多少神奇、多少歡樂，那就好了。太陽下山許久，他的人中依然冒著汗。

✕

「妳的一天是怎麼過的？」與戴維通電話時他問我。我很難判斷該如何回答，該描述多少細節。

「我們起床，表演一整天，然後睡覺。」我告訴他。「很有趣。」我補上一句，以免他們為我操心。

「好像很有趣。」他說。

我沒說出來的真實狀況，其實是這樣的：

早上八點：起床。

早上八點十分：走到場地另一頭的廁所，希望門沒鎖。有時間就擠進淋浴間，沒時間就刷牙、洗臉。如果前一天晚上沒時間洗衣服，就趁這時候洗一下褲襪、內衣褲，準備明天穿。

早上八點二十分：吃早餐。第一個起床的人可以第一個去用迷你咖啡機。拿出自己的福爵牌咖啡粉，舀幾杓裝進濾紙，倒一瓶水進水槽。不是第一個起床的人，就要等前面的人把咖啡倒進馬克杯或汽水杯，不然就要和他談條件：先分我一杯咖啡，等下我再給你一杯我的。

早上八點三十分：掛起秀團海報，將內場要用的道具準備好，打開木乃伊展示櫃，打開所有聚光燈，架設好攬客舞臺的電力系統，測試音響，測試燈光，幫售票員清點零錢。

早上八點五十分：換上舞臺裝。把頭髮梳成歌舞女郎的髮型、化上濃妝，這些事情全部在髒兮兮的卡車尾端完成。

早上九點半：準備好攬客舞臺的道具，最後把握時間跑一趟廁所，如果要主持額外收錢的附加秀，就要先清點好零錢。準備好自己要用的道具。

早上十點：開場。

早上十點〇二分：站上攬客舞臺，扛著蛇。

早上十點〇九分：將一元變成五。

十點十八分：將一元變成五。

十點三十三分：將一元變成五。

十點三十七分：手銬逃脫術。

十點四十四分：手銬逃脫術。

十點五十分：手銬逃脫術。
十點五十九分：手銬逃脫術。
上午十一點〇二分：湯米離開攬客舞臺，換凱西上來，開始攬客。
十一點〇三分：手銬逃脫術。
十一點十二分：手銬逃脫術。
十一點二十三分：手銬逃脫術。
十一點三十四分：扛著蛇，努力催眠路過的人。
十一點四十九分：手銬逃脫術。
十一點五十八分：手銬逃脫術。
十二點整：凱西離開攬客舞臺，換湯米上來，開始攬客。
十二點〇四分：手銬逃脫術。
重複。
下午一點三〇分：休息。繞過帳篷、走上臺階、進入貨櫃。在黑暗的寢室裡躺在小床上按摩雙腳。吃一條穀麥棒。
下午一點四十五分：在攬客舞臺上表演手銬逃脫術。
解說：踩著高跟鞋站在木板舞臺上，下面是中道的柏油路面。早上的太陽還能忍受，但是在臺上站了一個、兩個、四個、八個、十二個小時，就算擦了防曬乳還是一樣會曬傷——只要站在外面，防曬乳永遠不夠用——汗不停流，流進馬甲、沿著服裝往下流。站在舞臺上，等於一直展示自己，彷彿應該有人要來參觀。

下午一點五十二分：手銬逃脫術。

下午一點五十九分：手銬逃脫術。

解說：聽攬客詞，不聽攬客詞。不知道自己到底有沒有在聽攬客詞，或者攬客詞只是像錄音帶一樣在潛意識重複播放。看人們經過，留意他們的服裝。數一數多少人拿著巨大扭結餅，因為有太多巨大扭結餅而吃驚。和陌生人玩遊戲，但他們不會知道妳在玩遊戲。看著路過的人，努力用心電感應說服他買票。失敗，又失敗，但比較沒那麼慘。

重複。

重複。

重複。

下午四點三十分：休息。走下舞臺，走過中道去廁所。回到貨櫃。吃一個三明治。

下午五點整：手銬逃脫術。

重複。

晚上八點十五分：點燃火把吞火。

晚上八點二十五分：點燃火把吞火。

晚上八點三十三分：和前排一直盯著妳看的男人打情罵俏。

晚上八點四十八分：點燃火把吞火。

晚上八點四十九分：按摩臉頰十秒，因為一直微笑所以很痠痛。

晚上八點五十二分：點燃火把吞火。

晚上九點整：點燃火把吞火。

晚上九點十四分：點燃火把吞火。

晚上九點十五分：發誓要把吞火表演得淋漓盡致，因為今晚的入場人數太少，妳很清楚要吸引更多人進帳篷才行。

晚上九點十六分：對站在前排的一群青少年拋媚眼，他們還在猶豫要不要入場。

晚上九點二十一分：點燃火把吞火。

晚上九點二十四分：對同一群青少年招手，他們還沒進去。

晚上九點二十九分：點燃火把吞火。

晚上九點四十一分：點燃火把吞火。

晚上九點四十八分：點燃火把吞火。

晚上九點五十七分：點燃火把吞火。

晚上九點五十九分：把那群青少年的老大叫來，只為他一個人表演手指點火。看他買票，再看其他青少年買票。

晚上十點：看主持人交班。

晚上十點〇七分：點燃火把吞火。

晚上十點十五分：點燃火把吞火。

晚上十點二十分：想起已經幾小時沒喝水了，納悶頭痛是因為缺水還是吸太多油氣。猛灌水。

晚上十點二十二分：點燃火把吞火。

晚上十點三十六分：點燃火把吞火。

晚上十點四十四分：點燃火把吞火。

晚上十點四十五分：告訴前頭的醉漢，妳不會給他電話號碼，不過假使他買票進場，或許可以考慮一下。

晚上十點五十一分：點燃火把吞火。

晚上十點五十九分：和其他員工一起站在攬客舞臺旁邊，看摩天輪。

註：通常要等到晚上十一點或十二點，有時甚至要到凌晨兩點才能準備收工，不過運氣好的時候，十點湯米就會宣布演出最後一場，那就可以加快演出速度，刪掉比較無

聊的部分，讓最後幾個零散的觀眾覺得值回票價。他們離開之後，其他員工會出來，大家一起在攬客舞臺上坐著等最後幾分鐘過去，看遊樂會的客人離場，員工一起抽菸，分享今天的心得。有時候，工作時間太長，大家只會安靜坐著，所有人都轉頭望著大摩天輪，因為那是信號，場地經理准許摩天輪熄燈之前，其他攤位絕不可以先打烊，否則會被罰一大筆錢。

晚上十點〇二分：摩天輪停了。中道傳來迴盪的呼聲：「摩天輪停了！摩天輪停了！摩天輪停了！」

晚上十點〇四分：卸下海報，降下或捲起來，拔掉音響系統的插頭，將攬客舞臺的道具收好，把蛇放進窩裡，打開電毯，萬一天氣可能變壞，就要先把木乃伊展示櫃關好。清掃每個舞臺。

晚上十點二十二分：各種決定。

（晚上十一點二十八分～凌晨十二點十三分）：要不要拿盥洗包、換上淋浴鞋，帶著幾件髒衣服衝去洗澡？希望排隊的人不要太多、希望有熱水，也希望沒有人在淋浴間裡大便。

（晚上十一點二十八分～凌晨一點十三分）：湯米或陽光要去沃爾瑪，要不要趕快拿錢包跳上車？天曉得下次什麼時候才能去，所以要把握時機補貨，買花生醬、穀麥棒、衛生棉條、防曬乳，及飲用水。

（晚上十一點二十八分～凌晨十二點二十五分）：要不要打電話給朋友或情人，趴在床上或帳篷裡的草地上，和那些期待你聯絡的人說說話？

（晚上十一點二十八分～凌晨兩點十九分）：要不要放輕鬆？和其他演出人員一起喝杯酒、聊聊天、瞎扯一番、算塔羅牌，抒解一下今天的壓力？

無論如何選擇，重點是動作要快，因為不久之後如果還沒上床睡覺，就會發現起床時間迅速逼近，妳會不敢相信竟然又要重複那些所有事。起床時妳會發誓，今晚一定要一收工就上床，多睡幾個小時，也就是所謂的「補眠」。然而，當最後的演出結束，海報收起準備過夜，妳的身體裡依然殘留著表演時激發的腎上腺素，加上累過頭，還有大腦會因為終於結束一天的工作而瞬間放鬆，以致於忘記了有多累，一心只想稍微多享受一點悠閒時光，稍微釋放壓力，和不是觀眾的人說說話。於是妳這麼做了，熬夜晚睡，但上床時會心情會比較輕鬆，醒來時依然不敢相信竟然又要重複那所有的事。

✕

第二天早上，我起床，重複這所有的事。

《美哉美國》的音樂聲將我喚醒，錄音老舊，女歌手的顫音變得破碎沙啞。現在是早上八點。我知道現在是早上八點，因為遊樂場對面的馬術競賽場每天都會準時大聲播放《美哉美國》，像是嘉年華會的鬧鐘。說來諷刺，這首歌曲讚揚在美國能得到的種種機會，在熟睡中被吵醒的這些人之中，很多從來不曾得到。

美國嘉年華會雇用許多非美籍員工：墨西哥、中南美洲，這些勞工願意從事艱辛又勞累的體力工作。我聽過很多業界人士讚美，嘉年華才是真正的美國大熔爐。一般人心中嘉年華員工的形象大多是粗魯強悍的白人男子，口中缺牙、滿身刺青，但實際上嘉年華大多由非美裔員工運作。一家南非公司「Away2xplore」，專門雇用南非人前往美國的嘉年華會工作。公司的網路上打出「免費機票＊＊」作為號召。那兩個星號代表其中有但書，雖然能得到機票與週薪（通常會依照銷售額決定抽成），但必須工作一整季，根據網站上的說法，可能為期六到十個月，沒有特例。

「徵求遊樂設施助理與操作人員，下個月即可上工！操作遊樂設施，播放最新熱門音樂，還可以認識超多女生。喜歡體力工作，不介意弄髒雙手，無論去到哪裡都想成為最受歡迎的人物，喜歡這種工作的男性，千萬不要錯過機會！」

我認識的許多嘉年華人都曾經犯法，但嘉年華公司不會過問太多，所以嘉年華會總是有一大堆背著前科的人，他們很難在其他地方找到工作。幾年前，執法單位還會來會場抓人，他們問到的人都聲稱一無所知，同時消息迅速沿著中道傳播，有如動過手腳的保齡球瓶瞬間倒下，沒多久就傳到那個人耳中，讓他知道要快點逃，而逃跑的人通常會在接下來幾站再次加入。這裡有各種祕密曲調，人們以我聽不見的頻率歌唱。

《美哉美國》唱完後，我在床上伸展一下痠痛的身體，但腳踢到床尾的木板，手打到床頭和上方的木板。我睜開雙眼，想看早晨的陽光，卻看到上層床板上畫的老二和蛋蛋，還有一張小丑的臉，加上「肏妳臭屄」的字樣。如果我往右伸出手，就會貼上卡車的金屬牆。我的左手碰不到另一邊的牆，但只差一點點，假使我伸出腿越過兩英尺的空間，那就碰得到了。如此一來，我的四肢就會同時碰到四道牆。房間盡頭有兩個塑膠小櫃子，各有三個抽屜，分別給上下鋪的人使用。一個抽屜我用來放食物，一個用來放舞臺用的首飾，一個我原本用來放內褲和襪子，不過後來我聽說只要把內褲放在走道看得見的地方就會神祕消失，無論是髒的、乾淨的，於是我把內褲塞進行李箱深處，那層抽屜用來放T恤。

我走進後臺的公共區域，紅毛像平常一樣坐在那裡，他拿著7-11的「大口喝」（Big Gulp）咖啡隨行杯，正喝著咖啡，一邊梳理橘色長髮。

「早安。」我說，他嗯了一聲。我盡可能慢速移動，不看他的方向，就像在野外遇到老鷹或狐狸，那種難得有機會看到但不能接近的動物，我不希望嚇跑他。

「我要去煮咖啡，你要嗎？」

「有咖啡當然要。」他說。我們在各自的世界近距離移動，但我清楚察覺他的每個聲音和動作。這個怪奇秀英雄，這個狂人，這個毒舌的人。

每次他的椅子發出聲響我都很緊張，生怕他會打我，但我更不希望他離開。我隱約察覺，紅毛知道這個地方的祕密——我不確定是什麼，可能是表演或幻術或魔法——巡迴多年的經歷讓他能夠明白許多事，就像尤達大師那樣。感覺他能告訴我，我究竟在這裡做什麼。

「紅毛，你是哪裡人？」我隨口問。

「費城。」他說。他說「費」字的發音比較接近「配」，舌頭抵著無牙的牙齦發出聲音。上一季他還有一顆牙。因為牙疼，所以他買了一瓶香草口味的思美洛伏特加，盡可能把鉗子上的鐵鏽擦乾淨。他在後臺喝光整瓶酒，從凳子跌下，還沒拔牙就昏睡過去了。第二天早上，他嚴重宿醉但還是得爬上階梯去表演第一場秀，於是他乾脆把鉗子伸進嘴裡拔掉那顆牙。在舞臺上，他的血滴落下巴。

「北高地街六一九號。」他說，我點頭、倒咖啡。他接著又說：「主街四十一號A室，十四大道三〇五五號，聖克拉倫斯少年之家，西費城孤兒院，長老會兒童村，及聖文森少年之家。我想想還有哪裡。」他將梳子上的頭髮集中起來，在掌心搓成球。他的手沒有刺青，但身體其他部位都有，從脖子到腳踝全都被刺青覆蓋，有老虎、吞劍的解剖人形、盾牌、紋章、龍、植物，每個刺青圖案之間都有黑色星星組成星座。

「有一次我被寄養家庭退貨，剛好所有孤兒院都沒空位，所以他們把我們一群人寄放在收容低能兒童的機構。」他說。「其他孩子最後都轉送到其他單位，只有我一直沒離開。」我隨著他的視線往門口看出去，他的廂型車停在外面，一隻小貓窩在儀錶板上，毛茸茸的白色身體臥在木雕佛像與麥當勞奶昔杯之間。

他張開手掌，讓俄亥俄州的微風帶走那團橘色頭髮。「肯興頓大道一四〇一號。」他說。「是卡西爾路上的少年之家，但我不記得是幾號了。」他停頓一陣之後說。「有很多細節，我現在都忘記了。」然而，每個地址都有如荷馬史詩奧德賽旅程的停留點，幾乎是創造吞劍冠軍的完美背景。

「米勒家、索普家，還有歐卡拉漢家。」他說。我入團三週半以來，他沒有和我聊過天，甚至很少和我視線接觸。我十分驚訝，一個再普通不過的問題竟然引出這麼長的一段回答，有如魔術師從口中拉出一串綁在一起的手帕。我十分驚訝，那些地址連結著名字，名字連結著回憶，不知不覺間，他告訴我，十六歲那年的一天早上，他打開寄養家庭的門，望著街上高高的雪堆。那時是冬季，天氣非常冷，他跨出門口，然後往前走一步，又一步，就這樣沒有停止。走路，最基本的型態，就是一種讓自己跌落再接住的行為。跌落、接住。跌落、再接住，那是一種艱辛受難的行為。如果不知道終點，還能算是朝聖嗎？他走了三十一天。

14 龍捲風來襲

一百五十日中的第二十三日——驚奇世界
二〇一三年七月

「離心飛船三〇〇〇」頂端的國旗後面，天空的顏色越來越像瘀血。一半的藝人是從加州來的，比較習慣地震，但就連我們也知道，天空變成青紫色意味著龍捲風要來了，一個接一個，人魚碧普西、飛刀史畢夫、吞火大師陽光，輪流在演出之間從帳篷縫隙偷看，直接往中道看過去，客人越來越少了。烏雲濃厚的天空降下暴雨，強風吹翻了帳篷旁邊的一池彩繪寄居蟹。陽光瞪大眼睛看著湯米，嘶聲說：「湯瑪斯，快宣布演出結束。」他們已經冷戰幾天了，進出露營車都大力甩門。他搖頭表示不要，所有人都躲回裡面，除了紅毛之外。

紅毛穿著蘇格蘭裙站在條紋大帳篷前，雙手抱胸、挺出裸露的肚子。他剛剛在裡面吞了一支撬胎棒。這時他抬頭評估天上的雲層，一條口水在他的紅色鬍子間晃動。

「哼。」他說，因為風太大幾乎聽不見他的聲音。「我知道我會死在舞臺上，不如就今天吧。」他雙手一拍，假裝心意已決，轉身走回帳篷裡，我點頭同意。我知道這種想法很沒道理，不過我穿的馬甲、我逃脫的鎖鍊、我黏合的冰島巨人標本，這一切都讓危險感覺不太危險，可能是因為強光，也可能是因為偶爾發生這樣的狀況，能讓人想起原來還是有很多東西可以失去，這樣其實也不錯。

湯米和我站在攬客舞臺上淋雨。「現在不用排隊，但最好快點把握機會。」湯米大喊，但又被喇叭的播音打斷，侏儒山羊大遊行要開始了。

我的手腕抽痛。今天我已經表演手銬逃脫術十三次了，但這裡的工作就是這樣，一點疼痛、一點歡樂、永遠要精心算計——那兩個看著攬客演出一邊打呵欠的少女，怎麼做才能打動她們？快看我有多危險呀，我瞇起眼睛在心中催促，想像一下妳被銬起來的感覺，其中一個少女開始傳訊息。

紅毛揮舞大槌，將一根帳篷樁敲得更深入地下，我對青少年拋媚眼的時候，右肩後方傳來「叮叮叮」的聲響，偶爾冒出火花。我正在學習讓人轉移注意的技術，雷聲轟然作響。紅毛準備迎接大洪水。

「快來看咪咪·愛慕兒小姐逃脫鎖鍊，她是世界紀錄保持人，只要五秒鐘。她能不能打破紀錄呢？」湯米說完之後開始倒數。我將雙腳張開與臀部同寬，深吸一口氣。「五！」他大喊，我迅速轉身面向帳篷，背對觀眾。「四！」我將雙手在身體前方用力往下鑽，讓鎖鍊鬆開，紅毛敲打帳篷柱，「三！」一隻手腕出來了，接著是另一隻，閃電竄過，我一手拿著鎖鍊，準備轉身面對觀眾，「二——」但是喇叭播音打斷了倒數：「各位遊客請注意，龍捲風警報。參觀路卡斯郡遊樂會的所有遊客請立即離開。」就在這時候，雷聲再次大作，會場所有人都突然加快動作。

「海報！」湯米對著後面的大帳篷吼叫。我急忙爬下攬客舞臺時，已經全身被雨淋濕了，其他七位藝人在前面的海報下集合。畫著雙頭埃及公主的海報飛舞，獵獵作響，有如船帆，發出裂開的聲音，即將承受不住狂風。

我想像龍捲風扯掉一整排海報，柱子倒地發出大砲般的巨響，下方的船突然間歪斜晃動，波浪打上觀景臺，船在海上漂流四天，無法救援，所有水手都被甩到波濤洶湧的大海中，一轉眼，揮舞雙手沉入海中的人不再是水手，而是我媽，她癱瘓的身體像石頭一樣往下沉。

「海報！快！快！快！」史畢夫大喊。所有人的手都飛快動作，雨水從亮片滑落。我們將旗繩從金屬柱上鬆開，解開拉住海報頂端的繩索，海報尾端墜入下方的泥巴，水花四濺。我們呼吸粗重，將帆布海報捲起之後用繩索綁好，肌肉顫抖，打活結、拉緊，將每張海報綁緊，在暴雨中瞇起眼睛。「再緊一點！」湯米大吼，每面海報都要價好幾百元，我們沒錢換新的。

繩索拍打泥水潭濺起水花，睫毛膏與眼影糊得滿臉都是。我奔向下一幅海報，網襪濺到泥水，高跟鞋陷入水坑，我站不穩，小腿撞上生鏽的柱子，刮破了我的絲襪和腿上的皮膚。流血了。「快！快！快！」湯米大吼，指著下面的海報，我急忙過去。

雨越來越大，有如簾幕、有如潑水，有如利刃從四面八方飛來打在我身上，風聲讓我幾乎什麼都聽不見，只剩下附近有人發出的尖銳警告喊叫，我看不見是從哪裡來的。嘉年人奔向煤渣磚搭建的廁所，柵欄另一邊，有一、兩個遊客仍逗留著，幾輛車加速離去，但客人幾乎全走光了。嘉年華老闆關上場地閘門，像他們每天晚上做的那樣，將我們藝人與數百名嘉年人關在裡面。

「立刻找掩護！」一名警察用大聲公警告。大大班扛著九英尺長的蛇，讓牠慢慢回到窩裡盤起來，他不慌不忙，但還有很多事情要做。他噘起嘴親吻蛇的嘴，大雨吞沒他，雷聲炸響。

警報聲從牛棚反射過來，大雨如注。紅毛高聲要我們快點解開帳篷外牆，七十尺寬、四十尺高的厚重塑膠布。強風可能會從縫隙鑽進去，將整個帳篷從裡面掀翻，撕裂或捲到空中。今天絕不能發生這種事，我們不會害怕的。

「你們瘋了嗎？快去廁所！」一個嘉年人大喊，他奔跑時金色鬈髮四處飛舞，該走了。風將頭髮吹到我們臉上，然後突然完全停止。一秒、兩秒。然後風再次吹起，樹枝互相拍打，樹葉散落，我們帳篷頂端的旗幟發出拍打、撕裂的聲音。我旁邊的碧普西滿臉金粉，我和她對看片刻，她的眼睛睜得很大，眼神恐懼，但她立刻將視線轉向正在綁緊的繩索，該走了。我們住在貨櫃後面，我們不會離開。我們一天的收入不到四十元，我們不會離開。我們在帳篷裡衝來衝去、互相閃躲，鎖好木乃伊展示櫃、綁緊簾幕、收拾飛刀，我們又綁又扭的。風聲有如火車呼嘯，我們上鎖、我們固定。斐濟美人魚安全鎖在展示櫃裡，無頭女的鏡子椅用濕枕頭裹好。儘管金剛女王並非世上唯一的大猩猩標本，但有牠在這裡，加上其他怪胎家族，讓這群不平凡的個體集體產生平凡的愛，因此，儘管大雨狂炸，我們依然將牠的毯子再次綁緊。

最後湯米終於大喊，叫我們快點離開，不過我們幾乎聽不見他的聲音。遊樂會場已經看不見其他人了，狂風讓我們的頭髮有如鞭子揮舞，天空呈現淡紫色。陽光、史畢夫、碧普西和我一起奔跑，再也無法閃躲水坑，經過被風吹落的小樹枝、東倒西歪的小吃攤，好不容易抵達已經擠滿嘉年人的煤渣磚廁所。我們氣喘如牛，因為化妝品糊得滿臉都是而幾乎看不見，我們全身覆蓋一層雨水。我們用紙巾擦拭眼睛，因為危險引起的歇斯底里而狂笑，不確定該怎麼辦。陽光檢查我的傷口，我檢查她的傷口。

「紅毛在哪裡？」她終於問。

我們看看四周，但他沒有進來廁所。有個聽氣象廣播的人說，龍捲風在距離嘉年華會場一英里處觸地。我們推開其他嘉年人，站在廁所門口探頭張望，拉長脖子看著中道上我們的大帳篷。很難看清楚什麼是什麼，但我相當確定看到紅毛站在帳篷外，他將兩條中央繩索纏在手上，整個身體往後仰對抗狂風，親身與龍捲風作戰，任何人都會覺得他絕不可能贏。

我看到他站在那裡，張開嘴，對著天空狂笑。

✕

半小時後，風勢減緩，雨勢減弱。雲層有幾處散開，讓微弱陽光灑落，在廁所避難的人判斷危機解除，一個接一個離開。其中一個女人大部分的時間都在講電話。「噢，老天，上帝呀。」她對電話那頭的人說：「我只想跟你說說話，最後一次。」另一個女人以規律的節奏咬口香糖，站在廁所門邊，拿出手機舉在面前彷彿照鏡子，不過其實她是在拍攝外面的世界。一個男人站在她身邊，吃著葵花子，將殼吐在磁磚地上。

「我要去看一下湯瑪斯和小班的狀況。」陽光說完之後推擠離開廁所。我們跟她一起去，跨過斷裂的樹枝、潮濕的落葉、四散的遊戲獎品——泡水的貓玩偶和充氣球棒零星散落，有如遭到遺忘的玩具。儘管帳篷裡不太可能出現血腥慘劇，但我忍不住想像同事被強風吹向倒下的帳篷柱，像被魚叉刺中的魚一樣不停抽動，也可能巨人倒塌砸到他們的頭，或被飛過來的玻璃砍斷頭。

我們抵達帳篷，紅毛坐在他的廂型車前座滑臉書。湯米在帳篷裡，吹著口哨清掃舞臺上的積水。大大班在卡車裡。

時間停滯。我們站在現實的入口——過去一個小時的驚恐與激動，讓我的喉嚨緊縮，我的胸口頂端發熱，想著我們即將再次進行那些尋常、熟悉的工作。

我們打開木乃伊展示櫃，抖下雨水與落葉。史畢夫檢查電路。不到十五分鐘，湯米高聲宣布再過五分鐘就要重新營業，所以妝全部糊掉的人、腿上有血跡和泥巴的人，最好快點想辦法處理，然後重新上臺。「秀必須繼續。」這句話第一次感覺如此真實。

登上攬客舞臺後，我看到嘉年華的其他部分也盡可能恢復運作。瘋狂小丑克雷格回到獨輪車上，他想表演拋接雜耍，卻從車上跌落，很難判斷他是真的失手還是搞笑。中道傳來喇叭聲，稀少的人群讓開，世界最強壯的小丑水牛登場，衣著整齊筆直地站在賽格威上，按喇叭、搖鈴，臉上塗抹白粉，畫上腎臟形的紅色大嘴巴。他躲在哪裡？竟然妝沒有糊掉？是誰在暴雨中努力不讓他的舞臺被吹翻？他吻吻兩隻手臂的二頭肌，留下兩塊白印，他的手臂像兩條小蟒蛇，從印著美國國旗的背心伸出。他的賽格威引擎發出尖銳的運轉聲響。

「妳知道嗎？發明賽格威的人不小心騎賽格威跌落懸崖，就這樣死掉了。」凱西悄悄對我說。

我嗤笑。

「各位小朋友，我只是想提醒大家，小丑水牛的下一場秀晚間六點開始。」水牛對群眾說。瘋狂克雷格還沒爬上獨輪車。他半閉著眼睛看小丑水牛，手裡拿著雜耍用的三根棒子。

「大家快過來，聽那些怪胎講話！」水牛用大聲公說，指著我們的舞臺。他嘲弄的風格毫無新意又無聊，就像高中裡學校餐廳裡欺負邊緣人的體育健將。

那一天剩下的時間很尋常地度過。

後來我打電話給戴文，告訴他龍捲風的事，因為我很害怕，但並非害怕龍捲風。我說遇到龍捲風，然後急忙說一切平安，接著快速說下去。我努力回想我媽生病之前的事，卻發現我的記憶有大段空白。

「我完全不記得她了。」我告訴他。

「沒有這回事。」他說。「妳一定記得。」

「我一直努力回想，但就好像我的記憶掃過整個房間，她卻躲在角落。偶爾我會看見她，但大部分的時間她都不見了。」

「不可能那樣失去一個人。二十五年的記憶，不會瞬間刪除。」他說。

「我覺得或許會。」

我們沉默不語片刻。

「她很強勢，要求很高。」他說。

「她要求很高。」我像鸚鵡般重複，一瞬間想起她嚴厲揚起眉毛的模樣。

「她常常笑。」他說。

「好像沒錯。」

「記得磚塊嗎？她以前要自己製作特殊的磚塊。」

「不記得。」

「她不知道在哪裡看到的，那種印上動物或圖案的磚塊，她決定自己做做看。她相信一定能做出來，反正只要做好模子灌漿就行了，她就打算這樣試試看。」

「老天。」

「對吧？妳記得吧？」

我盡可能召喚出記憶的影像，她拿鑿子雕刻磚模，量水泥與石頭的量。我看不見戴文說的那些磚塊，但我看見她的雙手在做那樣事，瘦削、青筋浮現，指甲被她咬得光禿禿的。她手上經常沾到彩繪布料的染劑，她曾經是布料設計師，經營自己的事業，一開始是在家中地下室，然後在相隔幾座小鎮的地方租了一間工作室，做手繪布料，提供給高檔客戶作為裝潢家飾。她的生意永遠只是勉強回本，為水療中心或有錢人家客製化訂做。

她中風之前大約十年左右，曾經告訴我們去有錢客戶家的體驗。「一進房間音樂就會自動播放，女主人顯然拉皮過。我在那裡的時候，她的表情一直好像很驚訝。拉皮真的很蠢，而且好貴。」她說。她用手將喉嚨與下巴的皮膚拉緊，我們看著她把臉頰拉緊，任由晚餐變冷。「可是，有些地方收費比較沒那麼貴，像是墨西哥，可以買飛機票過去，拉皮兼度假，整個算下來還比在這裡做便宜。」她說。

「媽，妳幹嘛說這種事？」我語氣不太好。

「妳不懂啦。」她突然對我發脾氣。「妳不懂變老的感覺。等著瞧吧，有一天妳會再也不認得鏡子裡的自己，到時候妳就知道了。」

我弟弟和戴維秉持一貫的原則，不介入我們的爭執，他們知道流彈有多危險。

「早上吃新鮮水果，下午喝啤酒，不過現在呢……」她停住，把皮膚拉向髮際線。「別著急，小姑娘。」她看著我說。我一直注視著她。「我不會真的去做，其實我只是想吃墨西哥的青檸醃魚。」她舔一下手指，彷彿上面沾著青檸汁。「反正妳有頭腦可以依靠，永遠不必為這些事煩惱。」她對我微笑，然後站起來離席。她在浴室待了很久。我們吃完晚餐。

「她有沒有做出那些磚塊？」戴文問。

「我不記得了。」我說。

「那些磚塊上好像有狗或雉雞之類的圖案。我很想知道她有沒有做出來。」

「我敢說一定有。」我說。

「我也這麼想。」

15 各自的人生啟程

中風後兩年八個月

二〇一三年六月

二〇一三年四月七日，她因為癲癇接連發作而重新入院。她血壓過高，示意頭痛。她的身體不停顫抖。她入院，又出院。

只剩三個月他們就要出發去旅行了。

我加入怪奇秀。

兩個月。

一個人。

行李打包完畢。

一個朋友開車送他們去火車站，幫他們把行李搬上車。

我最後一次見到他們，是出發加入怪奇秀的前幾天，距離他們啟程兩個月，我的新秀服堆在父母家廚房的餐桌上。

這是我媽和繼父新租的房子。唉，一開始戴維只租了一間套房──「我研究出沒有爐子要怎麼煮米飯，只用小烤箱就行了呢！」戴維炫耀著說。接著，他們搬去那間在高大月桂樹下的小公寓，現在住進這間黃色小房子。屋裡很暗，窗外有條小溪和一片大草坪，會有鹿來吃草，隔壁家的狗跑來大便、奔跑，更外圍則是永遠呈現黃色、棕色或金色的加州野草。

我們全都在準備離開。他們要去義大利，乘船橫渡大西洋，旅程歷時三個月。他們很可能不會回來，萬一我媽有個三長兩短，我很難想像繼父獨自回國。他在醫院也曾說過類似的話，沒有她，他會活不下去。現在他人生的重心就是照顧她，還有什麼值得讓他回來嗎？

我要加入怪奇秀巡迴五個月，或許我會回來。其實，我們已經都在演戲了。

萬一她身體不舒服，要怎麼讓他知道？鄰居問、家人也問。萬一她累了，他會知道嗎？萬一他在那裡受傷，她會知道該怎麼辦嗎？她有辦法求救嗎？

不知道，或許吧，不，沒有。

廚房餐桌上的其他地方擺滿藥瓶、一堆堆尿布、鹽和胡椒罐，以及義大利地圖。他們的衣服整齊地堆疊，旁邊有一張購物清單。我的：眼線筆和衛生棉條已經劃掉了。他們的：四號電池和帽子已經劃掉了。

我的服裝包括亮片短褲、金粉手鐲。我想像戴維灑上金粉，我媽穿上亮片褲裝，我腦中不停播放笑聲，聽他說明要扛多重的東西穿越整個義大利。

我的服裝堆中還有兩雙專業級的超強力網襪。我媽坐在輪椅上，彎腰靠近餐桌，拿起黑色那雙，她用左手中指與食指撐開腳的部位。蕾絲、眼影、蜂巢。她凝視著網襪，用手指撫摸。這雙襪子讓她想起了什麼？電影《心靈捕手》中有一幕，蜜妮・卓芙說只要能和父親多相處一天，她願意放棄財產，當時我覺得太假，才不可能有人這麼想。現在，我卻有種不顧一切的瘋狂渴望，想知道那雙網襪對她而言有什麼意義、讓她想起什麼，但我已經無從知曉了。我的雙手放在身邊蠢蠢欲動。我準備好重演熟悉的那一幕，她將隨手拿起的東西舉到嘴邊塞進去，我以永遠不夠溫柔的聲音提醒她，她手裡的東西是布，不是一杯水，是乳液，不是一片蘋果，是鑷子，是石頭，我的手會迅速堅定地抓住她的手，引導她將東西從張開的嘴邊拿開，我會因為必須這麼做而感到懊惱。

不過，或許她知道那些東西是什麼。或許她看著網襪，想起自己十六歲那年在舊金山角逐加州小姐，在舞臺上表演即興繪畫給評審看。舞臺燈光很亮，氣溫很高，四周的空氣洋溢著香草、汗水與大溪地日落調酒的氣味，以及其他少女逐漸成熟的氣味。那許多雙的高跟鞋，都代表著她們為了頭銜而競爭。當時，我媽還是一位年輕的藝術家，明亮綠眸中點綴橘色小點，評審叫她上臺進行才藝表演。她沒有告訴家人或任何人她通過面試，也沒有說她贏了幾個小獎項才走到這一步。她只是從容上臺，一手拿著畫筆，閉起眼睛在面向觀眾的白色大紙板上隨手亂畫，紙上畫著凌亂的線條、鋸齒、點。她睜開眼睛，對評審拋個媚眼，然後設定計時三分鐘。一轉眼，兩個點變成了鯨魚眼睛。兩條線在她的手腕下交會，成為珊瑚、海藻，下沉的船隻。她的指尖下冒出一片宇宙，一方海景，一個故事，紙、筆。雖然評審都不在故事裡，但非常接近，而且渴望看到更多，能夠處在如此特別的事物旁，豈不令人神往？

窗外的狗察覺母鹿的氣息，牠們在草坪上繞圈，鼻子壓得很低。大自然運行如常。

她將網襪放回那堆秀服上，想要拿起一件蓬蓬裙，又停住，我想像有一道聚光燈照在她身上。

頓悟即將降臨。

我們一動也不動。

我們看著她望著桌子另一頭。

評審的眼睛無法離開她。

她終於將薄紗推到一邊，讓這場秀繼續下去。

也可能沒有。

我不知道，因為她腦中的星球難以觸及。或許秀才剛開場，或許她演的是音樂劇。

她哼唱。

我媽的旅行衣物被摺好收進行李箱。單薄的質料，容易在洗手臺清洗，專門為前往高溫國度的美國旅客所設計。雖然現在只能這樣了，但她曾經穿著亮片服飾與高跟鞋站在舞臺上，手握畫筆對評審拋媚眼……這個部分依然在她的性格中嗎？她依然是同一個角色嗎？

我描述找到每一件秀服的地方，她一一翻看，因為那些地方都是小時候她跟我說過的。離那家衣索比亞餐廳一條街的二手店、聖拉斐爾芭蕾舞用品店、教會區的舞臺服裝店，有時候她會點頭，我就繼續說下去，說著我在說的那些事，因為有聲音就有安全感。

戴維將裝著優格與玉米片的碗放在我媽面前。她的輪椅靠在餐桌旁，碗的邊上放著一支湯匙，一支金屬棒加上凹面圓拱。銀色的物品，閃亮，甚至可說是美麗。很熟悉，屬於平凡物品的世界，不過現在還有什麼是平凡的嗎？

銀色橢圓形，銀色線條，光滑表面。

她握住湯匙柄拿起來，舉高在離開桌面六吋處。湯匙有如小行星，鏡子，通往另一個世界的模糊救生索。她將湯匙舉到面前，猶豫片刻，然後用來輕輕磨蹭顴骨。

「不對，親愛的。」戴維說。「這是湯匙。」

她將湯匙從臉上拿開，放回餐桌上。

湯匙。

失去意義的文字還有什麼用？真的有意義嗎？還是說意義依然存在，就像一首很熟悉的歌曲，歌詞都到嘴邊了，卻又想不起來。

湯匙。

她拿起湯匙，又放下。

她伸手到碗裡，用拇指與食指捏起一片玉米片，放進嘴裡。咀嚼。她的手指回到碗裡，這次換成三隻，食指與中指舀起紫色優格，向上往嘴巴移動。

銀色棒棒糖。月亮。

她將湯匙握在手中，再次放下。

用手指吃優格，舔乾淨每一根，每次吃完之後，都要把藏在長指甲下面的小灘甜美滋味吸吮殆盡，這碗優格此刻得到的尊敬、愛與品嘗，不輸生日蛋糕剩下的最後一點糖霜。

她拿起湯匙，放進優格，舀起一杓，送到嘴邊，張開嘴，將湯匙放進去，闔起嘴唇含住金屬月亮，銀色的半顆蛋。將湯匙從口中抽出，咀嚼留在裡面的東西。這一連串熟悉的動作，不過是平凡生活的每個步驟。她自行吃東西、自行喝水，自行決定什麼時候吃喝，重新學習如何在變異的世界生存。

父母啟程之後的第二天早上，弟弟傳給我一張在火車站拍的照片。我弟站在我媽輪椅旁邊，穿著他正式的上班服裝，露出燦爛的大大笑容，他只要這樣一笑，所有人都會立刻愛上他。他毫不掩飾開心，一手隨意放在我媽的肩上，與外婆形成強烈對比。她站在輪椅另一邊，身穿亮黃色大衣，戴著白手套，手中的拋棄式相機顏色和外套一模一樣，她的笑容勉強且悲傷。她沒有看鏡頭，而是瞥向地板上一個遙遠的角落，也可能根本沒有看任何東西，她已經九十八歲了。

這一班火車從加州的愛莫利維爾出發，直達紐約，他們在那裡休息幾天之後，再登船前往歐洲。

他們要出發嘍，快道別了。

「我覺得我再也見不到他們了。」外婆在電話上告訴我。「我美麗的女兒走了，我相信那就是永別。」

他們有沒有在窗口揮舞手帕？

他們有沒有對送行的人伸出手？

沒有，他們直直望著前方。我只能看到他們後腦勺的影子。

×

大家都去洗澡或打電話回家時，我從後臺的門偷溜出去。我想感受走在大都市中，那種無人知曉的感覺，我以為在遊樂會場走動也會有同樣的感受，但走出去之後我才驚覺身上穿著亮片褲和無肩帶馬甲，但天色很黑，說不定不會有人發現。我父母離開了，我想獨自嚥下這個事實，不希望有人看見我的臉。他們上了火車，大約十二小時的旅程，穿越整個國家，現在還來得及勸他們打消念頭回家，但我沒有打電話給他們。

幾個攤位還點著燈在打掃，但會場大部分的地方都一片漆黑。月亮在哪裡？有些夜晚，月亮照耀黑暗世界中所有沉睡的人，但只是輕輕掃過遊樂會，有如跨過水窪的的女人，讓所有應該黑暗的東西，保持黑暗。

我經過充氣跳跳屋，以及一張擺滿線香的桌子。下一條走道有一支孤單的路燈，燈光讓我隱約看到小畜舍的屋頂。我好喜歡那裡的所有動物。牠們整夜發出的細微聲響，牠們的泥土氣息。

畜舍外面有一群小綿羊。我可以聽到另一邊的一些動靜，或許是農夫或四健會的孩子走出羊欄。牠們被趕回畜舍之前的這段短暫時間，我可以靜靜獨自站在綿羊旁邊，只要我蹲在吃草的綿羊身邊，就能聽見牠們可愛的下顎咀嚼乾草的聲音，但這時我聽見低低的引擎聲。

我轉身，一輛載著兩名男子的高爾夫球車接近，在黑暗中幾乎看不見。高爾夫球車是遊樂會場很常見的交通工具，可以迅速在狹窄走道移動，通常只有老闆能用，所以我猜應該是兩個老闆一起出來深夜巡視。

「過來。」一個人說，我看到一支手臂對我揮舞，要我過去。我猛然想到，萬一那群綿羊有主人，說不定會認為我在做壞事，在得獎綿羊應該安靜休息的時候跑去騷擾。

我忘記了，當遇見山獅時，首先要停止動作，面向大貓，盡可能讓自己變大。要讓山獅相信妳不是可以輕易捕獲的獵物。

我走向高爾夫球車。接近時，我隱約看到他們胸口有東西在反光。

「今晚很舒服。」其中一個人說，他盯著我看。

「沒錯。」我說。

「妳跑出來做什麼？」另一個人問。

金屬警徽，他們是警察。

「我是怪奇秀的工作人員，我只是出來散步。」我說。

「自己一個人？」開車的人說，他很年輕，大約二十五、六歲，胖胖的臉很光滑，有一口歪七扭八的牙。

「我的秀團就在那裡。」我指著中道。「裡面有很多人。」

「喔？妳在秀團表演什麼？」開車的人問，另外那個人的對講機響了，他拿起來聽。我想聽對講機報告了什麼，但我也有種感覺，我必須小心提防開車的人，他正在仔細打量我。儘管我在秀服外面套上一件長袖外衣扣上鈕釦，但我很後悔沒有換掉短褲和牛仔靴。「我是攬客女郎。」我說。「我吞火、弄蛇、表演逃脫術，那一類的演出。」

「哎呀，哎呀！」開車的人微笑驚呼。「哪種逃脫術？」

「手銬。」我不情願地說。當我的眼睛適應黑暗之後，可以稍微看清他的臉。他的笑容將臉頰推出來，有如泛著油光的兩個棒棒糖頭。

「不是真的手銬。」我補充。

「妳確定？」他說。

「那是道具，叫做西伯利亞手銬——」

「我這裡有真的手銬喔。」他拍拍腰帶上的手銬。「我很想看妳戴上的樣子。」

我以自己最爽朗的方式大笑，想要表現得像一位彬彬有禮的俄亥俄州女孩，希望能讓這個警察想起他的姊妹或妻子，某個他不會逮捕，也不會言語猥褻的人，但我不確定現在的狀況是哪一種。

「呃，那應該超出了我的能力。」我微笑，改變音調，希望能暗示我不想聊下去了，但我想說再見的時候被他打斷。

「真的，快試試看。」他稍微提高音量說。「等一下，這樣更好玩。我把妳銬起來，我們的車在停車場，我們把妳丟進後車廂。」他說。「這樣一來，妳就得逃脫兩次。」他的笑聲張狂響亮。「快過來。」他的聲音變了，音調降低。「真的，告訴我妳的祕訣。我不是在開玩笑的，小女孩。快過來，讓我把妳銬上。」

他的搭檔依然在撥弄對講機，完全沒留意我們。加入怪奇秀幾個星期以來，第一次有人讓我這麼害怕。

「現在很晚了，我要回去了。」我說。其實我想說但沒說出口的話是：「如果你的女兒獨自走在黑暗的遊樂會場，遇到警察開玩笑說要把她銬起來關進後車廂，你會作何感想？」我沒有等他回答，逕自轉身離開。

「逃脫大師，如果妳改變心意，隨時來找我，我等妳喔。」那個警察說。高爾夫球車沒有開走，我感覺到車就在我身後，金屬車身，那雙眼睛盯著我，我加快腳步離開，走得越遠，卡在喉嚨的石頭漸漸縮小。

✕

在印第安納州的南灣，一個輪胎爆胎了。俄亥俄州的演出結束後，我們在伊利諾州參加兩場小型遊樂會打發時間，然後出發準備進行本季最辛苦的長期表演，也稱為「絞肉機」（meat-grinders）：州政府舉辦的大型遊樂會。這種遊樂會能把人磨成粉，演出時間通常很長，從早上八點到凌晨兩點，每一天的所有時段觀眾都非常多，而且遊樂會為期兩週。還有幾週才開始，但我知道有這種大會。因為資深團員談起過，他們說絞肉機可以補足寒酸小遊樂會的收入，但也會讓人發狂。

目前我們只參加了兩場遊樂會，但這樣的生活迅速變得熟悉，比我經歷過的其他生活，這裡的適應時間短很多。一天的行程太過緊湊，每天都如此。我已經在攬客舞臺上表演過超過一百次逃脫術，吞火的次數也一樣多，每天早上開工前我都得把海報放下，晚上收工後再收起來。到現在，巡迴剛超過一個月，我開始覺得自己一直在這裡。

這並非本季第一次爆胎。從佛州北上賓州參加第一場遊樂會的路上，貨櫃車爆胎了，掉落的橡膠往後飛，打裂了卡車的電瓶。我們把車停在最接近的休息站，打電話到處打聽西維吉尼亞鄉村地帶最便宜、最接近的修車廠。酸性的電池液凝聚成水窪，一滴、一滴逐漸擴大。

我們拖著腳步走進休息站，無精打采靠著牆壁，「不爆胎才怪呢。」陽光解釋道，秀團一直沒有錢，而且收入一年比一年少。觀眾越來越少，而票價越來越低。大部分的人都認為，對著舞臺上的人目瞪口呆、反胃噁心，是非常政治不正確的行為，但他們會待在家裡看真人實境秀，反正沒有人會看到他們在看。於是乎，每次貨櫃車的輪胎磨損，在大老闆的指示下，湯米會拆下壞掉的輪胎換到後面，因為煞車時後面的輪胎比較不重要，然後買新輪胎裝在前面，但依然是二手貨。我聽說就是因為這樣才會爆胎。輪胎老舊、皸裂，損壞的程度早已超過使用壽命。其他人都沒有說話，我們開始玩牌。

「要用自大鬼的規則玩嗎？」陽光問。

「當然。」史畢夫開始發牌。

「還記得嗎？幾年前克里斯．基督差點把自大鬼氣死。」陽光大笑著整理手中的牌。「他拿刀躲在貨櫃車的輪胎後面，下定決心要殺他。克里斯經過的時候，自大鬼從輪胎後面衝出來，但不知怎麼搞的，沒刺中克里斯，反而劃到輪胎，所以才會爆胎。」她說。「被劃到的輪胎大概輪替到不對的位子了。」沒有人抬頭，也沒有人問這個故事是不是真的。沒有人追根究底。我發現，事實不在於故事細節，而是在於故事的存在。有人拋出一張鬼牌。

第二次爆胎，我們在加油站耗了幾個小時等修理，喝著放在收銀臺上促銷的本地產沙士，一瓶只要一元，旁邊的招牌寫著「特價！兩元兩瓶！」味道和我以前喝過的差不多，只是瓶身貼著手寫標籤，保證是老祖母的祕密配方。

我們寫明信片，逛了一下那些卡車司機會買的便利商品，摸摸迷彩的方向盤套。呆望著熱狗的油滴在烤爐零件上，我隨口告訴湯米和史畢夫前幾天晚上遇到變態警察的事，他們停止呆望熱狗。我敘述時，他們雙手抱胸猛搖頭。

「混蛋警察。」史畢夫說。

「莎莎，絕對不可以晚上單獨在遊樂會場亂跑。」湯米說。

「甚至白天也最好不要。」史畢夫說。

「隨身攜帶胡椒噴霧或刀子，我說真的，所有女生都有帶。」湯米說。我知道是真的，也知道有需要，只是不想接受。我住過其他一般人覺得危險的地方——紐約兩年、西非一年，但我從來不會隨身攜帶武器。「大家聽好了。」湯米把其他人叫過來。「新規定，以後晚上要離開帳篷，不管是去上廁所、抽菸還是怎樣，一定要兩人同行，最好找我或史畢夫。我知道妳們幾個女生很強悍，但不值得冒險。我說真的，任何時間都可以叫醒我，我不在乎，總之千萬不要自己一個人出去，明白嗎？」

我們點頭，我們明白他的憂慮——當然不只是因為那兩個警察，而是這些年來發生過很多事件，而去年有一場遊樂會發生了殘暴的性侵案。我心中同時有兩種感受——我很生氣，女生只是晚上要去尿尿，竟然需要有人保護，但我也覺得安心，因為有人願意保護我們。我們全體團結面對危險。

七月陽光的高溫越來越無情。

七月陽光如此毒辣高溫，大家的背包裡都有遊樂器材，但沒有人想回小巴去拿，於是我們圍著卡車零件旁的黏答答的白色塑膠桌，看著掛在角落的小電視，正在播出實境節目《茱蒂法官》，但雜訊很重，而且沒有聲音。

我們抵達伊利諾州的肯恩郡遊樂會場地，新聞臺發布高溫警報，涵蓋接下來一整週的時間。主播建議肯恩郡所有老弱居民（尤其是老人與兒童，是本頻道的主要收視群），待在家中吹冷氣，光是出門就會危害健康。

我們的秀場架設在一片黑色柏油中央。到了第三天早上，所有東西都融化了。我擦上一些粉底，但立刻被汗水沖刷，變成流到下巴的棕色髒水。我的眼線液沒辦法畫出直線，因為眼窩積了太多汗。我和凱西輪流在寢室化妝，因為空間一次只能容納一個人，而且實在太熱，待超過一分鐘就受不了，化妝品擦再多層也留不住。從我們身上滴落的汗水在地上留下一灘水漬，我刷睫毛膏的時候把手靠在臉頰上，竟然因為汗水而滑開。

我們決定採用新計畫。

我們拿著化妝包，溜出貨櫃，經過中道，鑽進展演廳。這裡展示著整排奇特蔬果，旁邊掛著小朋友畫狗的圖片，以及教會團體得獎的百納被，這些展示品全都等著評審給分。我們站在有神聖冷氣的公廁裡，在臉上塗塗抹抹的。

一個小時後，在舞臺上，我的妝又全流光了，我的秀服徹底濕透，臉頰非常紅。湯米的臉在反光，汗水像鏡子一樣，我覺得我會死在這裡，我們所有人都會死在這裡。我的頭好像充滿氣體，然後變成像石頭敲打，我的視線邊緣有點模糊。氣溫攝氏四十一度，濕度高達百分之九十。除了我們，中道上空無一人。

「湯米，告訴我會退出的人還有哪些徵兆。」

「怎麼了，莎莎，妳想離開我嗎？」

「真希望我還有力氣離開。」我只是開玩笑，但一說出口才發現其實是真的，我差點哭出來。我會離開嗎？我能嗎？我想起高中的越野長跑教練曾經教我們一個祕訣。在長跑的時候，尤其是上坡路段，如果去想還要跑多遠，就會覺得不可能做到，太辛苦了，會想停下來。不過，如果只看著眼前的小目標，例如轉彎處的樹，前方的山丘頂端，雖然依然很辛苦，卻會覺得可能達成。等跑到那個小目標的時候，最艱難的部分可能已經過去了，而且都已經忍受痛苦跑這麼遠了，不如乾脆跑完。

然後我想起父母，如果我現在退出，是否來得及再見他們一面。他們能搭火車橫貫美國，已經夠了不起了，然後還要坐船橫渡大西洋，接下來在倫敦停留十天，再坐船去義大利。抵達羅馬之後，前往佛羅倫斯與威尼斯旅遊，然後再回到羅馬，再次坐船，再次搭火車橫貫美國。

越野長跑教練的祕訣不管用，每一步感覺都比上一步更難以克服無數倍。

湯米說：「其實跡象隨處可見，怪奇秀曾經容納各種流離失所、遭受排擠的人，給他們一個家。」

「現在不也是？」

「算是啦。」他說，看到一個媽媽帶著三個小朋友從中道走來，他試圖吸引他們的注意力。他們轉向有冷氣的展演廳。「但不真的是。」

「怎麼說？」

「這個地方並非人人待得住。要待下來必須做很多苦工，大家不習慣。士力架只撐了十天。可以說一點也不奇怪，許多人受不了這種太忙碌的工作，身心兩方面都是。」

我們前方的黑色柏油路面看起來像河流，大片熱氣從地面蒸騰而起，形成波浪。曾經紮實的地面現在變成液體世界的一部分，宇宙也融化了，我的身體裡面好像也只有沸騰的水，裝滿滾水的人肉大皮囊，我驚覺自己可能會死，在這裡，就是今天，但即便如此也無所謂。

有零星幾個遊客躲在遠處兩棟冷氣樓房間的陰影下休息，廣播系統宣布，「歡迎光臨，今天是銀髮族優待日，由米勒葬儀社贊助。」

「我馬上回來。」湯米說完就跳下臺。我留在臺上，抱著兩條蛇中比較小的那隻，我們叫牠潘朵拉，我盡可能分散注意力，不去想有多熱。

紅尾蚺的體型最小三英尺、最大十四英尺，有著粗壯的棕色身體，背上有獨特的深棕與白色馬鞍紋，越接近紅棕色尾端，圖案越密集。母蛇比較大，維基百科告訴我，牠們是「結實壯碩」的蛇。我利用午餐時間研究蛇的資料，試著改變我對這種美麗生物的想法，牠們並非危險的象徵，而是廣大生態環境中複雜而不可或缺的一部分。

潘朵拉用嘴唇感應熱，她的嘴沿著我的身體上下移動，舌頭在我的脖子上震動。她今天很活潑，一直不停扭動，儘管我努力說服牠我只是棵友善的大樹，但她就是不肯乖乖待在我的脖子或腰上。牠的頭靠過來時，我看到她的眼睛又變成粉藍色，像蛋白石的感覺，她準備要蛻皮了。

自從上次被蛇牙刮傷之後，每次蛇的臉要靠近我的身體，我都會用一隻手撐住牠的頭和頸子，以防萬一。不過今天實在太熱，而且早上我犯了一個大錯，竟然把頭髮放下來。現在頭髮整個汗濕，糾結黏在我的背後，感覺像鳥巢，潘朵拉不停往那裡鑽，大概是想找個陰涼的地方，牠的身體濕答答，因為我經常把牠放回箱子裡，我們在裡面放了冷水，幫助牠調節體溫。牠很重、很黏，而且臉一直埋在我背後，儘管我張開手輕輕撐住牠的頸子，想引導牠回到我身體正面，這樣我和觀眾才能看得見牠。

幾個滿身大汗的小朋友和他們勇敢的父母站在中道的檸檬水攤位前。其中一個孩子看到蛇伸手指過來，整群人不甘不願地慢慢移動到陽光下，朝我們的舞臺走來。那個指著蛇的小男生接近時，我搬出平常湯米介紹蛇的那番話。

「你覺得你會被蛇催眠嗎？」我問小男孩。他搖頭，走過來一些。「很多人相信蛇有催眠能力，所以快過來，看著潘朵拉的眼睛。」說到這裡，我就要引導蛇強壯沉重的頭，讓自願參與的觀眾注視牠的雙眼深處，不過，當我拉牠的頭，牠卻一動也不動。我再試一次，依然很溫柔，對著小男孩微笑，他等著證明我錯了。小男孩穿著大了好幾號的紅色上衣，一頭金髮亂糟糟，我看到他口中圓圓的小牙齒，因為他滿懷期待張嘴舔舌頭，看看蛇的身體又看看我的臉，想知道我在搞什麼鬼，為什麼不給他看蛇。

這是個非常好的問題。到底怎麼回事？

我拉牠的脖子，換個新角度，抓住牠粗壯身體的不同部位想移動牠，不管我怎麼弄，牠都不出來，但我感覺頭髮被拉扯，牠卡在裡面了。纏在我夾捲的汗濕長髮中，纏得很深、很深。

小男孩依然張開嘴巴抬頭看我。

「我可以看蛇嗎？」他終於問，其實他的表情已經夠明顯了。

「當然可以。」我擠出大大的假笑。「牠只是有點害羞，不過我會想辦法讓牠出來給你看。」

這次我換成用推的，以為只是一個方向纏住了，就像手指卡在中國手指陷阱玩具的小孩那樣，只要蛇放鬆，不要順著本能一直鑽，牠就能解脫了。牠還是不動。儘管牠的身體又粗又壯，但每次推或拉我都忍不住想像牠的皮被扯到極限而破掉，內臟、鮮血，還有我們兩天前餵的老鼠，現在毛髮應該全都不見了，眼球掉出來，身上裹著一層白白、紅紅的黏液，所有恐怖的東西從牠體內爆出來，流過我的秀服、網襪，噴在小男孩臉上，巨大癱軟的身體依然纏在我身上直到永遠，我必須像神話裡扛石頭上山的薛西佛斯那樣，一生扛著大蛇的屍體。

小男孩回頭看父母尋求指引，因為大人的世界沒有兌現承諾。他們同樣一臉期待地張嘴看著我，但我從媽媽的臉上看得出來，她明白狀況不對，她大概看出我的驚慌，也或許擔心可能發生暴力場面，於是她說，「寶貝，今天蛇好像太害羞喔。」她走向小男孩，對他伸出手，但視線沒有離開我，可是小男孩不肯走，在無比酷熱的陽光下，兩腳像生了根一樣牢牢站住，粉紅臉頰與小牙依然在午後驕陽下閃閃發光。

無論我多用力拉牠也沒用，我只覺得一大片頭皮被扯得很痛。蛇越鑽越深，身體貼著我的後腦，迫使我不得不低頭，下巴靠著胸口，脖子拉到極限。媽媽來到男孩身邊，一手按住他的背，我看著她，用嘴型無聲說「對不起」，然後看著小男孩說，「我馬上回來。」然後轉身走下舞臺。大大班負責賣票，眼睛一直盯著手機，因為他在用手機看哈利波特系列。

「班。」我用氣音說，但他沒有動，「班。」我提高音量，他嗯了一聲但沒有轉頭。「班，快來幫我。」我大聲說，依然盡可能不讓在攬客舞臺前徘徊的那家人聽見，但足夠讓他離開霍格華茲。

他煩躁地轉身問：「什麼事？」

「蛇。」我壓低音量說，語氣非常嚴肅，但喘得很厲害。「卡在我的頭髮裡。」

他看了相當久，遠超過迅速判斷情勢所需的時間，甚至比他平常的理解速度更慢，也可能其實只過了一秒，但我擔心螺絲髻會勒死蛇，所以一秒感覺像永遠。終於，他淺淺一笑。

「蛇卡在妳的頭髮裡？」他的淺笑變成張開厚唇、露出整副牙齒的嘻笑，隨時會大聲爆笑，我的笨拙有如喜劇演出。「噢，老天。」他笑著說，回頭繼續讀哈利波特。

「不！班！拜託，我不是在開玩笑！」我說，他轉回來看著我，依然滿臉笑容。

「我真的不想幫妳。」他說。

「拜託。」我哀求。

「因為實在太好笑了。」

「我知道。」

「蛇卡在妳的頭髮裡。」

「真的啦，蛇可能會受傷！拜託。」我說。

「蛇竟然卡在妳的頭髮裡，實在太好笑了。」他拍著膝蓋狂笑。

因為太陽太大，那家人失去耐心，加上剛好看到中道在舉行小豬賽跑，而且有遮陽棚，於是他們漫步離開了。

「我真的不想幫妳。」他把手伸向我的頭髮。我轉身，雙手依然抓著蛇身最粗的地方，讓班沿著牠的身體探進我糾結的頭髮，分開幾個部分看牠究竟卡在哪裡。

「噢，老天，牠真的卡住了。」班說。

「牠還好嗎？還活著嗎？」

「牠不好，牠卡在妳的頭髮裡。呃，牠沒事，只是有很多頭髮纏在牠身上。」他說，我想大概像線軸，或頭髮包住的熱狗，以及一堆其他奇奇怪怪的畫面，因為真的很難想像人類頭髮纏住巨蛇是什麼樣子。「嗨，美女。」他對蛇說。

他看看四周想找能派上用場的東西，但什麼都沒有，附近完全沒有剪刀或刀子，於是他開始試著慢慢把牠解開。我雙手按住頭，他一次解開一小部分，扯掉我的幾根頭髮。

「可能會痛喔。」他看著我說。

「沒關係，拜託快點把牠弄出來。」我說。

他再次把雙手伸進去，我感覺到一連串輕輕拉扯，然後他用力一扯，悶哼一聲，我的頭抽痛，但棕色大美女出現在他手中，粉藍色眼睛一眨也不眨，一團金髮像睡袋一樣裹著牠。我伸手摸摸後腦，驚喜地發現頭皮沒有被扯掉，也沒有禿一大塊。頭皮刺痛的地方感覺頭髮比較稀疏，不過無所謂。

班依然自顧自地大笑，抱著蛇，溫柔地將頭髮從牠身上取下，牠在他手臂上緩緩爬行。

「謝謝、謝謝、謝謝。」我說，因為鬆了一口氣而熱淚盈眶。「真的好好笑喔。」他說。我將潘朵拉放回箱子裡降溫，跑回後臺找髮圈把上半部的頭髮紮成醜醜的包頭，完全不顧藝人的形象，我用濕紙巾擦掉殘妝，回到舞臺上，因為不知道還能做什麼，只好再次對蛇張開雙臂。

16

人生，堅持不懈

一百五十日中的第二十九日──驚奇世界
二〇一三年七月

新來的壯碩粗工史帝夫，正抱著肚子輕聲呻吟。這是我們來到伊利諾州肯恩郡遊樂會的第三天晚上，攬客演出的空檔，史帝夫請湯米下臺和他談談。史帝夫加入才一個多星期，他們在售票亭的遮陽棚下低聲交談，然後湯米回到舞臺上，粗工消失。

「他怎麼了？」我問湯米。

「肚子痛。」湯米說，視線鎖定一個帶著幼兒的家庭，他們的視線約略朝向我們這裡。

一個小時後，攬客演出進行到一半，一位醫療人員來到舞臺前要求見老闆，我接手，跟客人介紹前面箱子裡的那條蛇，湯米跳下舞臺，帶醫療人員去旁邊說話。有時候急救人員現身更能吸引觀眾的注意──例如有人昏倒的時候，也就是所謂的「倒地致敬」，因為我們的表演本來就好像隨時會出現嚴重差錯，急救人員在場更增添危險氣息。不過，這次湯米拉著他去旁邊講話，迅速談了幾句之後，他來舞臺旁邊輕聲說他很快就回來，他跟著那位急救人員走下中道。

不久之後，凱西跳上臺接過主持棒，這個小時的演出結束後，依然沒有進一步的消息。湯米與史帝夫回來了，湯米快步走在前面，抿著嘴，神情嚴肅，史帝夫抱著側腹拖拖拉拉跟在後面。他們經過舞臺，沒有和任何人對上視線，繞過帳篷邊緣，回到宿舍。

幾分鐘後，湯米獨自出來。

「沒事吧？」我問。

「我們得找新的租工了。」

「他去哪了？」

「坐巴士回俄亥俄。」

「怎麼回事？」

「他說之前被加農砲打中的傷口裂了，他擔心內臟會跑出來，一直哭個不停。」

「所以呢？真的跑出來了？」

他冷哼一聲。「當然沒有。我叫他掀起衣服給我看。」

「噢。」

「他自己買了車票回家。」

「唉，真是的。」我說。

「唉，又走了一個。」湯米說。「撐不住。」

「撐不住。」我說。

遊樂會生意清淡。

我在攬客舞臺上蹲低，張望入口，看到碧普西在裡面，生動活潑地主持釘床秀，臺下只有一位觀眾。

攬客演出經常停止，尤其是週間上午，有時候一連二十分鐘、三十分鐘，甚至一個小時都沒有人經過。兩點的時候，好不容易出現一位年輕媽媽帶著兩個幼兒慢吞吞經過，我們使出渾身解數想吸引他們進去，弄蛇、變魔術、吞劍，但他們只是直接走過，看都沒看我們一眼。我有時候會想，那些人明明看到火進入我的口中、劍插進湯米的喉嚨，卻還能直接走開，是不是因為他們不相信眼睛看到的東西，說不定他們太多疑，認定無論看似發生什麼事，其實都沒有發生。

讓演出真假難辨、引人爭議，這一向是怪奇秀的傳統。巴納姆[3]費盡心思讓他的奇觀秀顯得可疑。例如，他沒有強調斐濟美人魚是如假包換的真貨，反而以各種筆名投書報紙，質疑人魚根本不存在。所謂的人魚是灌模做出來的，還是海裡補來的，一定有人能看得出來吧？誰的眼睛最犀利、誰的頭腦最敏銳？想知道真相，只有一個辦法，親眼去證實吧！這一招讓觀眾也成為演出的一部分，賦予他們科學家、探險家、調查員的身分。

很長、很長一段時間，都沒有人經過我們的舞臺，一個大約十一、二歲的男孩跑過，眼光突然被一幅海報吸引。上面畫著一個沒有頭的女人，血淋淋的頸子接上機器。他停止奔跑，看了一下其他幾幅海報。

湯米問：「你認為蛇可以把你催眠嗎？」男孩搖頭表示不。

「那些是真的嗎？」他指著海報問。

「噢，當然是，那些百分之百是真的海報。」

「不是啦。」男孩嘖了一聲。「上面畫的東西，到底是不是真的？這是怪胎秀吧？」

湯米彎下腰，靠近那個男孩的臉，彷彿中道上擠滿客人，但他都沒資格聽見他即將揭露的祕密。

「你自己判斷。」他耳語。

荷馬史詩《奧德賽》中，拉斯忒呂戈涅斯（Laestrygonians）是一群吃人肉的巨人。河童是日本的水怪，有著烏龜的身體、鳥喙、青蛙的四肢，他吃不聽話的小孩。美人魚誘惑水手墮入深海。怪物、巨人、獨眼巨人、半人馬、吸血鬼、狼人、半獅半鷲怪、人面獅身、羊男。自古流傳的許多故事，都是以半人半獸為主角，他們有人類的特徵卻又不是人類，因此令我們害怕，他們是同類又非我族類。

什麼人或什麼東西會被稱為「怪胎」，定義的標準已經改變了很多。中世紀與近代早期認為異常的肉體是超自然現象，來自天神的惡兆或警告，這個想法漸漸被取代，現代人相信所有肉體都屬於自然的範疇，只是自然的規則偶爾會被打亂。自然所製造的千奇百怪現象，讓人更深信自然的多元，因此也更神奇，似乎也成為範例，證明有些東西不屬於自然。《潘趣雜誌》於一八四七年發明了一個新詞「畸形狂熱」，用來形容當時的人對所謂人體奇觀的狂熱著迷。

「畸形」這個詞曾經用來形容天生異常的肉體，或是因為意外、疾病造成的異常。在健全社會福利制度出現之前，在先進醫療廣泛普及之前，這些畸形人唯一的生路就是在怪奇秀演出。相對的，所謂「奇人」或肉體秀，則是明明有其他選擇的人，卻改變身體，使自己顯得異常。由於醫療發達、社福進步，加上財務補助，而且社會越來越不能接受怪奇秀展示畸形人的行為，因此今天馬戲團大部分的演出人員都是奇人，驚奇世界秀團也是如此。但在我

3 P.T. Barnum，十九世紀美國馬戲團經紀人兼演出者，生平故事被改編為電影《大娛樂家》。

們秀團中，傳統的怪胎秀依然能引起觀眾的真心讚嘆。有很多傳說描述秀團過去的大明星。最近有不少傳言，不久之後將會有一位特別的藝人加入。

怪奇秀展示的人或物品，形容的詞彙一直在改變。維多利亞時代，狄更斯的作品《老古玩店》對怪胎多有著墨，他在書中使用珍奇一詞。巴納姆在十九世紀末、二十世紀初，將那些在他秀團演出的人稱為「珍奇物種」，他也用同樣的詞形容他在博物館展出的怪異標本。同樣在大約這個時期，「自然界怪胎」一詞開使用來形容發育「不正常」的東西。從這詞衍生出「怪胎」演出藝人的概念，這個詞雖然現在已經不常見了，但依然用來形容非正常的演出藝人。許多怪奇秀的藝人現在選擇擁抱這個詞，就像LGBTQ社群擁抱「酷兒」（queer）這個詞，取回詞彙的力量。

然而上個世紀的美國，「怪胎」這個詞代表許多不同的意義，也有其他不同的詞彙用來描述擁有異常身體的人。最早在一九〇八年，「怪胎」這個詞開始用來形容太過沉迷一樣東西的人，最早是「柯達怪胎」，指沉迷相機的人。

「怪物」和「畸怪」曾經是標準的醫學標籤，身體異常的人都躲不過，一直到二十世紀初期才有所改變。

一九四五年，「怪胎」的意思是「吸毒嗑藥的人」。

一九六〇年代，「怪胎」被反社會的嬉皮所採用，他們選擇參與服用迷幻藥之類的活動，讓他們「像怪胎」。這樣的怪胎化是自行採用、自行製造的。

一九九〇年，另類嘻哈樂團「數位地下會社」（Digital Underground）發行了一首名為「業界怪胎」的歌曲。饒舌歌手在歌曲中自稱怪胎，因為他們有高超的性能力，出於相同的原因，和他們在一起的女人也都是怪胎，他們在一起「搞怪」，也就是發生性關係的意思。彷彿做為一種奇怪的對比，當我搜尋數位地下會社那首歌時，歌詞在螢幕上捲動，底色圖案是一九三二年電影《怪胎》（*Freaks*）的劇照。那是托德·布朗寧（Tod Browning）的前審查時期[4]恐怖作品，因為太過驚悚而無法上映，影片中的怪胎秀藝人是由真正的怪胎秀藝人演出，不過劇中的大怪物其實是他們的仇敵，所謂的正常人。

⤫

美人魚撐不住了。

我在廁所聽到這件事。陽光和我一起跋涉這段長路，先走下中道，再爬上雪泥冰販賣車

4 一九三〇年，天主教教士丹尼爾·勞德公開宣稱電影毀壞道德觀，並起草了一部電影審查法典，很快被電影工業的巨頭們接受並交由美國製片人和發行人協會主席威爾·海斯執行，史稱《海斯法典》。然而，好萊塢屢屢犯規，直至一九三四年才被徹底純潔化，這段歷史被稱作 Pre-Code Hollywood，相較純潔化的作品，題材及創作手法更開放大膽。

旁邊的山坡，走下通過山羊欄的另一條中道，才到得了廁所。史帝夫回家之後過了一個星期，我們結束伊利諾州的那場遊樂會，幾個小時後又趕往下一場。我和陽光走進不同的隔間，在那寂靜的一刻，她說：「妳想不想成為內場秀藝人？」

走進廁所的時候，我看了一下鏡子，發現我的膚色有點紫。連續五個星期，一天十二小時，在中西部的酷熱夏季中站在舞臺上受陽光直射，我的身體不斷、不斷吸熱，皮膚吸進陽光所給予的所有熱能，我加入秀團之前將頭髮染成棕色，不久就褪色變成灰棕色，夾雜一些金髮，然後又變成很金的金色，一開始我很喜歡，感覺像太陽能板，用太陽為自己充電。但曬了幾個小時之後，氣溫越來越高，我覺得頭昏眼花，汗水積在我的馬甲裡，視線模糊。我的皮膚曬過太陽後通常會變成深橄欖色調，現在更上一層樓，變成類似海軍藍或深紫的顏色，皮膚科醫生看到可能會做惡夢。因此，在這一刻，這個問題有如美夢成真。

「妳可以學所有演出項目，不只是攬客的那些，妳有機會嘗試這裡所有工作。妳說呢？」她問，從廁所隔間出來。

「當然好。不過碧普西怎麼了？」我說。

「碧普西想家了，她想男朋友，總之這類的藉口。反正為了大型遊樂會我們還是得雇用新藝人，攬客女郎最好找，因為其實她們不必具備任何技能，而且現在妳很熟悉我們的秀了，也知道演出如何運作。」

我非常驚訝，當初我因為毫無技能就加入秀團而惴惴不安，現在卻發現當攬客女郎根本不需要任何技能。以表演人員的身分加入秀團卻沒有可以表演的東西，感覺好奇怪。然而，越想我越覺得很合理。因為第一天演出結束之後，我已經徹底熟練所有項目了，整體而言，在生意清淡的時候，花一天的時間搞清楚怎麼表演，其實無傷大雅。

陽光解釋，碧普西非常體貼，退團前十天先通知老闆。他們已經刊登分類廣告，應徵臨時演出人員加入巡迴怪奇秀。剛好看到這種廣告的機率有多高？如果是我，應該會懷疑是騙人的。

「我願意做。」我說，準備好進入下一個階段。

我從一開始就看上了內場秀的一個項目。演出地點是紅毛的舞臺，與主舞臺分離，每次我偷看裡面，看到碧普西演出電流女，總是令我神往。紅毛啟動電椅的開關，坐在上面的電流女全身通電，她用指尖和舌尖點亮燈泡，我還不知道是怎麼弄的。

那天其餘的時間，我一直在舞臺上做白日夢，幻想有一天能坐上電椅。凱西問一位從帳篷走出來的女性觀眾是否喜歡我們的秀。凱西經常會問出場的觀眾，他們最喜歡哪一場演出——前提是他們沒有邊走邊搖頭，或一臉不滿。她會將他們的答案以麥克風重複一遍，煽動觀眾，讓他們先感受一下。

「很無聊。」那個女人說。

無聊？

我回想第一次看秀的記憶，想要找出是否有任何無聊的部分。確實有點老套，有些地方讓人不太相信，不過絕不無聊。

「我們以為會看到鮮血、內臟。」那個女人說完之後慢慢走開，她一臉不爽，整張臉皺在一起，好像聞到什麼噁心的臭味，陽光稱之為屁臉。有時候會在觀眾群眾看到那樣的表情，無論臺上演出什麼，他們都一副不為所動的模樣。不過，那個女人竟然如此直接地說演出很無聊，我實在難以理解。應該很清楚吧？裡面演出的都是真人，由真正的鮮血與真正的內臟組成，他們向觀眾展示一些血肉，而且只收兩元入場費。

「我們沒有看到夠酷的東西，沒有血流成河的場面。」

凱西轉向聚集在舞臺前的其他人，對著麥克風說：「大家看到了吧？這就是電視節目羶色腥的影響。快進來看秀吧，和有著真正血液、真正內臟的真正人類交流，看他們表演真正的人類驚奇。」

那個女人走遠了。

「真蠢。」我說。

凱西保證，我們接下來要演出的大型遊樂會比較不會有那種白癡，竟然嫌我們的秀無聊，這種小型的遊樂會比較常有那種人，不過她馬上改口，說是因為觀眾人數太多，所以白癡比較不顯眼。

「終於到了這個時候。」陽光說，對我伸出食指，靠拇指的那邊有一個刺青，只有四個字母：GTFM。

「那是什麼意思？」

「在家裡或其他地方，與秀團無關的外人問起，我會說是『把那個拿給我』（Get That For Me）的意思。妳知道，身為舞臺總監，我總是指著東西，對大家發號施令。」

「其實不是那個意思嗎？」

「GTFM是嘉年人的暗號，是我們的基本宗旨。無論如何一定要撐下去，讓努力有價值。GTFM是指『他媽的快賺錢』（Get the Fucking Money）。」

✕

去那家高檔私立中學面試之後過了幾個月，我收到一封信，通知我在審核名單上。獎學金有限，申請人數超乎預期，所以我必須耐心等待。

我媽打開學校新一期的新聞通訊。「快看，他們有話劇演出，星期五是第一場，我們去吧？」她說。

「他們還沒決定要不要收我，這樣跑去不是很奇怪嗎？」我說。

「我馬上打電話訂票。」

話劇結束後，觀眾席的燈光點亮，她拉著我站起來，指著人群另一頭。「那裡，妳的目標在那裡。」她說。

一個男人剛剛站起來，和周圍的人談笑風生。

「校長，快去。」她說。

「我要跟他說什麼？」我問。

「無所謂。介紹妳自己，說妳在審核名單上，說妳覺得自己很適合這裡，這是屬於妳的學校。」她說。

我看看劇場的環境，奢華的翡翠綠座椅，木造大舞臺，燈光耀眼。我不屬於這裡，還沒有，但我可以瞥見一絲粗糙的幻想，有一天我會在這裡。走過去需要很大的勇氣，但我沒有。

「不要。」我說。「我不知道該跟他說什麼。」我轉身準備離開。

「泰莎。」她緩緩地說，但我沒有移動。「有時候，就算很艱難也要做。」她以眼神壓制我，接著抓住我的手，拉我過去見校長，為我們介紹彼此，她說我覺得自己很適合這裡。

一週後，我收到另一封信，我得到入學許可了，還有全額獎學金。信的底端有一段校長手寫的附註。很高興上個星期見到妳。妳特地來看學校話劇演出，那樣積極進取的態度完全符合我們希望學生擁有的特質，我們嘉許堅持不懈的精神。歡迎入學！

17

新血加入

一百五十日中的第三十九日——驚奇世界
二〇一三年八月

身為非官方接駁車替補駕駛，我奉命前往機場和巴士站接新來的藝人。這次一口氣來了四個，其中三個只待一個月，另外一個只待兩週。巡迴過程中會再增加其他藝人。

其中三個是新來的攬客女郎，她們全都有一些表演經歷，加上一位內場演出人員，他有一套演出多年的節目。法蘭莘來自奧克蘭，外型姣好，宛如海報模特兒，平常跳豔舞，她會吞火，加入這個傳奇秀團是她多年來的夢想。她帶來一堆箱子和行李，裡面裝滿漂亮的串珠流蘇胸罩和肚皮舞裙，以及不同尺寸的捲髮器、羽毛披肩、絲巾，滿身華麗刺青的光鮮亮麗美女住進髒兮兮的貨櫃。她不太高興。

瑞秋從賓州飛來，她在柯尼島的怪奇秀學校受過訓練。她立刻表演了一下鼻腔穿刺的絕活，將一支螺絲起子插進鼻孔深處。加入我們秀團之前，她在夜店巡迴表演吞玻璃，大部分的時候她都很沉默，不過她也帶來了不少很漂亮的行頭。

第三位女性藝人是潔希，她是當地人，只待兩個星期，外型有如瘋狂科學家畫出的性感卡通人物——紅髮顏色有如消防車，緊身白色坦克背心，底下則是超緊的黑胸罩。我立刻發現，她很會從嘉年人那裡弄到禮物，這些招數我還沒學到。晚上的時間她大多在後臺享用一英尺長的大熱狗或巨大火雞腿，都是嘉年人送她的，單純想討她歡心。

唯一的男性新藝人是布萊恩，高高瘦瘦的年輕人，戴著圓頂禮帽，他走出機場時背著背包客用的大包包，一手拿著木板，另一手拿著雜耍用的棒子。除了雜耍，他也會表演木板平衡，也就是將一塊四方形的木板放在圓筒上，表演者站在上面滾動圓筒移動。他表演木板平衡時，會同時做氣球動物或將身體穿過呼拉圈或雜耍。他每天早上起床的第一件事就是練雜耍，頂著亂翹的頭髮，穿著內衣褲，就像別人做早操或刷牙那樣。

一下來了太多新人，貨櫃裡的床位不夠。陽光在後臺公共區域擺了折疊床，中間掛起床單，讓他們晚上至少有點隱私，這就是新宿舍了。

在燈架上擺一塊木板，加上一張薄薄的露營床墊，布萊恩的房間就完工了。其他床墊攤開放在舞臺上，大家可以各自依需求找地方睡。老實說，睡覺時間非常短，而且我們上床時都累壞了，所以睡在哪裡都沒差。

同樣的臉孔已經看了四十天，能有一批新血注入是好事，但我也有點擔心。或許湯米或紅毛會看中其中一個，或許他們會迅速展現價值，讓秀團不再需要我。我保持一點距離，小心觀察他們。

第一天晚上，我們一起去距離會場不遠的嘉年人酒吧。裡面擠滿菸不離手的喧鬧男女，大部分的人一看就是整天在戶外，並且以雙手討生活。前幾季和驚奇世界合作過的工作人員熱情打招呼，笑著說起以前的故事，哀悼這段時間逝去的人。

「我愛法蘭莘。」凱西經常大聲說這句話，並且擁抱親吻她。我們在後面的露臺找到一張桌子，大部分的人都坐在一起。「我真高興法蘭莘加入，她好好笑、好風趣。」其他新人默默喝啤酒。最近我對凱西很不爽，她總是說話很大聲，常常不經思考就說出刺傷同事的話，雖然她只是在開玩笑。她動不動就說愛某個人，但其實是為了要達到她的目的。她太反覆無常，我覺得很累，不想繼續當好人配合她。

離開酒吧回去的路上，我告訴自己，妳可以生來是個好人，不然也可以努力當個好人。我告訴自己不要忘記，惡毒的人往往自己傷得比別人深。我提醒自己要對凱西好一點。然而，我心中卻有個陰暗怪物問我，當好人真的能幫助我在秀團生存下去嗎？在任何地方生存下去？

能，當然能，我想。對吧？

那幾顆真人的牙齒發出清脆聲響，有如小小搖鈴。小巴的杯架上，一個小玻璃杯中裝著那些牙，顏色黯淡，幾乎變灰，看起來很脆弱，幾近中空。儘管它們生根、夾住、抓緊，依然無法留在人的嘴裡。

這些牙齒屬於我們現任的粗工。兩天前他加入秀團之後，每隔幾個小時，他就會罵著髒話吐口水，另一個堅硬的物體從他口中落到手掌上。

卓威是現場試用之後聘僱的。加農砲史帝夫辭職之後，為了省一點錢，接下來十天我們沒有雇用新粗工，如此一來，大大班就得做兩倍的工作，除了售票之外，還要做所有維修和體力活。我們前往威斯康辛州參加第一場絞肉機遊樂會之前，湯米在分類廣告上刊了徵人啟事，結果來了一群看起來不太正派的人，想要找臨時工作——要求現金支付工資，不過問私事。老闆和他們談過，請他們幫忙架設工作一個小時，觀察他們的工作狀況，看看有沒有人顯露疲態，或是嫌工作太辛苦，這份工作當然非常辛苦。他給他們每個人十或二十元作為那小時的工資，然後雇用感覺最可能留下來的人，卓威看起來最可能撐得住，他工作勤勞、不多話，而且幾乎是不太費力的樣子。

第一天，他宣稱過敏，一直不停揉眼睛，似乎以為能靠自己把不舒服的感覺揉出來。他說就是因為過敏他才會一直瞇著眼睛，也是因為過敏，所以只要一休息，他就會睡著。

他睡著的樣子很柔和。他的脖子、手臂、雙手大部分都有刺青，很多感覺像是自己在家裡刺的，彷彿他是一疊紙張，小朋友隨手畫上蜘蛛網、骷髏頭、難以辨認的文字。我向來很喜歡會在奇怪時間或地點睡著的人。在巴士上，在醫院做檢查時。我喜歡那種感覺，好像大腦控制不住身體，於是身體乾脆放棄抵抗睡意。然後他們會突然醒來，一臉驚愕地重新加入這個世界。

第二天，卓威遲到四十五分鐘，滿身大汗，臉浮腫，臉頰長滿紅疹，站都站不穩，幾乎睜不開眼睛。

「對不起。」他對湯米說。「我女兒昨天晚上一直睡不著，她身體不舒服。」他輕輕前後搖晃，肩膀縮在一起，鎖骨突出，都是女兒的錯。

「你的臉怎麼了？」老闆沒有問卓威，但我好希望他問。他只是在卓威經過身邊時，低聲說，「第一次。」但他的語氣幾乎有點內疚。卓威立刻上工，在舞臺後面扛起需要重新油漆的木材，跟在大大班身後忙個不停，儘管大大班公然翻白眼嫌棄他遲到又找藉口。

「我不嗑藥的。」卓威口齒不清地說。「我以前有那方面的問題，但已經戒了。」

他的臉非常紅、非常腫，感覺好像被狠狠揍了一頓，或是嚴重漆樹中毒，昨晚收工之後的八、九個小時，不知道發生了什麼事。一個小時過去了，他的臉沒有消腫，他的眼瞼腫得像兩個肉包，很難判斷他是否能看得見。

×

這是威斯康辛州遊樂會的開幕日，我扛著蛇站在攬客舞臺上進行我最後一場攬客演出，等候觀眾聚集。時間將近中午，陽光很熱，卓威在售票亭裡昏昏欲睡，粗工要兼職售票，其實很簡單，只要做到兩點就沒問題：不要睡著、會找錢。至少其中一項我能幫他。

「你女兒幾歲？」我問他。

「三歲，她是個小公主。」他說。我點頭，對一個路過的人拋媚眼。「也可能四歲。」他說，嘴巴突然嘶起來。他的舌頭沿著口腔內側移動，他將一隻手伸到嘴巴前，吐出一顆牙齒。「她四歲。」

「她在哪裡？」我問，想要偷看牙齒。雖然不關我的事，但我總是忍不住想追問這些事，其他人生命中錯綜複雜的故事，關於他們的告白。

「我媽在照顧她。」他說。

那顆牙齒躺在他半握的手中，因為沾了口水而亮亮的。

「我工作賺錢資助她，我要親自照顧女兒。」

他的眼睛又開始閉上，但他急忙睜開。「她很可愛。」他說，在凳子上坐正，繼續說下去，彷彿他在睡夢中說這個故事，醒來之後接著說下去。但是沒有過多久（十五到二十秒）他的眼皮又垂下來了。他口中又吐出幾個字，但完全聽不懂，然後他睡著幾秒鐘又驚醒過來，繼續說話。不可思議的是他竟然沒有從凳子上跌落。

掉落的牙齒有如許願石。

前一天晚上，架設完畢之後，我們幾個人坐上小巴去三明治店。卓威直接走進廁所。我和凱西點餐之後找了個卡座坐下，我盡量往內移動，留下明顯的空間。我們吃著三明治，卓威從廁所出來之後點餐，聲音低沉輕柔，看來想盡可能把牙齒留在嘴裡。他坐在我們後面的卡座。

「你想過來一起坐嗎？」我問，但他搖頭。

「沒關係。」他說，窗戶上的霓虹招牌照亮他發紫的黑眼圈。雖然我一直吵他，但他很安靜，仔細地從包裝袋拿出洋芋片，一次一片，小口吃著，吃完半包之後他說飽了。他的三明治沒有動過。

開車回去的路上，卓威從口袋拿出幾顆牙齒——可能是放在口袋裡會刺到大腿，也可能是因為擔心會繼續崩解，雖然這應該沒什麼好煩惱的，他將牙齒放進剛喝完的水杯裡。他坐在前座，雙手捧著杯子一分鐘左右，低頭看著透明塑膠杯裡面，彷彿藏著什麼預言。我希望那些爛掉的牙根與磨損的白色齒面不是他的未來。他嘆息，將杯子塞進前座門旁邊放東西的小空間，下車時沒有拿走。

那天稍晚，我問凱西：「卓威是怎麼回事？」

「美沙酮。」她說。

「毒品嗎？」

「不是，那是戒除冰毒和海洛因的藥物，他有毒癮。」

我望著帳篷另一頭，卓威坐在舞臺邊等老闆，他望著遠方，眼睛有如兩個無底深坑。

第二天早上，我決定要多問一些他女兒的事，因為他最近似乎一直提不起勁，聊聊她的事情說不定能讓他振作起來。因為所有和我們一起漂泊的男人，都有一個留在他方的小女兒，我想要相信、必須相信，想到女兒能激起他們的一些愛或療癒或決心，一些反應。我沒有傻到以為這樣能治療卓威的毒癮，我也不認為自己真的能幫他什麼，但我依然想要試試看，試著專注在別人的痛苦上。

卓威應該上工的時間到了，過了幾分鐘他還沒出現，我沒有想太多。半個小時過去了，一個小時、兩個小時，班回到售票亭。那天結束時卓威依然沒出現，他就此消失，再也沒有回來。

我回想他加入之後這三天裡，我曾經問過的問題，我企圖挖出來的故事，自問是否不但沒有讓他更接近恍惚的平靜狀態，反而適得其反。或許他看著我，發現了我的真面目：一個選擇逃離的人。我沒有像他一樣，努力照顧所愛的人，我只是道別，就飛到幾千英里外。我在腦中回想離開的路徑：飛去加州陪我媽幾天，然後飛回阿拉巴馬停留幾個星期，經常想念她，動不動就打電話給戴維——戴維的壓力已經夠重了，自己也只是勉強支撐而已。我離開，再離開、再離開、再離開。我不在她身邊的時候，每一天都想像著她已經走了，就這樣過下去。

我媽嚴重中風之後的那幾個月與接下來的幾年，如果有我的愛隨時在一旁給她支持，她恢復的狀況是否會有所不同？她是否能重新走路，甚至說話？就算可能性很低，但說不定曾經有過這樣的機會。早上醒來之後，她寫下「帶我去海邊」的文字，我們所有人將她層層包裹好，一人一邊扶著她，慢慢走過沙灘，站在太平洋邊緣，腳趾泡在冰涼海水中，陽光曬暖我們的臉。若要聆聽所有可能發生的事所留下的回音，恐怕會失聰，因為吵雜的音量太過巨大。

幾個星期後，陽光坐在前座，發現了那杯牙齒，棕黃灰白的牙根。

「噁心死了。」她將那杯牙齒從門旁邊拿出來。「超噁爛的。」

湯米笑嘻嘻，興奮地敲起方向盤，伸手向她要那個杯子。他將牙齒倒進巨大的手掌，用手指撥弄著，像把玩金幣一樣。他大笑，發出嘻嘻的聲音，當他深深感到歡喜的時候就會這樣大笑。

「有人要嗎？」他舉起牙齒問後座的人，所有人都搖頭。「真不識貨。」他依然笑個不停。「感謝老天賜給我們毒蟲。」他將牙齒放回杯子裡，塞進儀表板上的杯架，那些牙齒就此留在那裡，一整個巡迴季，陪我們闖蕩東西南北。

18

鐵達尼只是小巫見大巫

中風後兩年十個月——啟程後十天

二〇一三年八月

我父母的火車在內布拉斯加某處脫軌，也可能是在芝加哥城外，或是內華達山脈。午夜時分，事發突然，乘客從床位摔落地面，貼在牆上。衝擊力道讓我媽的整個身體從平坦的床上飛起，讓她的四肢掙脫地心引力，掙脫癱瘓。想像一下，她的身體自由飛在半空中，角度柔和的肩膀在空間中漂浮，就像水底的人。至少一開始的片刻是這樣，在身體落地之前。

在我的夢中，火車翻覆並不美。我希望記憶留下美麗的畫面，在玉米田中放上螢火蟲，天空中的月亮像雞蛋尖端，夜空中深淺不一的藍互相渲染，有如梵谷的星空。但並非如此。我的夢境很慘烈。

下一場夢，他們在橫越大西洋的郵輪小艙房中。這次出事的是戴維，倒在地上死去，我媽坐在旁邊的輪椅上，下面積了一灘尿，她的哭聲在房間裡迴盪，她注視著他，幾分鐘、幾小時、幾天，不知道如何求助，不知道該怎麼辦，徹底無能為力。她只能看著，任由獲救的可能一一流逝。

這些並非夜裡睡著做的夢。我躺下時通常已經太累，什麼都無法思考，就連我的潛意識似乎也是如此。我立刻熟睡，睡上一整夜，第二天起床重複所有事。有些時候，早上醒來時我會深深希望能夠在別的地方醒來，只有我一個人的房間，門可以上鎖，有幾個小時讓我想做什麼都行。但當我想像那樣的情境——接下來我要做什麼？讀書嗎？煮蛋嗎？——最後總是變成做一些設法讓我媽安全的行為，幫助戴維，然而，即使已經過了兩年十個月，我依然不知道該做什麼。在這裡，我一下床就清楚知道該做什麼。

我想要相信，那些清醒時做的白日夢只是像一般的夢一樣，從我的潛意識冒出，但大部分的時候，我認為這些夢境，是我有意識地企圖為最糟的狀況進行預演。白日夢隨時會浮現，表演之間坐在後臺休息時，在貨櫃後面望著接近正午的陽光照在豬身上，我們的帳篷旁邊正在舉行小豬賽跑，小豬的粉紅皮膚在我眼中變成一個女人的皮包，她在義大利經過一扇窗前，聞到可怕的臭味，那間飄出惡臭的公寓，她碰巧認識屋主兼房東，於是陪著老太太一起去察看，現在的房客是一對美國夫婦，一個有殘疾，平常他們像小老鼠一樣安靜，現在卻變成兩具腐敗的屍體。

「妳知道什麼最有趣嗎？在橫越國境的路程中觀察岩石顏色變化。」戴維說。他們出發幾天之後，我終於聯絡上他們。我打過幾次電話，也傳過簡訊，但他都沒有回覆，他說太忙了。火車在芝加哥停駛，他們必須換車，現在他們到紐約了，一切都很平安。

「從灰色變成幾乎是金色，接下來會看到紅色的岩石，裡面夾雜橘色，然後一些地方會出現花崗岩。能看到這樣的變化，實在太有趣了。」他說。

「媽還好嗎？」

「吶吶吶吶。」她對著電話說。

「很好，她很好。」他說。

「你呢？」

「也很好。」

「那就好。」

「呃，火車車廂有點小。」他說。「我們去廁所的時候經常撞到。」

「很嚴重嗎？」

「不嚴重。」

「有多嚴重？」

「只是幾塊瘀血，沒什麼大不了。明天我們要去時代廣場，妳媽想吃路邊小攤販賣的熱狗，我們拿著熱狗找個地方坐下看人，我相信她一定會要多加配料，她好愛酸黃瓜。」
「吶吶吶吶。」她說。
「好了，我們該掛電話了，小可愛。」他說。
「吶吶。」我媽說。
「我也愛妳。」我說，把電話掛斷。

這兩位美國最偉大的特技高手，接下來的表現絕對會讓人不敢相信自己的眼睛，他們登上一艘船，啟程橫渡大西洋。整整九天，他們在船上航行，沒有電話，網路非常昂貴。他們說過這段時間不會聯絡。他們將會很忙，要搶最好的位置欣賞在船邊跳躍的海豚。

戴維說：「媽準備了顏料和筆記本，想要記錄紐約街頭的風光，也想畫下船上的生活。我們要在能看到海面的窗邊找張桌子，她畫畫、我削木頭，就這樣坐著。我們已經很久、很久沒時間做這些事了。」

外婆有一次和我說媽媽小時候的事。「小時候的她很嚴肅。她長大以後變得很風趣，但小時候非常嚴肅。有兩件事幾乎同時發生：第一，她發現自己愛畫畫，第二，她開始信耶穌。她會坐在房間裡的小書桌前，畫十字架上的耶穌，所有細節都畫得非常用心。荊棘頭冠上的每根刺都畫了陰影，祂手腳上的傷痕流血，每個血滴都畫出球面，彷彿她想藉此驅除她心裡的什麼東西。彷彿只要找出正確的角度，就能找到真理、得到救贖。

「我們家其他人都不太虔誠。是啦，我們禮拜日會去教堂，奧克拉荷馬州的所有良民從小就學會要上教堂，但我們家只有她一個人做到了全新的層次。她去參加基督教兒童夏令營，上中學之後成為那裡的指導員。她愛死了，為耶穌瘋狂。不過有一年夏天，她從夏令營回家，說她受夠了，從此再也沒有去過。」

我媽也曾經和我說過這個故事，只有一次，語氣有些悲傷。第一輪的活動結束後，在新的學員加入前有幾天空檔，她和其他指導員會利用這段時間開會、做計畫。他們最主要的目標，就是讓學員感受得到救贖的瞬間，至於那些信仰不夠虔誠、因為父母擔心而被送來的孩子，則要讓他們感受到來自上帝的壓力，讓他們投入信仰。每天的活動都是以這個目標為基礎，讓學員感受到壓力，並向其他人證明你找到上帝了。

這種行為壓垮了她的信仰。多年來，她一直深信找到上帝應該發自於內心美好之處，現在卻變得像騙局。

當她相信一件事，她希望能徹徹底底相信，因為美好，因為內心感覺真實。她絕不想受到欺騙，絕不想讓人以為她不夠聰明。

她不再畫耶穌了，卻變成了嬉皮。

她的一些理念、耶穌的教誨，有一部分與那些有飄飄裙擺的人想法相通。這些才是她想要長存於心的東西，良善、犧牲。

我十三或十四歲時，有一次她載我去參加足球比賽，她做了開放式三明治，一人兩片，麵包抹上美乃滋，放上自家種的番茄，每一片都又紅又厚又大。青少年總是狼吞虎嚥，我很快就吃完了兩片，而她才吃完一片。

她說：「來。這片也給妳吃。我已經飽了。」我們還要在起霧的足球場待上好幾個小時。我知道她其實還沒吃飽，知道我不該接受，但我還是把另一片三明治狼吞虎嚥吃掉了，還不忘舔乾淨手指上的美乃滋。後來，我坐在場邊，盡可能不看坐在另一頭的她，她和其他媽媽坐在一起聊天，那些媽媽可能戴著珍珠項鍊，她知道不可以對我揮手，只能看著。我們經常看著對方。她對我有所期望。強烈的期望讓她不顧一切。我以為她要的是成功，讓女兒擁有她無法得到的一切——上大學、專業工作、財務穩定，成為大家眼中的聰明人。找到有健康保險的工作，有牙醫保險，在每個月都有薪水的世界步步高昇。她相信藝術，卻焦慮地希望我永遠不會成為藝術家。我花了很久、很久的時間才想通，她雖然很重視這一切，但最重要的卻不是這些事。

當我二十一歲時，她告訴我：「我的人生有一個缺憾，那是人生中，傷我最深的一件事。最大的空洞，就是妳，因為妳不愛我。」

我沒有回應。

我知道不該這麼做。這一刻是最好的機會，她主動想要跨越我們之間的深淵，我只要說實話就好了，我只要說出其實我一直愛她，即使有時這份愛彷彿中斷的列車，裝滿武器的行李箱，生病的狗。即使我有時不相信這份愛是真的。

倘若當時我知道，再過五年，我們就會永遠無法以言語對話，那麼，我一定會緊握她的雙手，眼眶含淚，告訴她我當然愛她，現在、過去都愛她。我很抱歉，我一直如此冷漠疏離，但那麼多年的時間，我一直覺得受到她傷害，疏遠她會讓我的傷比較不痛。或許現在我們可以重新來過，真正瞭解對方。

但我無法預見未來，我只知道我掌握著一點力量。我沉默不語，比起我曾經對她說過的話，沉默比較不殘忍。

19

怪物

一百五十日中的第四十九日——驚奇世界
二〇一三年八月

一天下午，我看到老闆和一個矮個子的人有說有笑，他揮手比比我們的舞臺，似乎十分熟悉。他來回轉頭察看帳篷，彷彿兜售藏在風衣外套裡的名牌假錶。我因為要表演所以離開，但演出完畢回來時，看到那個人在後台等我。

「嗨，可以跟妳聊聊嗎？」他問我，一邊打量其他女孩。「私下談吧？」

我們走到外面，我聽到斷頭臺音樂響起，這表示我只剩四分鐘的時間，然後就要鑽進無頭女的椅子裡。我們的卡車停在通往嘉年城的泥土路旁，幾個嘉年人成群結隊走過去，我看到早上刷牙時吐出的牙膏泡沫在塵土中乾涸。

「我希望妳被怪物吃掉。」他笑嘻嘻說，我無語。雖然我有興趣，但不太放心。「我是拍電影的。」他說。湯米跟我說過，有個叫雷蒙的人會來，他很古怪、很好動，拍過一些成人影片，他是秀團的朋友。「我打造了一隻叫狂吞獸的怪物，我希望把妳綁起來，讓牠吃掉。如果妳願意，我會找一天晚上收工之後來接妳，帶妳去攝影棚，拍攝妳假裝被紙漿做的怪物吃掉，我會給妳一百元的報酬，也會送妳回來。陽光已經答應了，她負責演支配女王，我也會問碧普西要不要演，妳們兩個是配角，不用裸露、沒有暴力，不會強迫妳們做不想做的事。只要被吃掉就好。噢，對了，我是雷蒙。妳意下如何？」

三天之後，秀團午夜收工時，雷蒙來接我們，我們各自拎著幾套服裝與化妝包，跟著他走過漆黑的中道。如果只有我一個人，我絕不會答應，但我信任陽光和碧普西，她們似乎不覺得跟雷蒙走有什麼問題。幾個還沒收工的嘉年人忙著擦飲食攤的櫃臺，或是在遊戲攤掛上新的獎品。我以為會在停車場看到一輛大卡車或老式的雪佛蘭敞篷車。沒想到雷蒙的車竟然是豐田，而且是九〇年代中期的老車，後座到處是水果圈早餐穀片，其中一個座位下面還塞了一件嬰兒圍兜。

「要不要看我外甥女的照片？」他開始滑手機裡的照片；寶寶面前擺著一盤義大利麵，寶寶在寬敞的原野上搖搖晃晃走著。

「雷蒙？快點出發吧，我們想在明天開工前回來。」陽光推他一下。

「噢，好。」他說，「這樣就對了。要提醒我。如果我又像這樣分心，儘管說，『雷蒙！專心點！』我會盡可能集中精神，我真的——」他停下來傻笑幾聲，「很容易分心。」

二十分鐘後，車子開進一棟郊區紅磚住宅。廚房窗臺上擺滿貓頭鷹玩偶，有勾織蕾絲桌墊，烤箱把手上掛著向日葵圖案的擦手巾。窗戶上裝了格紋窗簾，美耐板流理臺吸收了多年來燉肉與烤大黃派的香氣。我甚至不知道大黃派是什麼味道，但我相信廚房裡的香味就是大黃，來自六月裡在威斯康辛州樹下野餐的概念。

「我在驚奇世界工作的時候接到通知。」雷蒙將一片粉紅色拼圖扔回盒子裡。「我媽過世了。」他輕聲說明，他身後的冰箱發出嗡嗡聲響，他打開櫥櫃踮起腳找筆。「從那時候我就開始拍電影。」那之後過了四年，他和爸爸住在這棟房子裡，爸爸年紀很大了。他幫住在附近的姊姊帶小孩，而他在地下室拍片。

「來吧。」雷蒙將三疊紙和三支筆放在我們面前。「是合約？」我問。

「為了保護成人娛樂產業。以免演員未來突然找到耶穌之類的，要求製作公司將他們拍攝的怪癖色情片下架。」

我看到紙張上方印著「道德同意書」字樣。

「證件？」他伸出手。

我很驚訝，在爸爸家地下室拍攝紙漿怪物電影，竟然有如此正式的程序，不過有簽約其實也不錯，讓我不能臨陣退縮。合約內容主要表明，今晚任何時間拍攝的影音記錄，都可以讓雷蒙以任何方式使用，至於道德方面，並沒有特殊的條文，也就代表放棄未來道德相關的權利。人一生會簽很多合約——貸款、手機、保險理賠，但這些合約全都不在乎我們未來會成為怎樣的人。這份合約要求我此刻的判斷成為一生的約束，我有多信任現在的自己？我最終還是簽名了。

雷蒙要求要裸腿，於是我脫掉已穿了十四個小時的網襪。像平常一樣，我的腿上留下明顯的菱形印痕，宛如爬蟲類或魚。我在絲絨流蘇洋裝下穿了安全褲，腳上穿著高跟鞋。因為我連續工作十五個小時剛下班，所以就是連續工作十五個小時的模樣。滿身大汗，下眼線有點糊掉，亮片眼影下的皮膚浮腫發青，剝落的睫毛膏黏在臉頰上。我拿出化妝包，用在旅途中學到的方法修補，在眼睛下面點上遮瑕膏，在糊掉的眼線上重新加一層眼線液，重新擦口紅。我越來越擅長掩埋真正的自我。

下樓去地下室，才走了兩步我就停住，我不由自主。另一個世界的氣息、家庭的氣息，很像我外婆家的地下室，鍋爐發出呼咻聲響，飢餓的大嘴充滿烈火與惡意，這個美國中產階級郊區住宅地下室的氣味，儘管我才上路兩個月，卻已經覺得陌生了，這種氣味暗示著穩定，可能有好幾代的人住在一起，到處都放了樟腦丸。

很難不看見地下室那隻怪物。牠很大，圓圓的，長度和寬度都差不多四英尺，足夠吞下一整個人，綠色外皮，用紙漿和泡棉做成。開始拍攝前，雷蒙拿出綠色噴漆做最後的修飾。

「除了被吃的時候之外，盡量不要碰到怪物。」他摸摸狂吞獸之後舉起手，上面全是綠色碎屑，狂吞獸快崩解了。

「牠是什麼做的？」我問。

「女人的身體。」雷蒙回答。他在地下室迅速移動，架好腳架，然後站在樓梯後面的一箱聖誕飾品上取景，上下時夾腳拖拍打腳跟。自從認識他之後，我還沒看過他安靜不動超過一分鐘。

「好，情節是這樣的。」他說。「泰莎和碧普西被鎖鍊綁起來，背對背，坐在這裡。至於原因，妳們自己想吧。」他對我們一撇頭。「時機一到，陽光走進畫面，妳們是被她抓來的。我不在乎誰把誰丟去餵怪物，總之時機一到，妳們就掙脫鎖鍊或被放開，然後分別被丟去餵狂吞獸或自己掉進牠嘴裡，也可能牠決定主動吃掉妳們，吐出粉紅色大舌頭把妳們捲進去。可以嗎？」

我們點頭。

「別擔心，會拍得很精采的。」他用綠色噴漆補好狂吞獸身上崩落的地方。「我喜歡一邊拍攝、一邊想，這樣才有創意靈感。」

「好，快開始拍吧，雷蒙。」陽光說。「現在已經一點四十五分了，而且我很想抽菸。」

「我要先說清楚。」雷蒙突然變得嚴肅，他站起來挺直背脊。「我也不知道為什麼這種片會讓人興奮，怪物這種玩意。」他一一看著我們的臉，眼神略帶歉意，但一閃而逝，他又回去安排攝影機位置。

「不要看攝影機，表演誇張一點。」他說。「動作越大越好，踢打、掙扎，這才是賣點。」

地下室角落有一臺舊健身車，另一個角落則堆著節慶裝飾品，中間則有一個架子，還有一堆堆、一疊疊雜物，全都是捨不得丟掉的東西，那些無害又無用的東西，總覺得自己沒有權力任意丟棄，這些東西我很熟悉，如野餐籃、鬆餅機。

他讓我和碧普西坐在一個木條箱上，背對背，雙手交叉放在背後，可以碰到對方，然後他拿出一條長鎖鍊，先各自綁住我們的手，然後再把兩個人綁在一起。他蹲在我們兩個中間，一邊傻笑一邊說話。

「真的怪透了。」他說。「我媽過世之後，我拍了一部怪獸吃掉女生的動畫短片放上YouTube。只是好玩而已，妳知道嗎？竟然有十萬人按讚，我開心死了。會不會太緊啊？」他問。

我們動動手腕。

「不夠緊。」碧普西說完之後，模仿邪惡反派發出低沉笑聲。我和陽光都因為想睡覺而眼角下垂，但她完全沒有，她確實比我小幾歲，但不只這樣而已。來到這裡似乎點燃了引線，讓她發光發熱。此外，她在怪奇秀表演的時間只剩幾天而已了，然後她就可以出發回到在佛州的家，雖然大家都對這件事避而不談。

雷蒙說：「鎖鍊不會綁起來，只會塞在妳們的手後面，等一下我說掙扎夠了可以逃脫的時候，妳們只要甩開就好，這樣一定很好笑，對吧？妳們不覺得這樣很好笑嗎？」

碧普西開始動來動去，練習驚恐掙扎。因為我們綁在一起，所以我不得不跟著動。

「我們可以搞笑嗎？」我問。

「當然可以，只要不忘記掙扎拉扯鎖鍊、反抗怪獸就好。我先說喔，對話可能會剪掉。」他說。

「我很會演憤怒英雄。」碧普西說。

「我等不及想把這兩個丫頭丟去餵怪物。」陽光說，她忙著滑手機，眼睛都沒抬一下。但她露出笑容，親暱、真心、私密的笑容，那溫柔的模樣讓我的心碎了一點點，雖然她表明覺得我們要做的事很無聊，但也清楚傳達出很高興能和我們一起來這裡，來表演，或許也有一點對我們的愛。

開始拍攝，我和碧普西綁在一起，為了該如何逃跑而鬥嘴。如果雷蒙覺得我們說的話特別好笑，或者有助於他即興編造的的情節，他就會喊卡，將攝影機擺到不同的角度，然後要我們重複一次，不過這種狀況非常少。我猜想這可能是電影的手法，在臺詞出來之前改變攝影角度，以強調接下來的對話，以幾乎難以察覺的手法刺激觀眾。

我們終於扭動手腕掙脫鎖鍊，爭論著接下來該怎麼逃，突然雷蒙大喊「別動！」

他攤開一條粉紅色的長布料，掛在狂吞獸的口中，然後整個拉長到碧普西的腰前。「拿著這個。」他說，她拿著舌頭，他將她的雙手固定在臀部兩側，「站好別動。」他跑回攝影機那裡，拍了幾秒之後回到碧普西身邊，將舌頭多捲一點。他叫她站好別動，跑回攝影機那裡，重複這一系列動作，直到狂吞獸用舌頭把她整個人捲起來拉進嘴裡。

他說：「我會剪接處理好這一段。碧普西，我現在要妳大喊大叫、踢踹抵抗，腿伸出狂吞獸的嘴舞動，盡可能誇張一點，但千萬不要真的把怪獸拆成兩半，我說可以的時候，妳就滑下牠的喉嚨。」她聽從指示。

攝影機再次開始拍攝，我對著狂吞獸空空的嘴巴大喊，「她終於死了！」現在輪到陽光登場。她走進畫面時，五吋高跟鞋發出喀喀聲響。她穿著皮革馬甲、黑色熱褲，整體看來似乎很清楚自己在做什麼。我一直希望多年來在學校演話劇的經驗能派上用場，不過到目前為止，我的表演只是誇張反應，模仿陽光和碧普西的動作。幸好我的戲碼快結束了。

陽光責罵我，將我逼到狂吞獸滿是鱗片的綠色大嘴前，她將我推進去。這裡雷蒙又喊卡，過來調整我被吞下去時的身體角度。我準備好被怪獸吃掉、我準備好要退場，下台一鞠躬，落入怪獸的胃酸中，分解融化。我從牠的嘴巴滑落到底，雷蒙事先提醒過要小心別撞到洗衣機，他說滑落摩擦會造成腹部起紅疹。他要我安靜坐在地下室後面，等我的最後一個鏡頭，也就是我們三個的身體糾纏在一起，躺在一片藍色布料上，在同一個畫面中一起被怪獸消化，因為光是被吞掉還不夠，所有生存的證據都必須消滅。

凌晨五點十五分，雷蒙載我們回到遊樂會場，他給我們一人一百元。接下來他要花一到兩個月的時間剪接，然後釋出影片。

我們下車時他說：「我對這部片期望很高，應該第一週就能回本，觀眾一定會愛死。」

我爬上小床，趁開工之前補眠兩個小時。

✕

現在的我是：

無頭女。

四腿女。

釘床節目的主持人，壯男躺在釘床上，而我坐在他身上。

軟骨功節目的主持人，這是我最重要的角色。現在我很會賺錢了。

我的新世界到處是箱子，讓我把頭放進去的箱子，以及我們生活的貨櫃。我必須奔跑趕場，因為每一輪的演出都是三十分鐘，從第一個節目到最後一個節目，以同樣的模式在我的四個節目之間移動，因此，開幕日雖然是我第一天當內場藝人，到了中午，我已經幾乎自動會出現在應該在的地方，雙腳會自行移動。

我依然欠缺真正的演出技能，比起這裡的其他人我還差很遠，但我知道怎麼對麥克風說話。我可以看著觀眾的眼睛，微笑，撒謊。

不過，不必主持的時候，我的身體會變成各種不同的模樣。舉例來說，變成無頭女的步驟如下：

穿上病人袍。悄悄走上不太穩的側舞臺，準備側身鑽進椅子裡。盡可能不要動到旁邊的簾幕。萬一動到簾幕，有時候就算沒有動到，也絕對會有小朋友、青少年或成人企圖掀開舞臺簾幕偷看。他們會抓到妳其實有頭，而且正準備用幻術騙人。

⤧

我脫下我媽的支架和底下的襪子。她坐在床上，因為練習過很多次，現在她知道要讓左半邊身體的肌肉先放鬆再縮緊，維持住全身骨頭的位置，有如大海讓一棵樹直立，漂浮，越來越遠。再過幾天我就要出發加入怪奇秀，這對老情侶也即將出航橫渡大西洋。

我拉開她的背心拉鍊，取下她的眼鏡。要在直立的狀態下，在Y軸上，趕上人生的急促腳步，需要非常努力。所有復健師、所有醫生，都努力往Y軸前進。我媽的視線從我忙碌的雙手移動到我的臉上。她表情嚴肅，因為專注而整張臉皺起來。今天她沒有戴頭盔，已經不用了，雖然在她凌亂的灰髮下，她的頭顱有一道突出的痕跡。因為少了一塊骨頭，她四分之一的頭部出現一道峽谷，在薄薄的皮膚下，她的腦子不停發射、發射，依然持續流血。

✕

無頭女奧爾嘉女士，現代醫學的奇蹟。當簾幕拉開，妳出現在舞臺上，觀眾會看到完整的女性身體，雙臂雙腿揮舞，椅子周圍有許多塑膠管，點亮紅、綠、藍燈光，閃爍而明亮。他們會看到女性的胸膛與鎖骨，然而應該有頭的地方，卻只有一根金屬桿，而且顯然是從身體裡穿出來。這是在箱子間奔走的世界，女藝人在後臺跑來跑去，輪番上演不同的幻術，身體鑽進一個又一個箱子——蜘蛛女、電流女、四腿女。妳不過是肉體，是悠久傳統的一部分，許許多多失去身體部分的女性。只有沒人看見的時候，妳才能當完整的自己。

✕

我媽用能動的那隻手抓住我的肩膀，我們一起往床鋪彎腰。我移動她的臗部，抬起右腿放到床上，聽見成人尿布發出窸窣聲響，我們絕不會在她面前說出「尿布」這個詞，她的呼吸像嬰兒一樣快，外面有隻狗在吠。通常這時候我會幫她蓋好被子，吻一下她的額頭，然後離開房間。綁好跑鞋的鞋帶，在故鄉行道樹的影子下，以雙腳最快的速度移動，呼吸粗重，盡量假裝沒看到鄰居，我知道他們想聊我媽的預後狀況。我或許會關在廚房裡寫作業，為學生的報告評分，也可能在爐臺周圍忙來忙去準備餐點，說不定會在浴室慢慢繞圈踱步，說服自己不要吃止痛藥，裝在橘色罐子裡的藥丸對我唱著誘惑之歌。

×

萬一不該拉開簾幕的人拉開了簾幕，就客氣地請他關起來。隨著遊樂會的進行，妳會感到越來越煩、越來越累，語氣也隨之改變。在其他人不會聽到的範圍內，用最凶狠的語氣低聲斥喝，說「快拉上」。接下來，發現有人偷看時，伸出一隻手，以迅速的動作往他們的方向大大一揮，作為警告，再接下來，當妳已經巡迴了四個月、表演了十四個小時，就會什麼都不說，直接往偷看的人用力踢過去。盡量不要踢中，但就算真的踢到了也無所謂。一旦側身鑽進椅子裡，身體壓低往後傾，會有一種無力的感覺，因為躺得太後面，所以無法拉起簾幕，也無法踢到人，躺平很危險。

×

我沒有離開，反而躺下，我累了。我掀開被子鑽進去，躺在她身邊。為什麼這次不一樣？她轉頭看著我，舉起那隻能動的手放在我的臉頰上，她的手溫暖、乾燥、溫柔。我們離開了直立的世界，在那個世界，我必須撐起她、幫她擦屁股。現在我們是水平世界的人了，不知不覺間，這樣的變化彷彿重組了我們之間的感情與關係。她的手放在我的臉頰、頭髮上，像媽媽對小孩那樣，她的手指沿著我的脖子移動，非常輕柔地撥弄我的頭髮。我已經太多年沒有感受到這麼多溫柔了，我已經沒有地方容納了，這是應付度日的慘重代價。

⤫

那根金屬桿像旗竿一樣粗，插進箱子一英尺，坐上椅子之後，頭要塞進那個箱子裡。拉長脖子繞過金屬桿。千萬不要撞到頭，會發出聲音。屁股盡量靠著椅背，背脊挺直，拉長脖子塞進木箱，箱子外面有鏡子，裡面很窄、很熱。像病人那樣用毯子蓋住腿，拱起背。坐直之後，金屬棒斜斜的尖端會抵著妳的胸骨，胸部中間、上面一點的地方有個凹處，金屬棒會壓在那裡，接下來三個月都這樣，為了幻術而留下一點瘀血。肩膀往前收，擋住箱子後面可能露出的空間，手臂做好準備，一旦簾幕拉起，就要開始盲目狂亂揮舞。手千萬不可以舉到高過肩膀，千萬不要碰沒有頭的頭，因為會被鏡子照到，這樣他們還能相信奇蹟嗎？所以要張開手指放低，與地面平行，做出想抓地的樣子，顫抖、活生生，非常活生生，困在這個沒有頭的身體裡，逃進自己製造的偉大幻術中。

×

我們是兩個平躺的肉體在呼吸。世上其他母女躺在一起的時候，會互相交換宇宙的祕密。我媽柔軟的波浪灰髮往旁邊落下，遮住少了頭骨的地方。她會思考少了什麼嗎？還是會思考剩下什麼？我想伸手摸摸少了頭骨那塊地方的邊緣，但我癱瘓了。不對，她癱瘓了。她一半的身體無法動彈，另一半的身體正在撫摸我的頭髮。淚水凝聚在我的眼角，我伸手擦乾，因為所有專業醫生都告誡過，千萬不要在她面前哭，不要讓她看到我們的悲傷，以免扼殺她的希望。

×

希望沒有黃蜂困在小木箱裡，因為妳的頭必須藏在裡面，直到表演結束。希望氣溫不會高達攝氏四十二度，希望不會昏倒，因為妳的頭藏在悶熱的箱子裡，身上穿著舞臺裝、蓋著毯子。希望簾幕拉起之後，還能找回妳的頭，當妳側身鑽出箱子，希望不必踹開擋著去路的陌生人，希望鞋子還在原位，沒有掉到舞臺後面，希望妝不會徹底糊掉，希望妳受的苦已經足以讓妳理解其他人的苦。

當妳在有頭與無頭的世界間移動，別忘記動作要與地面平行。妳必須改變姿勢、重新適應方向，直到眼前出現天空，下方貼著黑土，那就是妳的道路——姊妹、母親、在箱子間奔走的女人——妳是自己的門，通往不同的世界。妳是X軸，妳是平躺的奇蹟。

20 一英尺長炸熱狗

一百五十日中的第五十四日
二〇一三年八月

我和碧普西一塊吃一根沒有炸過的熱狗，麵衣濕答答的，但她吃素。她將熱狗橫在嘴巴前，感覺像串燒乳豬，啃掉幾吋麵衣之後交給我，我吃掉露出的熱狗，交還給她。我們已經這樣吃掉三條熱狗了。

我們十個藝人站在大雨中，時間是凌晨四點十五分。昨晚十點開始拆卸，雨便一直下到現在，一開始是毛毛雨，然後變成很大的雨滴，落在地上會炸開的那種，會讓小孩忍不住跑去玩的那種大暴雨，他們像伊斯蘭教蘇菲派僧侶一樣，張開雙手瘋狂旋轉。食物攤丟出來一箱沒賣完的熱狗，大雨同樣長時間淋在上面，淹起的雨水像湯，熱狗則彷彿游泳池中的泡棉浮條。

「那種東西妳們竟然吃得下去？」吃純素的豔舞舞者法蘭莘看著我們油膩膩的臉頰。

我們從前一天上午九點就馬不停蹄工作到現在，準備道具、表演整天，然後開始拆卸。我們沒有說是因為這樣才吃得下去，只是一口接一口，越吃越大口，越吃越快。

我們撐過第一場絞肉機活下來了。或者該說，差不多活下來了，只等完成威斯康辛州這裡的拆卸工作。連續兩週，酷熱、漫長、疲憊，帳篷裡總是擠滿觀眾，固定班底加上新人全部擠在貨櫃裡，只要把所有東西裝上車，我們就可以睡覺了。在前往下一個會場的路上睡幾個小時。

但我們卡住了，所以才會有空吃熱狗。兩英尺長的帳篷樁，形狀很像鐵路用的大釘子，說什麼也不肯從柏油路出來。

這種大型的州辦遊樂會，場地不可能是長草的泥土地。這裡的場地足足有城市的四個街區那麼大，鋪著平滑的柏油。我們用大槌在地面敲出洞，然後把帳篷樁敲打進去。我們在這裡的兩週期間，那幾根樁屹立不搖，令人安心，但現在我們必須拔出來。

萬一趕不上下一場遊樂會的開幕日，會被罰很大一筆錢。萬一被罰錢，秀團可能會倒閉，光是要付我們的週薪就已經很勉強了，加上貨櫃車又不停在高速公路上爆胎。不過，比起失去金錢與舒適，還有更嚴重的後果，我相信大家都同意，萬一我們的秀團倒閉，美國就沒有巡迴怪奇秀了。

我們不能把帳篷樁丟在這裡，因為下一場遊樂會還是需要搭帳篷。此外，這個場地有規定，在柏油路面上留下任何器具都會被罰一大筆錢。

於是乎，已經凌晨四點十五分了，二十八根帳篷樁依然卡在柏油路中。我們站在大雨裡，努力思考該怎麼辦，一邊狂吃熱狗。湯米決定等到八點，雇用堆高機解決問題。

我們睡醒時堆高機已經來了，車身前面伸出兩根金屬長叉，所有男人都靠過去，滿懷柔情看著駕駛將叉臂伸到露出地面的小圓頭下，那就是帳篷樁的頂端。這個小圓頭非常不起眼，只是幾乎被柏油蓋住的小突起——誰都想不到，其實深入地面兩英尺。

我們其他人在忙拆卸的最後細節，搬運最後幾根柱子，捲起電器的線。我負責處理繩索。我們有一套獨特的編織方式，可以將長長的拉繩滑輪變成整齊的矮墩，高度僅僅一英尺。我經歷幾次架設之後才終於搞懂方法，但現在我已經能迅速操作，將一吋粗的繩索打結、纏繞、拉緊。我很清楚，保持工具整齊有多重要，到了下一個地點開始架設時才不會浪費時間，老天保佑，老天保佑，希望今天下午就能開始新場地的架設工作。

堆高機的一根長叉抵著樁頭邊緣，用最大的力量往下壓，希望把地面壓低一點，方便固定之後往上拉，但這根樁不肯動。駕駛嘗試不同的方法，長叉的邊緣、底端都用過了，終於輪到最前面的尖端。他將控制桿壓到底，圍在旁邊的團員興奮地交頭接耳。

「後退離遠一點，說不定帳篷樁會飛起來。」湯米說。

堆高機駕駛再次猛壓控制桿，巨大的金屬叉開始彎曲。真的很美，小小的曲線，有如長長一片生鏽的瓜。

所有人都注視著帳篷樁與彎曲的長叉，所有人都嚷嚷著不可思議，機器的力量那麼大，但釘子依然沒有絲毫移動，接著，突然間，帳篷樁不見了。

那奇特的聲音。

之後大家不斷說起。

那低低的呼嘯聲響。

在帳篷樁終於拔出來之前的那一刻，我剛好將視線轉向手中的繩索。我什麼都沒有看到，但我聽到了，四周所有人集體倒抽一口氣。我急忙抬頭看圍在堆高機旁邊的人，發現他們全都抬頭望著天空。他們所有人的頭都往後仰到極限，臉朝著天空中很高、很高的地方，有如某種集體崇拜儀式。

當然，通常在這種時候就會用上「時間停滯」、「每一秒都宛如永恆」之類的陳腔濫調，因為此刻時間延長的感覺很難形容。

時間停滯。每一秒都宛如永恆。所有人拉長脖子看天空。我也想抬頭看天空，但我還來不及動，所有人的頭都垂下來、轉過來。下巴重新朝向胸前，脖子轉動，我還沒機會抬頭，就發現我看到的每張臉、每個人，都在看我。

我感覺到一道陰影。

不對，我看見一道陰影。

真的嗎？

我察覺若有似無的陰影。

陰影來自帳篷樁，擋住太陽一下，然後朝我飛來。

帳篷樁的尖端擦過我的鼻尖。

落在這裡。帳篷樁飛上天空四十英尺，然後朝我落下。

擦過我的鼻尖，經過我的嘴唇與下巴。迅速從不堪一擊的跳動心臟前飛過，只差幾吋就會碰到皮膚。

我的兩隻手肘剛好貼著身體，雙手將繩索編成很緊的麻花辮，因為要拉緊繩索，所以左手覆蓋著右手。

金屬樁終於落地，墜落時所有的力量，全部砸在我手上。

此刻妳的身體能有多安全？

衝擊力道讓我鬆手丟下繩索，兩隻手按住地面，帳篷樁打在柏油路面上，發出震耳欲聾的尖銳聲響。

有人尖叫。

不是我。

這個故事究竟哪個瞬間最慘？事發之後的混亂疼痛？還是事發之前的那一刻，那幾天、幾週、幾年，在疾病發生之前，當我還有時間跟她學做她的名菜摩洛哥胡蘿蔔，問她為什麼曾經狂熱信仰基督教，後來又為什麼失去信仰，問她我小時候說的第一句話是什麼，是不是她的名字。當我還有機會彌補，我卻沒有把握。

我低頭看帳篷樁，一秒、兩秒，世界上的聲音全部消失，只剩下遙遠的嗡嗡聲。我將雙手從身側舉起來察看，因為我有種奇怪的感覺，雖然我無法說明。我低頭看，想著或許手已經不在了。我不知道為什麼。我只是不確定發生了什麼事。

不過手還在。兩隻都在。十隻手指都沒少。我蹲下撿起繩索繼續編。

我站起來時，聲音回來了。某處傳來喧嘩人聲，也可能是好幾處同時響起。模糊的人影迅速朝我奔來。

只要不是真正的大災難就無所謂。

「妳沒事吧？老天爺，妳沒事吧？」我聽見那些聲音說。

我抬起頭。

凱西站在我面前，搶走我手中的繩索。

「別弄了，傻瓜，快放下。」她說。

湯米也站在我身邊。「莎莎，妳沒事吧？」他問。

「我很好。」我說。

「妳沒事？」

「我甚至沒受傷。」我說完就開始發抖。

他望著我的臉，仔細端詳，似乎受驚過度，我沒有滿身是血，腦子也沒有跑出頭顱。

「打到哪裡？」他問。

我舉起放在身側的雙手，彷彿氣球一般飄到我們中間。

「糟糕。」他說，輕輕抓住我的手腕。現在我看到了，我的左手。沒有流血、沒有骨頭外露，但我的指節越變越大，從粉紅色變成紫色，幾隻手指變成兩倍大，骨頭突出一塊像彈珠的腫塊。我的右手發麻，但大部分被左手護住。

「動動手指。」他說。「妳的手指能動嗎？」

可以，一點點。

「沒有斷。」我說。

我看看那兩隻手，這場不算災難的小事。我看著那兩隻手，更多團員聚集過來，世界的聲音恢復平常怪異的感覺，早晨的天空飄著雲朵，到目前為止的人生，即將發生的所有事，一切都像從前一樣，或許永遠會如此。我哭了出來。

沒有哭得很慘。我又不是什麼小寶寶。只哭了一下子。

「妳受驚過度了。」湯米說。「老天爺，莎莎。可憐的莎莎。來。」他將凱西拉到我面前，硬是讓她緊緊抱住我的胸口。「帶她去我的露營車。」他對她說。

「我要繼續工作。」我伸手拿繩索。我的手指不太能動。

「稍微喘口氣吧。」湯米說。

「我要繼續工作，否則我會崩潰。」我凶巴巴地回答。

陽光出現在我們身邊。「泰莎。」她用舞臺總監的語氣說。「跟我來。快。」

「冷凍庫裡有結冰的葡萄。幫她的手冰敷，讓她坐在陰涼的地方休息。」湯米說。

陽光對他點點頭，接過我好不容易拿起的繩索扔在地上，推我的後背，直到我邁出腳步。她打開水龍頭沖我的左手，揉揉我的背。給我冰凍的葡萄。

每一天，我們讓火、劍、電進入身體，讓別人對著身體射飛刀，讓身體扭曲變形，在身體披上大蛇，每天我們醒來時都確信這些事不會讓我們受傷，但也確信有很多其他事會讓我們受傷。

我的左手深處開始感覺抽痛。我不確定該不該擔心。我經過紅毛，他對上我的視線。他凝視我的雙眼。他噘起嘴搖頭，表示知道剛才發生了什麼事。或許我通過了某種測試，承受疼痛，繼續前進。

「真是的，莎莎。」後來湯米說。「我跟秀團巡迴九季了，那絕對是我們發生過最可怕的事，毫不誇張。」

不過，這難道不是我們集體自欺欺人？

事情發生的瞬間，真的是我們人生最慘的瞬間嗎？事實上，最慘的瞬間永遠在未來等候，不論是下一場遊樂會，或下一根從地上拔起的帳篷樁。下一次繼父打電話來，哭個不停，妳對他說，冷靜冷靜冷靜，快告訴我，直到他終於說出來，然後妳也開始晃動哭泣。

之前的那個粗工史帝夫，他被加農砲打中腹部，當他醒來時，應該不會認為最慘的時候已經過去了，他成功超越了人生最糟的瞬間。從此就會輕鬆了。我在巴特勒遇到的那個嘉年人，他從夢中醒來，發現腳趾被吉娃娃啃掉，他應該也不會認為那是他人生最慘的一刻。還有吸毒的卓威，每次他睜開雙眼，牙齒就會從口中掉落到地上。甚至是當我聽到媽媽中風的時候。那單一個瞬間並非最痛苦的時候，永遠有更多的痛苦在等候。

這是我們集體同意的許多事之一。告訴彼此會有多慘，某件事有多糟——真的很要命、很可怕，然後隨著逐漸昏暗的陽光進入黑夜，彷彿全都是真的，彷彿我們已經見識過最惡劣的狀況，假裝不知道未來在前方默默等候，張開大嘴，伸出長長的舌頭。

✕

當然，在帳篷樁事件相關的記憶中，我其實並沒有想到我媽。我沒有想到，那根樁的尖端將無比、無比碧藍的天空切成兩半，有如大腦的左右半球。

不過，我聽過一個故事：

一八四八年，菲尼斯·凱吉任職於鐵路公司，率領一群工人在佛蒙特的凱文迪許爆破岩石，裝好炸藥與引線，點火之前用金屬棒塞緊。他身後有人說話，他分心往右轉頭去看，這時一個火花點燃了炸藥，事件原因始終沒有查明。發生爆炸之後，巨大的金屬棒飛起來插進凱吉的腦袋裡。

報告中說，金屬棒飛起來時發出呼嘯。

金屬棒從他的左臉頰下方插入，擦過他的左眼後方，刺進左腦額葉，從接近髮際線處穿出。三尺七吋長。穿過一個人的頭，然後繼續飛，最後落在距離足足二十五英尺處，插在地上，有如籬笆柱。在場的其他人說，金屬棒感覺油膩膩，上面有幾條血絲。衝擊力道讓凱吉往後跌倒，但他沒有失去意識。他在地上抽動了幾下，然後站起來繼續和工人聊天，彷彿什麼都沒有發生。

很難想像吧？一塊三角形的頭骨豎立在傷口旁，有如頭頂的皇冠。

凱吉繼續存活了十二年，只是他「不再是以前的凱吉」，追蹤凱吉病歷的哈婁醫生說。故事的這個部分在科學界產生了長遠的影響，各種理論眾說紛紜。凱吉事件之前，大家都不太清楚原來大腦不同的部位有著不同的功能。雖然沒有確切證據可以證明凱吉的個性發生了什麼改變，但多數報告指出他變得愛罵髒話，失去了管理金錢的能力，經常三心二意，前後完全相反。報告也指出，他任由動物本能抹去原本文明的自我。是哪一種本能？性慾失控？還是對月呼嗥？

對於腦神經的這種誤解，成為真正大問題的根源，例如二十世紀中切除額葉的醫療方式。也有人因此認為人類的非道德行為都存在於額葉。只要額葉受傷，例如中風，必然會導致行為退化成動物一般。當然不是真的。然而，後來醫學界發現，額葉確實在某種程度上負責控制衝動。例如說，額葉受損的人或許會無法判斷是否該在大庭廣眾下抓癢，也可能不知道面對一碗玉米片時是否該用湯匙。

因為凱吉的人格變化越來越嚴重，鐵路公司無法重新雇用他。哈婁醫生在報告中寫下，凱吉「喪失了在智慧能力與動物傾向間取得平衡的能力」。凱吉在巴納姆的紐約博物館打零工，觀眾會特地付錢要他撥開頭髮，讓他們看裡面抽動的大腦。

他的餘生去哪裡都帶著那根金屬棒。

這次的帳篷樁事件，讓我聯想到中風，是不是很荒謬？中風難道是使用武器的事件嗎？像戰爭那樣？受傷？意外？

中風主要有兩種類別。一種是大腦出血。另一種則是大腦阻塞。我媽是出血的那種，稱之為出血性中風。只有一成五的中風是這種類型，但死亡率遠高於另一種。這種中風不是鬧著玩的。

造成任何中風的高風險因素都是高血壓。其他高風險因素包括膽固醇過高、吸菸、濫用藥物、肥胖、糖尿病，除了這些還有幾項。

她全都沒有。

曾經發生嚴重出血性中風的人，半數活不過一年。

我們在加護病房外面的走廊與等候室待了很長的時間，先是幾週，然後變成幾個月，我閱讀了很多關於中風的資料。網站、手冊、書籍、論文、研究。一位鄰居給了我一本書，書名叫《奇蹟》。作者是腦神經科學家，很年輕，她曾經中風。她在書中盡可能寫下所能回想到的細節，中風時身體有怎樣的感受，她喪失語言與理解能力，就連對當下狀況的驚恐也逐漸消失，像其他一切一樣隨風而逝。接下來幾個月，她彷彿在平靜安詳中漂浮，感覺不到時間流逝，其實還滿舒服的。我很喜歡這個部分，想像我媽很可能身在一個時間與壓力都不存在的地方，或許她根本沒察覺到底失去了什麼，因為她新得到的一切太美麗。

不過，接下來書的走向改變了。科學家康復了。她重新找回言語能力，重新學會行走，最終她甚至重回工作崗位，繼續當見鬼的腦神經科學家，寫了這本真的很有意思的書描述這段經歷，而且以相當禪意的態度面對。例如，她說大腦的潛意識區域有如一片祥和的金黃原野，她在那裡學會了放慢腳步，因此深感慶幸。說不定，其實所有左腦發生嚴重中風的人都在同一個地方，分散在那片柔軟的草地上，籠罩在金黃夕陽餘暉下，伸出手指輕撫雛菊，遇見彼此時露出無比甜美的笑容。但那個腦神經科學家離開了。她康復了。就好像，徹底恢復原狀。呃，很好、很棒，她和家人實在很幸運，諸如此類，她成為了傳奇，那個走到人生邊緣又回來的神奇人物；但她把我媽一個人丟在那片原野上。我們其他人又該怎麼辦？那些始終沒有完全離開那片原野的人？為什麼沒有更多另一邊的故事？

我很擔心她獨自在那裡，在那片原野中。她很可能已經無法當心蛇出沒了。甚至不知道蛇是什麼。我只希望我能去到那裡，甚至不惜去到人生邊緣，躲在一棵樹後面，以免打擾她的平靜，手裡拿著一把獵槍。我的胸前掛著雙筒望遠鏡與彈藥，我會觀察地平線，找出敵人的位置。

21 寫下名字的地方

一百五十日中的第五十六日——驚奇世界
二〇一三年八月

在兩場絞肉機之間，我們在威斯康辛州還有一場小型的郡辦遊樂會，利用空檔多少賺一點，碧普西在這時離開。她要求在開始架設之前送她去巴士站，但沒有時間了。她準備啟程時，我們沒有全部圍成一圈祝她一切順利。很多團員沒有道別。我們開始把東西從卡車搬下來，而她就只是……走了。顯然她叫了計程車來會場接她。

合約還沒到期就離開，等於半途而廢，這樣的臭名會永遠留下，用麥克筆寫在貨櫃最後面的牆上。那片牆是後臺與宿舍區的界線，我們每天的生活每一刻都會看到那面牆，她的命運與其他人的命運一起寫在上面：

碧普西
撐不住

這個說法令我著迷，「撐不住」。不只是沒有完成一件事，不是「半途而廢」，也不是「提早提開」，不是任何外在因素。只是簡單描述妳這個人，妳身為人的能力，妳是怎樣的人，有沒有膽量。妳究竟能不能做到這件事？

泰莎

撐不住

這種可能性令我心慌。

船抵達倫敦，戴維送來最新消息。

「昨晚發生了不可思議的事。我不清楚究竟怎麼回事，也不知道該如何描述，總之，凌晨四點的時候，泰瑞莎握住我的手，開始『講話』。不是真正的語言，而是一串聲音，之前她只會一次發出一種聲音，而且必須非常專注。現在卻像水壩坍塌了，她不停講了四十五分鐘。她的語調很興奮、很快樂！她表示她不痛，不需要任何東西。她只是講話、唱歌，聊了很多事。我們大約五點回去睡覺，一直睡到九點。

「今天早上她表示記得昨晚的事，而且似乎並非因為特殊的狀況所激發。所以現在還是個謎，我們會再觀察今天的狀況。」

我認為，倘若我在場，我對這件事的解讀應該會和戴維不一樣——她真的發出一串聲音一個小時嗎？還是他太希望她能夠做到，以致於他將幾個聲音放大解讀了？然而，讀完他的信，依然讓我覺得肚子裡先是裝滿飛蛾，然後又變成石頭。她或許可以說話，這件事美好到令人無法承受，我多麼殷切盼望能夠成真，我一直不停盼望，但最後我想到，即使是真的，我也不在場，不可能聽到，他們離開了。說不定她會再次講話，說不定這趟旅程能讓她找回中風後喪失的語言能力，說不定戴維會聽到她說出的話，知道她多喜歡雨落在石板街道上的聲音，但我不會聽到。他們離開了。

在明尼蘇達州，我們眼前吊著一根胡蘿蔔。閃亮亮，冒出根，充滿胡蘿蔔素美夢，我們想吃到，因為我們餓扁了。為期兩週的威斯康辛州遊樂會結束後，接著是為期一週的郡辦小型遊樂會，我們終於來到整季最大的一場絞肉機：明尼蘇達州遊樂會。湯米很清楚怎樣才能激勵士氣。

「如果能提早完成架設，我們就可以去美國購物中心逛逛。」湯米說。光是想像，就令人讚嘆不已，燈火通明的廣大複合商場，飄著香水、扭結餅的氣味，海外生產的廉價衣物散發粗糙地毯的氣味。那裡有室內廁所，可以買新內衣、肥皂、化妝品，而且不是沃爾瑪的廉價品。這是美國最大的購物中心，每年有四千三百萬人造訪，而我們能夠去到那裡，無論時間多短暫，感覺不容錯過，這璀璨輝煌的地點，衍生自我們透過遊樂會認識的美國。我們只是一般的顧客，去採購、去閒逛、去吃東西，只是和其他人一樣的顧客，不是展示品。

我們以兩倍的速度掛好燈光，梯子爬到一半就跳下來，解開帳篷布時展現出難得的狂熱，通常只有隔壁攤位的員工似乎弄到超級好東西時才會有這種氣氛。我們眼前可是吊著購物中心呢，美國的購物中心。

我們走進乾淨有冷氣的皇宮，湯米說：「你們有一個半小時，七點回來集合。時間到了還沒出現的人，會被丟在這裡。」加入驚奇世界秀團六十天來，只有去沃爾瑪的時候才有冷氣，不然就是偶爾偷溜進會場建築才能吹一下，因此被丟在這裡這件事，其實很令人神往。夜裡我可以偷溜進蘋果蜂餐廳，大啖沒有炸過的水果。我可以在廁所隔間用連帽上衣做一個窩，做一個屬於我的廁所隔間，四面都有牆壁。我可以找個賣場男友，和他手牽手，共喝一杯柳橙奶昔。大約十五歲之後，購物中心就不再是我想待很久的地方，但此刻的我感受到一種前所未有的衝動，想買下所有看見的東西。有家店叫做「荒野之旅」，裡面堆滿帽子與超厚球鞋，我想全部穿戴上。旁邊的幾張桌子放著蠟燭，有如小小的蠟燭軍隊，飄散出假蘋果派與香草過度甜膩的香氣。

由於我們的薪水是以現金支付，所以我有一大疊一元和五元的鈔票。我沒有清點，只是隨手從放錢的信封抓了一把，平常這個信封塞在行李袋深處，藏在床底下，總是讓我很緊張。我常聽說嘉年人被偷被搶的故事，不過我們這麼多人擠在同一個貨櫃裡，永遠有人可以幫忙看守。

史畢夫和陽光立刻挽著手，蹦蹦跳跳走過鋪著磁磚的走廊，兩旁閃爍的折扣招牌有如魔法森林，他們等不及要去探索。他們互相取笑對方。我轉個彎鑽進H&M的迷宮，經過每件衣服都要摸一下，不管是兩截式泳裝、無鋼圈胸罩、輕飄飄的紫色絲巾、塑膠高跟鞋，或長流蘇曳地的民俗風上衣。我迅速鎖定掛著黑色、灰色衣物的吊桿，抓破設計感覺很強勢。秀團的人不用表演時，都打扮得像硬核搖滾樂團成員，我不想顯得格格不入，不希望再聽到他們說覺得我好乖，像加入姊妹會的大學生。我拿起一條廉價項鍊，四、五條金鍊鬆鬆地編在一起，想像自己是飆重機的地獄天使幫派成員，然後去結帳。我買了柳橙奶昔，一個人邊逛邊喝。身在光線平均的照明下感覺好奇怪，身處室內感覺更奇怪。我很想知道，我和別人擦身而過時，他們會不會聞出我有不同的氣味，我站在沒有用動物實驗的肥皂旁，然後站在幾百隻樂高動物旁。所有東西我都想要，但我繼續往前走，逛進去的店家越來越少，就算進去了，價格也令我瞠目結舌，越來越覺得這些東西不適合我目前的生活。

我繞過一個轉角，眼前出現巨大的雲霄飛車。儘管美國購物中心是中西部最熱門的景點，儘管任何一天這裡的人口都足以成為明尼蘇達州第三大城，儘管每層樓繞一圈長度都有一點一五英里，當我找到雲霄飛車時，也找到了湯米、凱西、班。我加入他們，看著小朋友尖叫經過，不久後，陽光與史畢夫也蹦蹦跳跳過來了，我們全部站成一排，聽著輪子在軌道上滑行的聲音、滑輪將車廂吊上軌道高處的聲音，我們生活的交響曲，尖叫聲是我們晚餐的伴奏，因為高速而變形的歡笑臉龐、飛舞的頭髮，是我們最熟悉的鄰居。陽光打破沉默。

「我要去坐。」她說。

「我也要。」湯米說。

「我也要。」我們所有人一致同意，大步走向售票亭。所有東西都散發著消毒水味，假溪流與盆栽飄出培養土的氣味，讓這裡感覺有如真正的野外，某處的戶外嘉年華。

我們排隊的時候，有個人問史畢夫。「你們是玩樂團的？」

「不是，老兄，我們是怪胎秀。」史畢夫說。

我們遞上票券，坐進塑膠桶座位，感覺有如疲憊的旅人終於回到家。我們出發了，噹往上爬，然後迅速下降，我們所有人一起坐雲霄飛車，像一群正常的朋友，因為難得能坐雲霄飛車而開心歡樂。我們尖叫，想要表現勇敢就高舉雙手。我們的方向，我們的速度，我們的歡樂——全部交給別人發落。

我們駕車離開光鮮亮麗的大型購物中心，經過高架式高速公路，開進機場旁邊的一個大型停車場。湯米停好小巴之後熄火，轉身對我們說：「陽光，妳跟我來，其他人待在車上別亂跑。」

大部分的時候我都搞不清楚狀況，這次也一樣。我隱約知道，很快會有新藝人加入，但我不確定是不是今天。我知道我們即將開始下一場「絞肉機」，有更多藝人就代表有更多節目，就代表演出時間會稍微拉長，就代表演出之間的休息時間會稍微增加，雖然可能只是從兩分鐘變成四分鐘，因此我很高興。明尼蘇達州遊樂會的觀眾將近兩百萬人次。上次去沃爾瑪的時候，湯米要我們每人買一個可以轉緊蓋子的塑膠容器，放在寢室當尿壺，因為有時候會忙到沒辦法在演出之間去流動廁所，我選了裝什錦穀麥的特大號塑膠桶。

我們在小巴上等，十分鐘過去了，二十分鐘、三十分鐘。大約一個小時之後，湯米和陽光終於從電梯出來，推著一輛行李車，上面堆著幾個行李箱，還有一個人。

新藝人打開車門，大聲說：「大家好！」他的手臂黝黑健壯，兩隻手伸進車裡，一手抓住座位底下的調整桿，另一手抓住小巴裡的扶手，用力一撐進入車廂。他頭戴黑色牛仔帽，身穿黑T恤，他的身體只到這裡。

「我來介紹一下，這位是『矮哥超驚險』（Short E Dangerously），世界最短的特技藝人。矮哥，來見見大家吧。」湯米說。矮哥舉起一隻手，做了個死亡重金屬樂團的惡魔角手勢，但沒有轉身看我們任何一人。

之前在佛州的遊樂會上我見過矮哥，但只有一下子，那時候我在帳篷與露營車旁邊轉來轉去，想辦法找克里斯・基督說話。他在後臺的階梯上抽菸，千不該萬不該，對上了我的視線，我立刻衝過去。他看著我接近，瞇起眼睛的表情很像老牛仔，不過他頂多三十出頭而已，等我接近到能看清帽沿下那張臉，我臉紅了，他非常英俊。

我問他幾個問題，關於流浪的生活、他的演出、他什麼時候要再上臺，他很配合地一一回答，這時大老闆克里斯出來了。

「當心這傢伙。」他對矮哥一撇頭，他穿過簾幕回到舞臺上。「他是個把妹高手。」

從機場回遊樂會的路上，矮哥在前面和湯米與陽光聊天，描述他最近幾個月的生活，他和一位魔術師一起國際巡迴演出，他擔綱閉幕大秀。魔術師將人鋸成兩半，刀鋒來回穿過人體。不是新戲碼。但矮哥將這個老魔術提升到新境界，魔術師鋸完之後，矮哥從平臺跳下來，用兩隻手走來走去，完全推翻所有可能的猜測，既沒有藏起雙腿，也不是軟骨功，更不是鏡子幻術。他用兩隻手臂撐起上半身前後搖晃，他絕不可能是把腿藏起來了，完全不可能，觀眾從來沒想到舞臺上那個人本來就沒有腿，他們怎麼可能想得到？

「一天只要表演一、兩場，傍晚上臺就行了，晚上的時間可以痛快玩樂。無論我們去到哪裡大家都愛死了，想要和我們一起混，我和那些巴西妞度過不少非常、非常漫長的夜晚。」

這樣的奢侈幾乎難以想像：一天只演出一場。巡迴結束之後，我恐怕會不知道該如何自處，光是稍微幻想擁有那麼多空閒時間，就讓我差點驚慌失措。

第二天早上，一輛車停在我們的帳篷後面，克里斯·基督下車，他是驚奇世界的大老闆兼業主。他的嘴角依然掛著兩道菸草汁，頭頂上依然有幾撮頭髮，又亂又硬，感覺像一位瘋狂科學家。我們正在清理怪奇秀的幾件道具，他走過來，彎腰駝背又拖著腳，帶著若有似無的笑容。

幾個老鳥們，包括湯米、陽光、紅毛、凱西與矮哥，紛紛過去和他擁抱打招呼，然後他對我們這些菜鳥揮揮手。一輛卡車拖來另一輛小露營車，放在湯米的露營車旁邊，接下來兩個星期，克里斯會住在那裡，也就是這場忙碌絞肉機的整段時間。

「我偶爾會幫忙攬客，免得湯米和凱西倒嗓。」他說。我等不及想親眼目睹傳奇人物大展身手。

那天稍晚，我問湯米：「這場遊樂會的營業時間是幾點到幾點？」

「週間的上午九點到午夜，週末到凌晨兩點。前後還各有一個半小時的整理時間，長達整整兩週。」

「噢，要命了。」

「可不是嗎？」

「我曾經是海軍海豹特戰隊的成員。」紅毛說，他坐在小巴前座。帳篷需要新燈具，但他買了之後才發現瓦數不對，湯米派我們去勞氏家居（Lowe's）更換。

除了之前早上在後臺聊天的那次，這還是我第一次和他獨處，我的心怦怦地亂跳。我很少有機會和他互動，通常都是在架設或拆卸的時候被他使喚，而我經常搞砸工作，例如，每一片帳篷布都有特殊摺法，而我始終記不清楚。表演時我們也很難遇到，因為他有自己的舞臺——輝煌閃亮的電流女電椅也在同一個舞臺上，而且因為他流動演出很多年了，所以發展出自己的一套行為準則。

「理由其實很簡單，他做這一行太多年了，看過太多人來來去去，他認為一一記住那麼多人的名字毫無意義，尤其是巡迴季剛開始的時候。假使過一段時間，他發現妳撐得住，他記住妳是誰的機率就會大幅上升。」陽光告訴我。

倘若他記住我是誰，倘若他將我視為值得尊重的藝人（請容我放肆想像），到那時，我才算是秀團真正的一員，一個「他媽的快賺錢」的藝人，能夠賺到屬於自己的地位。假使我能理解他是怎樣的人，或許就能解開迷團，真正瞭解秀團、瞭解飄浪人生，也瞭解勇氣。

「打越戰的時候，我的部隊深入敵後負責救人，幾個將軍和戰犯。每次出任務我總是打頭陣或殿後。有一天，我的長官在前面帶隊，我在後面押陣，我們誤入雷區，是詭雷。」

他稍事停頓，拿起夾在腿間的塑膠咖啡杯大喝一口。車上的空間有限，很難不聞到他身上的氣味，他的味道有如華麗的舊戲服，不是新鮮的汗味，而是更老、更深的氣味，永遠留在衣物、木頭或空氣中。那種氣味讓人忘不了他從事辛苦的工作多少年、辛苦的程度，更讓人忍不住猜想原因。為什麼他要做這一行做這麼久？

「我的指揮官踩中地雷，他知道，我們都知道。他沒有動，腳牢牢踩住，讓我們一個個過去。我們離開他之後沒有走多遠，我是最後一個。他以為能及時脫身，他以為能跳開，可惜動作不夠快。他的下半身被炸飛，剛好落在我身上，他的膝蓋把我打倒在地。我醒來時，發現自己張大嘴在尖叫，其他弟兄大吼要我快閉嘴。附近到處都是越共，他們擔心我會暴露位置。我沒辦法閉嘴，我做不到。他們將指揮官的腿從我身上搬走，但我還是不停、不停尖叫，我崩潰了。」

「一個弟兄把我壓在地上，一手摀住我的嘴。其他人拿來膠帶，把我的嘴黏起來，想讓叫聲小一點，他們發現這招不管用，最後乾脆把我打昏。之後沒多久我就回家了，我決定自殺，不死還能怎麼辦？不過，我答應自己死之前要完成最後的心願，於是去了胡士托音樂節。在那裡，我遇到了很多人，他們看待世上一切的想法，以前我聽都沒聽過，他們讓我稍微平靜下來。」

「於是我再次加入嘉年華。我原本就在嘉年華工作，從十四歲開始，一直到我加入海豹部隊。我回去之後，學會了電工，負責中道的燈光。做了一陣子，然後去拉柯塔族保護區當電工。我在那裡學習到很多關於心靈的事，以前我做夢都想不到。那之後，我又回到怪奇秀工作，當藝人。我跟隨一位苦行僧學習，他教我控制呼吸與心跳，放慢到幾乎停止。控制疼痛、胡士托、拉柯塔族、苦行僧，所有道理都是相通的，重點在於心，以及心對身體的控制力。只要成功掌握，就能自由。」

✕

「二十出頭的時候，我住在加州卡梅爾。」記憶中，我媽開始述說，我經常求她跟我講這個故事，每次的開頭都是這句話。我們坐在浴室裡，頭蝨大爆發，她幫我梳頭抓蝨子。時間是晚上，很晚了。

有時候故事會突然改變。剛開始說的時候，故事是這個意思，然後忽然像爆炸一樣，故事又有了全新的意涵。

我珍藏著許多我媽的故事，我自以為瞭解她，但太久沒有和她說話時，我所知道的那些事情，地基逐漸開始移動。或者其實應該說，是我以為失去的她。

「我和朋友合租一棟房子，她的名字叫翠蒂。她晚上在餐廳當服務生，我白天在旅行社上班。我一個人在家的時候，聽到奇怪的聲音。門窗會自己關上，閣樓傳來很像有人走路的聲音。我以為是浣熊或負鼠躲在裡面，儘管我知道小動物不可能有那種腳步聲。我盡可能假裝沒聽見，不敢太仔細想那種事，但那些聲響持續不斷。終於有一天，我問翠蒂，我不在家時是否曾發生什麼怪事，她這才告訴我她也經常聽見嘎嘎聲響，廚房裡的櫥櫃門有時候會突然大聲關上，她也聽到同樣的腳步聲。」

「後來呢？」我問。她喜歡聽故事的人追問。

她說：「我不確定該怎麼辦。知道她也察覺這些怪事，我安心許多，至少這表示不是我發瘋了，不過狀況也更恐怖了。第二天晚上，翠蒂去上班的時候，我躺在床上想別的事，結果又聽到腳步聲，在樓上，這次就在我的床鋪上方，聲音停了。我翻身，變成背對門口，我告訴自己不要慌，應該只是動物而已。後來，我聽見臥房門把轉動的聲音，我聽到嘎嘎聲響，門慢慢打開。我太害怕了，不敢翻身去看，於是我只是躺在那裡，望著牆壁。我的心臟怦怦狂跳，我聽見微弱的腳步聲走過來，接下來的那種感覺我永遠不會忘記，床動了，有人坐在床墊邊緣的感覺。我嚇得要死，完全無法動彈。」

我緊張地坐在椅子上，心臟狂跳。

「終於，不知過了多久，可能一、兩分鐘吧，那個重量消失了，剛才壓在床上的東西起來了。我再次聽到腳步聲，然後臥房門關上，我的手腳一能動就立刻下床，那天晚上我去睡朋友家。」隔天，我和翠蒂決定要找人幫忙。我們搜尋報紙的分類廣告，終於找到一位專門和亡者打交道的女士。那位女士來到我們家，說她是靈媒，能夠與靈界溝通。一走進門，她做個深呼吸，用手按住心臟。她對著房間裡說『我感覺到這裡有心願未了的存在』，然後又對我們說『必須舉行祛除儀式』。」

「我問靈媒為什麼會找上我們，以前也有過其他房客，但他們沒有提起這種事。她說，靈體會選擇他們認為思想夠開闊，能夠和他們溝通的對象，而他們選了妳們。」

「我不太確定該不該相信靈媒說的話，甚至該不該相信她這個人。不過，我實在不知道怎麼辦。我們同意舉行祛除儀式，雖然我們也搞不懂是怎麼回事。」

「那個東西會傷害我們嗎？翠蒂問靈媒。」

「不會，應該不會，大部分的靈體沒有能力傷害人，而且他們其實並非故意驚嚇活人。他們只是困在這裡，有時候需要有人幫一把才能離開。」

「靈媒關掉所有燈，點燃蠟燭，進入恍惚狀態。靈媒說，靈啊，我們沒有惡意，我們不會傷害你。我們想幫助你。請問你在場嗎？」

「我們嚇得動彈不得，拉長耳朵聽，但沒有回應。」

「靈啊，我們想幫助你，我們沒有惡意。她重複說，說話的同時，百葉窗開始重複打開又關上。告訴我你想要什麼，我們會盡力幫助你。茶几開始晃動，我沒有唬妳喔。我很害怕，怕得要命，懷疑是不是招惹了不該惹的東西。我想離開，但不知為何，我知道我必須留下才行。這個狀況似乎完全超出我的控制，但這一刻，我必須面對。」

「茶几搖晃得越來越激烈，最後飛到半空中，真的很不可思議。靈媒大喊，轉圈對著四面八方說話，讓聲音傳到靈體可能在的地方。茶几飛起來五英尺，然後變成十英尺，依然在搖晃，整個完全飛起來，浮在半空中，絕不會錯。百葉窗依然重重打開又關上，燭光閃動，整個場面感覺莫名像電影，很難判斷究竟是不是現實，但排山倒海的恐懼變成了另一種感覺。我對更高層的宇宙有信心，無論發生什麼事，絕不會有問題。終於茶几摔到地上，百葉窗停止開關，靈媒也不再喊叫，蠟燭全部熄滅了。我和翠蒂抱在一起，靈媒轉過來對我們說，這棟房子裡有一個女人，她在這裡過世。她想找一樣東西，所以才會在這裡流連，我大概知道是什麼。」

「靈媒帶我們從後門出去，走到我們平常抽菸的小陽臺。她用槌子敲破地上的磁磚，一次敲破幾塊，直到終於幾乎全敲碎。我們往下挖了大約六吋，發現一個小木盒，裡面放著一些小朋友喜歡收藏的東西，有一個玻璃瓶、幾朵碎掉的乾燥花，一條破舊的白絲巾。

「那些東西是那個女人的嗎？我們問靈媒。」

「是她女兒的，她說。」

「現在該怎麼辦？接下來會怎樣？我們問。」

「不會怎樣，那個女人應該會離開，說不定已經走了。她只是希望這些東西能夠回到世上。她不希望女兒的寶物永遠埋在地底，她又說。」

「故事結束了，妳可以去睡覺了。」我媽說。

「我怕鬼。」我說。

「沒什麼好怕的。」她說。「如果不想要鬼來找妳，就封閉妳的心靈，拒絕接受有鬼這件事，這樣鬼就無法和妳溝通了。在心裡說，不，鬼魂，我不要聽見你的聲音，我不要看見你。」

「可是妳沒有。」

「對，我沒有，我想聽見他們的聲音。」

「為什麼？」

「大概只是好奇。」

「妳跟鬼魂學到了什麼？」

「世界比大多數人所想的更神祕、更神奇。」

小時候，當我問聖誕老人是不是真的，照相機為什麼可以拍照，為什麼就算沒有油的警示燈號亮了，車子還是可以跑。她都會回答我，世界比大多數人所想的更神祕、更神奇。她對世界的運作方式有很大的信心，而這就是根源，世上存在著作為基礎的神祕與神奇，以我們的能力無法理解，但加以探索是我們最大的責任，只要我們做好準備。只要我們願意敞開心胸，接受隨著那份深刻未知而來的恐懼，以及喜悅。我沒有做好準備，那時候沒有，後來也沒有。但她一直準備就緒。或許，過去的幾年，她的大腦重新接通路徑，開啟更多新的管道，接收嶄新、絕美的神祕。我有時會感到失望，因為她的眼睛還未完全恢復碧綠，因為當我告訴她下午要一起做什麼，她卻眼神空洞，說不定在這些時刻，其實她身在另一段生命中的陰暗房間裡，看著茶几晃動漂浮在半空中，鑽研著全新的神祕地圖。

22

白花花的現金

一百五十日中的第六十七日——驚奇世界

二〇一三年八月

矮哥在中央舞臺上，頭上腳下。

他在表演倒立，但他的雙手並非放在地面上，而是抓著一顆保齡球，他在舞臺上一邊穩住球，一邊將身體慢慢抬起，做出完全直立的倒立姿勢，觀眾的歡呼更大聲了。他自稱是人體拍手分貝表。紅藍條紋的大帳篷裡聚集了八十位觀眾，他們拍手、歡呼，抹去人中上的汗水。這是明尼蘇達州遊樂會的開幕日。前排的一個小女孩用最高亢的音量要他再高一點，他做到了。他戴著皮革工程手套，那等於是他的鞋，黑色T恤上印著他自己的照片，對攝影機吐舌頭。保齡球晃動，但鬆鬆掛在他腰上的那件牛仔小短褲絲毫不動，彷彿沒有風吹動的旗幟。

通常我沒有參與的演出，我都看不到，但可以聽見聲音。舞臺簾幕隔開了觀眾與後臺，如果去帳篷看，無論躲在哪裡都會被觀眾發現。我們的表演完全仰賴幻術，所以不可以讓觀眾幻滅。

至少我是這麼以為的。

開幕幾個小時後，克里斯·基督笨重地爬上後臺階梯，進入我們小小的金屬世界。貨櫃兩邊都擺著幾張摺疊椅，但他龐大的身軀絕對坐不下，更何況，摺疊椅這種東西感覺太平庸，不適合大半輩子穿著亮片服裝的人。

他重重地踏上從後臺通往舞臺的階梯，將簾幕掀開了幾吋，完全不在乎外面全體觀眾都看得見。矮哥在舞臺上，回應觀眾的鼓掌，將身體下半部越抬越高，他的雙手在保齡球上保持平衡，我第一次聽到觀眾如此瘋狂，從大老闆掀開的那個縫隙我能看到為什麼，他也在看矮哥。

我看著克里斯·基督觀看矮哥，五秒、十秒過去了，我以為他很快就會讓簾幕放下，讓幻術重回所存在的那層現實，在那裡，我們以角色的身分存在，而不是穿著廉價道具服的人，坐在後臺邊吃鮪魚罐頭邊滑手機。

但他沒有放下。矮哥的整段表演，大老闆一直撥開簾幕，看世界最小的特技高手，看觀眾看著世界最小的特技高手有什麼反應，也觀察當那個倒立的人身後出現大老闆的臉時，觀眾有何反應。

「他為什麼做那種事？」我悄悄問陽光。「他不怕觀眾看到嗎？」

「他應該不在乎。」陽光說。「只是一場秀的一批觀眾，其實無所謂。而且反正他們比較想看矮哥的表演。」

在所有演出人員中，只有矮哥以天生的身體作為表演的一部分。我們所有人都為了娛樂觀眾而改變身體，矮哥也不例外。儘管秀團藝人展示出大量的刺青與穿環，但矮哥是傳統定義的畸形秀藝人——我們其他人不過是奇人：以表演與幻術讓觀眾驚奇。

他很厲害。

非常、非常厲害。

他對著麥克風說話時，有如專業體育播報人員，語言的節奏與起伏讓觀眾滿懷期待，相信即將看到精采絕倫的畫面。

亞朗・沃林，別名「矮哥超驚險」，今年三十五歲。身高三十三吋，體重七十二磅。據說：他在佛州戴通納海灘的一家脫衣舞俱樂部當DJ整整十二年，後來他離開那個舞臺，去追求另一種舞臺。「我剛加入怪奇秀的時候，我爸很擔心。」矮哥說，他第一次加入驚奇世界巡迴是在二〇一二年。他在演出之間片段地告訴我他的故事，後臺的幾張摺疊椅就是我們的客廳。「他以為我會被關在籠子裡被展示之類的。」那是他第一次登臺演出。

我去表演時，矮哥用手機玩賽車遊戲，一邊嘴角刁著菸。我回來時，他說：「我很愛這裡的歡呼，那麼多人為我歡呼。」我揚起眉毛看他，菸點燃的前端呼應他手臂上的一圈火焰刺青。「我剛出生的時候，我爸以為我這輩子連摩天輪都沒辦法坐，現在我卻在這裡工作。」他揮揮手比著敞開的門外，快速旋轉的燈光，青少年被射向天空，大聲尖叫、抓著對方壯膽。

矮哥一出生就少了下半截脊椎，兩歲半截除萎縮的雙腿。上小學時，他被綁在一個大桶子裡，肩膀用魔鬼沾安全帶綁住，義肢連結底部。他用過枴杖，後來改用輪椅。

「我裝著該死的假腿困在輪椅上，其他同學都在外面玩。」他說。「所以我乾脆全都不要了。」從那之後他一直用手走路。

有天晚上，他在脫衣舞俱樂部的DJ室裡，那天他認識了他的女朋友。「她在舞臺上做了個高難度動作，把腿抬到頭後面。我看看老闆，對他說，我好像戀愛了。她立刻搬進他家，兩個兒子也一起搬進去。他描述，有一次他們找到他的槍，在牆上打了一個洞，還有一次他們把冷氣從窗戶推下，喝掉大麻菸管裡的水。接著他說，他們很尊重我的。」

矮哥的媽媽是路德會的牧師，八年前過世。他說：「她很努力養育我，想讓我過正常人的生活。」他付帳單、付房租，可以打掃公寓。「但只有一件事讓我希望自己有腿：開手排車。」

矮哥的演出結束了，克里斯放下簾幕。矮哥回到後臺。

「很讚喔，真的很精采。」克里斯說。「和我去露營車談談，我有個好點子。」

「看吧？」陽光說。「克里斯撥開簾幕看矮哥表演三分鐘，就想出全新的點子，我相信一定很瘋狂、很有克里斯的風格。就算那一批觀眾看到了，真的無所謂。」

「因為他們還是看得很開心。」我說。

「他們可能開心，也可能不開心，總之我們盡力了。」

內褲裡塞著一堆一元紙鈔。知道那是什麼感覺嗎？

✕

「你有沒有刀箱的劇本可以借我看？」我問湯米，我即將成為刀箱節目的新主持人。主持人會拿著麥克風，叫觀眾靠近舞臺，告訴他們橡膠女或吉普賽魔女的故事，或是其他我臨時想到的故事，他們看著十六把刀插進比電話亭小一點的四方形箱子裡。演出的人鎖在裡面，扭曲身體避開刀鋒。主持人要想辦法說服觀眾，多花一塊錢到後面去看她在箱子裡的樣子。這叫附加秀，可以為秀團帶來大量的額外收入。

「想說什麼都可以。」湯米說，我早就知道他會這麼回答，無論問什麼，他都會給這個答案，但我希望能有個方向參考，他一定看出我驚恐的眼神。「好吧。既然如此，開幕之後，我先主持兩場，妳在旁邊看，聽我怎麼說。」

印象中，我第一次去看怪奇秀的時候，主持人講了一個可憐羅馬尼亞婦女的故事，也就是陽光，家裡還有個嗷嗷待哺的小女兒。主持人說，這位羅馬尼亞女士在秀團演出不支薪，全靠小費過活。她和大家分享家族祕密，難道我們不該給她一點報酬嗎？我記得當時我深信不疑，看著她的悲傷大眼睛，想著她都這麼辛苦了，秀團的人真沒良心，竟然不給她薪水。

在舊式的演出中，刀箱放在平臺上，像棺材一樣平放，一個衣著暴露的女孩會躺進這個有如淺墳的空間。一位助理會站在箱子旁邊，將刀從上方預先開好的洞插進去，由另一頭穿出。觀眾們會在箱子旁邊走動，想像裡面扭曲的身體，猜想箱子裡有什麼機關，卻看不到刀刃交錯的樣子。

在帳篷裡，觀眾總是抱持懷疑，想找出愚弄人的小把戲，他們相信一定會有，看到刀的兩端穿出箱子，讓他們更想猜出真相。我第一次在佛州看到這個節目時，想像出很多可能的機關把戲，例如說，刀進入箱子就斷掉，靠磁鐵吸在箱子上，再將另一片刀鋒從箱子裡往外插，這樣的計畫需要高額預算，秀團真的沒有這種錢。

我看湯米主持兩場刀箱秀，第三輪演出開始了，他問我準備好了沒。

「也許吧？但很不確定。」我說。

「太好了，妳行的啦。」他將麥克風交給我，他必須主持攬客舞臺，還要管理其他藝人、處理支出，真的沒辦法再扛起一個節目的主持工作——而且這個節目很長。

「第一場我會在旁邊當助理，以防萬一有什麼狀況。」

我們走向分離的側舞臺，刀箱高高豎立。陽光先自我介紹，然後我開始講解。「箱子上有十六道開口，我們即將把刀子插進去。」我說，陽光爬了進去。我隱約想起湯米說過的話，於是加油添醋一番，我不確定那些細節是聽他講過的，還是我自己編的。我有時候會吃螺絲，重複一些其實不必重複的內容。臺下大約有三、四十位觀眾。刀鋒全部插進去了，重頭戲登場。

「通常表演只到這裡就結束。我們會把刀抽出來，讓陽光女士離開箱子，歡迎下一位藝人上臺。不過常有觀眾來問我們，她在裡面是什麼樣子？可以看嗎？今天，陽光女士難得同意讓大家看看她的家族祕密。她願意讓各位看她在箱子裡的樣子，只有今天，如果各位想看陽光女士，請務必遵守三個規定。

「第一，她要求大家守秩序排隊盡快通過，因為讓她在裡面待太久會出大事。所以請大家在我旁邊這裡一個個排隊，往那個方向進去看陽光女士，只有今天。」

觀眾迅速排好隊，依然看著我，帶著興奮期待之情。

「第二，請不要觸摸陽光女士，這是為了她的安危考量。第三，因為這是陽光女士的家傳絕學，他們靠這套絕活討生活已經五代了，今天看她在箱子裡的各位，陽光女士請你們慷慨解囊。如果你們願意大筆捐獻，她也樂於接受，一百元也不嫌多，不過她要求至少要捐獻一元，只要每人一元，就可以看到她在箱子裡的樣子，只有今天。」

我亮片舞臺裝的兩邊腋下都濕透了，我的聲音顫抖。我覺得這些善良的觀眾一定會看穿我是外行，怎麼可能有人多給我錢？

我看看湯米，他非常嚴肅地看著我，一直點頭。

「想去後面看陽光女士的觀眾，請先將捐款交給我，然後就可以走到箱子後面，透過玻璃觀看，然後從另一側離開。」

排在最前面的人拿出皮夾，抽出一元紙鈔交給我，而其他人紛紛效法。我得捏自己一下，以免露出笑容。行了，我成功搞定了。

「陽光女士感謝您，請去後面看她。」我收下第一張鈔票，然後第二張，一張接一張，帳篷裡大部分的人都去了。

回到後臺，我坐在湯米旁邊，清點我手中的紙鈔，共有二十八元。

「了不起，莎莎，這是今天收入最高的一場，妳天生該做這行。」

我的笑容如此燦爛，眼睛彷彿要飛上天空變成星星。

在明尼蘇達州，主持這個節目三週後，我想要更進一步，成為最高竿的主持人。我配合刀片插入的時間將故事分段，每當發現有觀眾的眼神從我身上飄走，我就會憂心忡忡看著箱子，讓他們以為這次會發生格外危險、格外特殊的狀況，只有這一次。我體會到前排的人有多重要，如果他們決定去後面，其他人就會跟隨。如果他們不去，後面的人就會認為那是騙人的把戲，也會跟著不去。我必須說服他們，這是群眾心理，不只要讓他們相信這次的機會有多難得，也要讓他們相信那真的是陽光的家傳絕學，讓他們深信自己絕對沒有被耍。

每次的觀眾都有如全新的謎團，等著我去解開。我必須全神貫注，為秀團賺大錢。自從我加入，這是第一次真正有所表現。

遊樂會開幕兩天之後，我轉身背對觀眾假裝打噴嚏，趁機偷偷將一把鈔票塞進褲襪，因為錢太多，我已經沒辦法拿了。觀眾非常多，他們都想要我推銷的東西。我的亮片短褲因為塞滿鈔票而鼓起，跨下部位被鈔票墊高，有如彎彎的黑色彩虹，因為天氣熱加上被握在觀眾熱熱的手裡，硬幣本來就溫溫的，現在更是只比我的體溫涼一點。每當有人和我聊起權力與政治野心，我就會回想起紙鈔與硬幣直接貼著腹部肌膚的感覺。

我編了個故事唬弄一大群人。

他們買帳了。

「陽光女士只能在箱子裡繼續待一分鐘。」我對麥克風說，假裝五個一組清點排隊人數。我不知道大家是否真的相信這是她的家傳絕學，只有這次讓大家一探究竟，但我認為光是那一絲的可能性，便足以讓他們掏出一元鈔票去看。

一開始我很怕說謊，久了就不在乎了。

呃，多少啦。

小時候我很愛說謊，說謊很簡單。

一年級在課堂上秀寶物說故事，「這條項鍊是爸爸送我的。」我摸摸脖子上的項鍊，「因為這個週末是我的生日。他幫我辦了派對，還有蛋糕。」我低頭看看漂亮的塑膠串珠項鍊，然後抬頭看前面那圈盤腿坐在我四周的小朋友，他們全都一臉羨慕，他們不夠特別，所以沒人送他們漂亮的禮物。坐在我對面的蘇菲眼睛睜得好大，睫毛下圓圓的一圈，注視著我的首飾。我們圍坐成一圈，輪流拿出帶來的寶物，如果週末有什麼特別想分享的事，也可以說給大家聽。但是我忘記了，沒有帶東西來，沒有故事可說。我原本以為完蛋了，但輪到我的時候，我突然想到身上戴的塑膠項鍊。

我回望蘇菲，準備說出我的週末過得多精采，讓她更羨慕，但這時她身後有個人影晃動，我抬頭看。千不該、萬不該的，她在那裡，那個來班上幫忙幾個小時的助理，我都忘記了，是我媽。她臉上的表情，嘴巴的那個角度，鼻孔的那種翕動，那不只是失望而已，而是迷惑。我竟然是這種孩子，她在那一刻發現了，但我沒辦法停止。我感覺臉頰發紅，快尿出來了。「我的堂表兄弟姊妹全都來了。」我說。「最大的表哥也來了，他最疼我了。他最疼我，我爸也最疼我，他也送我禮物。」我說，但我看到她朝我走來，已經太遲了。

我已經好幾個月沒有見到爸爸了。

觀眾聽到陽光的故事，信以為真，有些人拿錢給我時看著我的眼睛微笑，我們的手指接觸，彷彿如此一來能買到真正的故事。也有人很不甘願地把錢給我，不看我的眼睛，就算看了，他們也是一張臭臉，好像責怪我強迫他們、欺騙他們。我沒有騙他們，但或許也有，兩者都有。有時候一群觀眾會先推派一個人付錢，其他人聚集在舞臺另一邊，等候他們的代表進去，拍張照片回來給其他人看。但是我們刻意不在後面點燈，所以照片很難看清楚。反而更吊人胃口，更讓人想找出答案。觀眾走到箱子後面，會看到陽光在裡面，踮起腳尖，膝蓋、髖部、背脊、手臂、脖子彎彎曲曲，剛好卡在刀刃間。她的上半身拱起，膝蓋彎曲，身體形成一個大大的S。看到她在裡面的樣子，就能看出她身體在箱子另一面的路徑，扭曲卡在刀柄間。

「值得嗎？」外面的觀眾會大聲問出來的人。如果我們夠幸運，會有個少女一臉驚奇地點頭，保證很精采。有時候裡面走出來的人只是聳聳肩，大咬一口超長炸熱狗，喝著啤酒，評價我們的魔術，搖頭表示不值得，然後往出口走去。

一個年輕女人在排隊，上衣都脫線了，帶著三個孩子，其中一個坐的嬰兒車的輪子壞了，三張小臉都很髒，也可能是我的記憶在搞鬼，在他們的鼻孔下面添上泥土，黑黑灰灰的鼻涕，簡直像大蕭條時期黑色風暴事件[5]照片裡的嬰兒。他們拿著一元紙鈔上前，媽媽站在後面等（她頂多二十五歲，樣子比較像十六歲），她拉長脖子張望，像其他人一樣想要看幕後的真相。心中能夠充滿那般驚奇，不是很幸運嗎？她從口袋拿出鈔票整理好，只有兩張，但有三個孩子，於是她將錢給了兩個可以自己走路的孩子，讓他們看看這個奇觀，印證我剛才隨口編造的故事，最小的那個孩子留在外面，在嬰兒車裡扭動哭鬧，媽媽滿臉盼望地看著那兩個孩子。

我很想悄悄叫那兩個孩子偷偷進來看一眼，也讓那個媽媽去看，嬰兒車裡的孩子也一起，但我很難打圓場，通常我只能收下他們的錢。

最令我為難的就是要收下這種錢，並非因為我覺得陽光以很難受的姿勢卡在刀刃間，確實沒看頭，而是因為我會突然覺得良心不安。為了娛樂觀眾說謊，真的沒問題嗎？編造故事讓人拿出可能亟需的錢，真的沒問題嗎？

我必須找出自己的道德界線。很快我就發現，站在觀眾面前，說羅馬尼亞家族的祕密與傳統，講一個背景故事，讓觀眾更期待看到她，這樣做我沒問題。在我的道德觀中，說她家中有個嗷嗷待哺的幼兒，這是她僅有的收入，這樣感覺很卑鄙，更像在騙人。為什麼第二個

5 一九三〇年代，美國西部平原因長期形成的草地被大面積翻耕，裸露的表層土壤被大風揚起，形成巨型沙塵暴。

故事感覺那麼糟？當然，兩個故事都在說謊，有小孩的那個可能更有效，能讓她、秀團、我都賺到更多錢——因為附加秀的主持人可以抽成，刀箱收入的一成。但不知為何，那樣做感覺好像會讓我們變成詐欺犯，過分榨取別人單純的同情心。

我的道德標準不斷改變，於是我選了一個能夠配合的故事。

「陽光女士出身於羅馬尼亞的馬戲團世家，這個絕活在她的家族已經流傳五代了，一直以傳統方式演出。這項絕活代代相傳，由外婆教媽媽，媽媽再教她。在她四歲那年，原本在歐洲巡迴演出的家族來到加州，從那時候她就開始表演，現在只剩下她一個人還會表演這種軟骨功。」

我知道其他藝人並不贊同我的想法，例如兩個大老闆，沃德與克里斯，他們認為我們在舞臺上無論說什麼故事都一樣。他們沒有當面對我說，因為我賺了很多錢，但沃德有一句名言：「在演藝事業這個詞當中，『事業』比『演藝』重要。」

排隊人數最多的那一天，我回到後臺，短褲裡塞滿錢，褲襪裡全都是鈔票，甚至塞進馬甲，我的雙手和小零錢袋也滿滿是錢，我站在所有演出同仁中間。雖然其實不必站在那裡，但我希望讓他們所有人看見。我伸手從短褲裡掏出一把又一把的錢，扔在貨櫃後臺的破舊木地板上。我彎下腰，將馬甲從胸前拉開，倒出硬幣，伸手進去挖出黏在我胸部和胃上面的一元紙鈔，浸透汗水的錢在我的腳邊散開，我確認所有人的眼睛都注視著我，我確定他們都看到我有多厲害。

矮哥拍了幾下手。「大家看清楚了，這就是GTFM，他、媽、的、快、賺、錢。」

自從加入秀團，也可能是從我媽生病之後，我第一次感覺自己成功達成了使命。

第二天晚上，我經過後臺時，克里斯·基督攔住我。

「刀箱的主持工作妳表現得很好。」他說。「妳的聲音會讓人想要聽妳說話，很特別，但音調稍微有點太粗，也有點太高，幾乎讓人不舒服。」

「這是稱讚嗎？」

「妳的聲音感覺不像是作秀，非常適合主持附加秀。妳有沒有發現，妳招來的客人什麼時候最多？」

我想了一下，剛才我完美述說陽光的故事，我認為速度夠快、節奏出色，我編造的所有生平大事全都沒忘記講，我感覺演出流暢、信心十足，結果只有三個人排隊。

「絕不是剛才那次。」我說。

「為什麼？」

「我不知道，我自認把故事掌握得很好。」

「仔細想想，人們不會信任太老練、圓滑的二手車推銷員，因為一看就知道他們想要蒙蔽客人、唬弄他們。」克里斯說。「主持風格各自不同，不過，或許可以考慮這種方式：略顯粗糙。這樣會給觀眾一種印象，這不是妳的職業，妳不是一天上臺講同樣的故事二十遍，一次又一次賺他們的錢。」

「他們會以為這次演出很特別。」我說。

「這就是妳要玩的把戲，妳和觀眾都知道對方很聰明，但是要讓他們覺得自己比妳更聰明一點，只有他們才能看到幕後的真相，別人都看不出來。」

他的露營車停在秀團的貨櫃後面，我們往那裡走去。他的腳步緩慢笨重，真正的巨人走路應該就像那樣，我很好奇，這是身材高大造成的缺陷，還是因為他演出太多年，所以角色滲透到他真實人生的所有面向。

「總之，妳做得很好。我敢說，只要妳願意嘗試，應該很多事都能做得很好。無論妳將來做什麼，一定都會有很好的表現，妳還這麼年輕。」他說。

「我沒有那麼年輕。」

「噢，老天。人希望自己是什麼年齡，就是什麼年齡。」克里斯說。

明尼蘇達州遊樂會的第四天早上，沒有人說話。

八點就要上工，所以大家都很早起。我們所有人在海報下面站成一排，吊起海報綁緊，但少了平常的閒聊、抬槓。雖然還是有聲音，但並不多。史畢夫從新的攬客女郎手中搶過繩索，簡單說了一句「不對」，然後自己做完。大大班在前面的舞臺測試音響。雜耍藝人布萊恩在宿舍門口練習，他只穿著四角褲，頭髮往四面八方亂翹，雜耍棍落入他手中時發出輕微聲響。豔舞女郎法蘭莘在清掃床底下的灰塵與蟲子，她昨天才掃過，但今天又有了。迷你咖啡機煮著福爵牌咖啡，發出咕嘟聲。最後是大家化妝、換上舞臺裝發出的窸窣聲。昨夜很晚才收工，我們只休息了六個小時，今天還要演出十五個小時。

雖然秀團成員之間差異很大，但我們的運作有如一個大型生物。大家很有默契地都不說話，距離開演還有整整一個小時，這段時間我們決定沉默，讓今天的第一句話在舞臺上說給觀眾們聽。

這個安靜的早晨還有另一個聲音，水管的聲音，平常總是掛在貨櫃的臺階上，矮哥在那裡洗澡。他說廁所太遠，去一趟要花很多時間，所以他站在外面，穿著四角褲或泳褲，洗髮精和沐浴乳搓出泡沫。老實說，非常令人羨慕。氣溫已經很高了，水管的水只要流個一分鐘就會變涼。隨著一天的工作進行，我越來越嚮往水管的涼水，尤其是有些演出需要多加衣物，例如無頭女奧爾嘉·海斯（在舞臺裝外面穿上病人袍），或四腿女薇琪·康多（背心、裙子、長筒襪，還要包頭巾）。我熱得發昏，回到後臺，將臉貼在僅有的一臺電扇上，這是我們唯一的消暑工具。我很貪心，直接站在電扇前面對著臉吹，暫時讓別人沒得吹。感覺彷彿不這樣就活不下去了。然而，矮哥表演完回後臺時，會倒立在電扇前，吹整個倒過來的身體，連屁屁也清涼，要是他霸占電扇超過五秒，我就會忿忿不平——他憑什麼擋住我們的風！不過下次從外面進來時，我一樣會把臉或胸口貼在電扇前。

兩場絞肉機加起來，為期一整個月。兩場巨大、龐大、盛大、漫長、複雜、刺激、辛苦的州辦遊樂會，但也能大賺一筆，中間夾著一場小型的郡辦遊樂會，算是多少賺一點。在絞肉機期間，不用工作的每分鐘都用來睡覺——凌晨零點十五分到早上八點整，週末則是凌晨兩點十五分到早上八點整，依然無法得到足夠的休息。八月一整個月都是如此。結束之後，臨時藝人會坐上巴士、飛機、火車回到他們來的地方。我們則要繼續下去。

我很想知道，大家的尿壺有多滿。

克里斯·基督和矮哥一起回後臺，他對我說：「聽著，我們要加一場附加秀，我們相信一定會賺大錢。妳幫忙擔任矮哥的助理，好嗎？」我當然點頭，因為感覺很誘人，不過，老實說，在我現有的演出項目上多加一種，其實真的非我所願——那些短暫的空檔非常寶貴，能在後臺坐著休息，或者跑去最近的廁所。克里斯·基督說，這場附加秀我不能抽成，但能當矮哥的助理就是一種收穫，而且可以在觀眾間走動。我原本還有些疑慮，但一聽他們解釋完，我立刻答應。

這個點子非常神。

矮哥走上舞臺，告訴觀眾他要分享一個特別的故事。

「我媽是牧師，我從小就在教堂聽她布道。」他說。「兩年前，她罹患癌症過世。那是我人生中最痛苦的時光，不過她走之前，說要給我一份禮物。我想向各位分享她說的話，以及她給的禮物。就是這個。」他從口袋拿出一個金色小東西。「世界最小的聖經，給世界最小的特技高手。」

那本聖經長寬各兩吋，小小的紙本書，字非常小，要用放大鏡才看得清楚。聖經附帶金色塑膠外殼，以紅色或藍色亮片裝飾，一整個非常華麗、俗豔，觀眾只要花一元就能買到一模一樣的複製品。

或兩元。

或三元。

調整售價的標準，在於觀眾感覺起來有多愛上帝、有多願意掏錢買下小小的紀念品，讓他們隨時不忘主的話語，而且還有個好故事可以告訴其他虔誠教友，他們幫助了一個沒有腿的人，向他買聖經，彰顯他母親的遺願。

「現在我要請助理出來。」矮哥說，我掀開簾幕出來，臉上掛著甜美笑容，每根手指都掛著聖經。「我剛才有說嗎？這本聖經還可以當鑰匙圈。如此一來，無論你走到哪，都有上帝的話語陪伴。」

我穿過舞臺、步下臺階、走進觀眾間，搖晃手指上閃亮的小聖經，在人群間走動，擺出最和善的笑容，但不露出牙齒，希望能夠消除他們的記憶，因為不久前我才問過他們要不要多花一元看女人把身體彎成扭結餅。

「我不覺得妳是怪胎。」一位穿著萊姆綠馬球衫的基督徒對我說，我剛剛賣給他一本世上最小的聖經。我看得出來他是基督徒，因為他以無比溫柔的動作握住那本賣兩元的聖經。而且他的髮型很明顯。「事實上，我覺得妳很美。」他說。

「好喔。」我考慮了一下要不要嫁給他，住進他的公寓，不過當斷頭臺的音樂響起，我就該去演出了。於是，我走上階梯、掀開簾幕、坐在後臺的椅子上稍事喘息，然後上臺變身成四腿女。

前幾天的晚上，有一個戴包覆式太陽眼鏡、穿無袖橘上衣的男人問我，從事娛樂業好不好玩。

「很不錯呀。」我回答，企圖用金髮的光澤令他盲目買下五本聖經。

「嗯，寶貝。」他說，「我也從事娛樂業，我可以娛樂妳一整夜。」我的每隻手指都掛著聖經，有如移動的聖物。我瞄一眼站在他身邊的女人，我猜想應該是他老婆，她對我燦爛一笑。臉頰泛著油光，非常、非常紅潤。我的聖經搖晃發出碰撞聲，他們買了七本。

有一天晚上，賣完聖經後，我和矮哥在後臺數他賺了多少錢——這場附加秀他可以抽成，就像刀箱我可以抽成那樣，大老闆坐在我們中間。

「矮哥，誰賣得比較多？是你還是莎莎？」

「通常是莎莎。」他說。

克里斯說：「我觀察到的也是這樣，真可惜。以前的年代，附加秀賣的東西，只有怪胎本人兜售，觀眾才會捧場。希望直接給他支持，讓他賺錢。他們想走到他面前，和他握手，看個仔細。但現在這個年頭，大家太害怕了。」

「有時候他們會特地來找我買，和我合照。」矮哥說。「很合理，我是秀團的明星。」

「現代人都是膽小鬼。」克里斯不理會矮哥的最後一句話。「只想坐在肥屁股上，看電視上的怪胎，沒有勇氣真正和他們面對面。因為太害帕所以沒辦法把他們當人看待，遠遠地看比較輕鬆。孬種。」

「孬種。」矮哥說，我們拆開新的一包聖經，準備下一場繼續賣。

23

不僅要活著，還要活力十足

中風後兩年十個月——啟程後二十五天

二〇一三年八月

我收到一張照片，是毛巾摺成的天鵝。

另外一張則是摺成狗的樣子。

毛巾乾淨、潔白，且筆挺，就放在精心鋪好的床鋪尾端。戴維告訴我，每天他們在船上的小艙房整理好之後，都會有毛巾小動物迎接他們回來，很有意思吧？

確實很有意思。

還有一張，兩條腿從旁邊伸出，一條或許是尾巴的東西，大大的頭，誰都猜不出那到底是什麼動物。

還有另外一張照片。

背景是漆黑的夜空，海平面遠處有一抹深紅，暗示太陽剛下山不久。

戴維在他的部落格上貼了一張我媽的照片。下面的介紹寫著「在甲板上唱歌」。

倘若這不是一張手機匆匆拍下的照片，而是藝術大師的畫作，那麼，我們一定會討論打亮臉部的光線十分傑出，一道光照亮所有肌膚，顯得彷彿會透光。不是那種不動的光，不是永遠明亮的星團，照片裡的光線彷彿會移動，那張臉剛好穿過黑暗進入光線裡。

背景的一抹紅，恰巧足以襯托她臉頰的嫣紅與嘴唇的玫瑰紅，隱約瞥見的一點點舌頭，非常、非常粉紅的顏色，提醒我們她不但活著，而且活力十足。

海風吹拂她的頭髮，狂舞的銀絲，飛向天空、甩向旁邊，大西洋上某處的船隻甲板上，夜間出沒的女野人。

還有她的眼睛。中風後的最初那幾個月，她的眼睛一直是疾病造成的黯淡灰色。完全不像她。雖然偶爾會恢復綠色，但每當她承受不住外界刺激，就又變回灰色。

不過在那裡，在這張照片裡，那雙眼睛有如美麗的沼澤深潭——幾乎是綠色？可能嗎？晶瑩專注又有神，她看著鏡頭，看著丈夫，她在旅途中。

我想感到害怕，我確實感到害怕，我怕我想像的所有壞事都會成真。但這張照片裡，她閃耀光彩。

她的嘴巴張開。

在動。

歌聲飄出。

有很多事情要說，有很多方法可以說。

24 吞劍之前，成為挺直的人

一百五十日中的第七十一日——驚奇世界

二〇一三年八月

克里斯·基督正彎腰駝背地坐在凳子上，雙手就像卡車輪胎一樣大，嘴角永遠掛著兩條菸草汁。

「莎莎！該學新招了！」他喊。

所有演出項目他都瞭若指掌，以前還訓練過猩猩、丟過飛刀。

「站在這裡。」他指著他身邊。他的雙腿往前伸直、張開。或許這是該遲疑的時刻，但我沒有遲疑。

他一手按住我的鎖骨、一手按住我的前額，用力壓。

「站直。」他說。「還不夠直。」

現在的時間是傍晚，我們的固定日程暫時打斷：暴風雨來襲。附近有落雷。

遊樂會暫時關閉。

他把我的頭往後推，讓我直接仰望中央帳篷柱的頂端。「妳必須完全成為一直線。」他說，「否則劍永遠下不去。」

✕

在印度，早在公元前兩千年，就有苦行僧表演吞劍、在熱炭上行走、弄蛇、踩碎玻璃，以苦修作為對上天的獻禮，展現對力量、通靈與刀槍不入的絕對信仰。如果奪走了身體對人的控制力，那麼身體還算什麼？

一九一二年，一位荷蘭苦行僧米林·達久，他讓助手用一把西洋劍完全刺穿他的身體。從背部中央穿透器官後從正面穿出，他似乎毫髮無傷，慢慢走到舞臺邊讓觀眾檢查劍和被刺穿的皮膚。

醫生判定，他是用劍慢慢刺進身體，等到部分癒合之後再往前，每次多一點，長時間下來，他的身體形成疤痕組織。演出空檔，他會用金屬管穿過身上的兩個洞，就這樣到處走來走去，那是非宗教的聖痕。

後來觀眾的胃口越來越大，需要更震撼的刺激，他一次在身上穿進三根中空的管子，助手把水灌進去，清澈透明的液體從他身體正面噴出，灑在觀眾身上，觀眾大喊。

人體噴泉！

人體噴泉！

人體噴泉！

米林．達久一九四六年過世，吞劍時刺到心臟，死因是主動脈破裂。

疼痛是如此運作的：

當尖銳物品接觸肌膚，受器會透過神經纖維傳送電流訊號給脊髓，再往上傳到大腦。一些纖維有如絕緣電話線，迅速傳遞訊號；其他的則必須在網狀神經連結中移動，速度比較慢。訊號傳遞到丘腦，這裡作為中繼站，將訊號導向體感皮層。大腦解讀訊號，判定為刺痛。透過網狀神經連結傳遞比較慢的訊號則成為抽痛。

我們的大腦完全掌控疼痛訊號。當大腦判斷我們身處極度危險的狀態時，便會減低疼痛訊號，讓我們能不受較不重要的疼痛影響，先逃離更大的危險。

要訓練身體感覺不到痛，就要控制不去想疼痛，是否表示要讓頭腦相信自己時時存在於命懸一線的危機中？

亂跑的嘉年人小孩身上滴著雨水，從我們帳篷側邊下的縫隙偷看。大雨滂陀，遊樂會暫停營業，等暴風雨過去才會重新開張，以免有人在摩天輪上被雷打中。克里斯決定利用這個時間教我吞劍。我還沒學會的演出項目不多，這是其中之一，不過我們所有人都必須學會每個項目，以免有人臨時出狀況，巨人克里斯說。

把劍放進嘴裡感覺很妙。

但是「妙」這個詞，還不足以形容金屬在身體裡的感覺，因為太複雜了。那種感覺危險又莊重，是怪奇秀節目的最高峰。那會痛，把東西塞進喉嚨會導致作嘔、膽汁湧出。進入咽喉與食道會經過三道括約肌，那是身體的緊急煞車機制。想知道所有怪奇秀演出的祕訣嗎？準備好了嗎？訓練身體放棄本能，學會放棄自保。

帳篷的幾根中央柱上掛著裝在大籠子裡的燈，一共有五盞，在暴風雨的黑暗之中散發柔和的光輝。平常一整天都會聞到炸蛋糕和炸熱狗的油膩，但現在濕泥土的氣味已暫時蓋過那些氣味。

只要手腕動錯一下，吞進身體的劍就可能刺到肺，戳到心臟。可以停止想像別人的疼痛，專注於可能發生在我自己身上的災難，讓我感受到一些解放，我尋找的是一種天啟。

「把吞進喉嚨的劍，想像成硬梆梆的大老二。」紅毛對我說，他是內場秀的吞劍大師。他可以一次吞十二把劍，是七項金氏世界紀錄保持人，他的廂型車上這麼寫著。

「至於嘔吐反應，就當作是陰毛搔喉嚨。」他眨眨一隻眼睛。湯米將衣架摺成劍的形狀給我練習，他先把衣架整個拉直，然後摺整兩半，扭出一個把手。我模仿他的動作，舔舔兩側、頭往後仰，把金屬放在舌頭上。我選擇只體驗一點點的危險。

任何人都可能會出事。上一季，飛刀手瞄準木板射出飛刀，結果卻正中長年搭檔的大腿。她立刻送醫縫合，三十分鐘後，當表演重新登場時，她還沒回來，另一位藝人就得臨時代打。她站在木板前，彷彿沒看到鮮血流下網襪的樣子。她必須知道如何立刻消除記憶。當然這是這一行意料中的危險，也是意料中的受害者。嘉年華會就是把人體裝在大型機器裡揮來揮去，性愛、冰毒、在超強舞臺燈光下受矚目的短暫飄飄欲仙，實際上，每一分鐘都危機四伏。

我乾嘔。我的喉嚨不停作嘔，我用力咳嗽，等著嘔吐物上來。我才吞進四分之一吋，把衣架抽出來時，前端黏著白色小點和透明液體。

「喉嚨放鬆。」克里斯說。

「有些人天生就會這樣。」紅毛說，他看我嘗試幾次，又吞嚥，又咳嗽的。「但有些人不是這塊料。」他看著我，眼神很有壓迫感。打在地上的雨點濺起。

我試著將這把衣架做的劍吞進去二十次，每次都咳嗽吐出來。很難判斷進去多深，但我想應該還沒到第一道括約肌。

「這次一定行。」我說。我舔舔劍，往後仰，讓前端接觸我的括約肌，我不顧一切繼續往裡推，我感覺有東西湧上來，於是急忙把劍抽出來，彎腰作嘔。

「進去半吋。」克里斯說。我彎著腰伸出手想和他擊掌，但我的手甚至無法進入他的視線範圍。

一個小時前，州警進來帳篷，催促還在流連的觀眾離開。

「雷打下來的時候，我最不想在的地方，第一名是那個大輪子頂端。」一位警察說。「第二名就是這個馬戲團帳篷。」

確實，帳篷會被暴風雨掀起來，像鬆垮的皮一樣被甩來甩去，最後被吹到遙遠的地方。確實，固定帳篷用的樁也可能被拔起，隨機落在任何地方，砸中正在做任何事的任何人。

「這次真的很嚴重，你們的人最好躲到安全的地方。」警察對克里斯和湯米說。

警察離開後，克里斯說：「妳們女生快點回宿舍，躲在貨櫃裡別出來。妳們不會有事。」

「克里斯——」陽光想抗議，但他舉起手制止。

我們在貨櫃裡等了幾分鐘，外面雷電交加，越來越大聲、越來越接近，男人交談的聲音從牆壁縫隙傳進來。他們要把所有東西關上，做好帳篷內部與後臺的防風雨工作，我看看空空的早餐穀麥桶，雖然我早就開始蹲在床邊用這個桶子尿尿，但今天早上我決定乾脆盡量少喝水、盡量憋住，我很慶幸做了這個決定。

我們安靜等候，呃，只是一下子而已。沒多久陽光就去帳篷裡，那裡比較有空間講電話，凱西去找雜耍專家布萊恩，給他看她手機裡的東西，沒多久，我們又全部回到大帳篷，外面狂風暴雨、雷電交加。

就在這時候，克里斯放棄了先前的命令，也可能為了要打發時間，於是他就說現在要教我吞劍。

幾個星期前湯米就幫我做好衣架劍了，我以他教導的方式練習，生意清淡的時候，他會在攬客舞臺上指點我一些技巧，但我一直沒什麼機會練習，因為演出太緊湊。更何況，吞劍很難解釋，也很難以文字敘述。只能不斷嘗試，直到成功。白天的時候我想著吞劍，當我在舞臺上表演幻術的時候也會想。我想像自己站在舞臺中央，一把劍插進身體深處，觀眾讚嘆地看著我，而不是坐在椅子上假扮四腿女，觀眾厭煩地看著我。我想做出讓觀眾同時感到著迷又噁心的事，做出值得記住的事。但是晚上收工的時候，我已經連續表演十六個小時，實在沒心情練習新招數。

「別擔心，莎莎。我花了好幾年的時間練習，才終於把劍整個吞進去。」湯米後來拍拍我的肩膀說。

據說，湯米在紐澤西州念高中的時候，決定要成為馬戲團藝人，但他身高六尺二吋，沒有半點優美或柔軟度，選擇似乎很有限。他並非出身於馬戲世家，體格也不適合表演高空特技或雜耍。他最想做的其實是和短吻鱷摔角。他發現有吞劍這項表演，認為能憑這個進入馬戲團，朝短吻鱷更進一步。

他從圖書館借了一堆介紹吞劍的書，堆在床上、桌上、地板上。書中的插圖介紹吞劍的每個步驟，並詳盡介紹史上最有名的吞劍大師。他開始練習，每天練習，持續三年，將摺成兩半的衣架代替劍塞進喉嚨。曾經有個火大的女友對湯米吼罵，說他愛那些怪奇秀幻想比愛她多，他也不得不承認。

湯米短暫進入大學，主修生物，那是與短吻鱷最相關的科系，但不久便休學進入柯尼島怪奇秀學校，結業之後很快就加入驚奇世界。

「我願意付出一切讓怪奇秀延續下去。我知道這是我的家。」湯米說。

你有沒有把手指伸進喉嚨深處的經驗？例如催吐？觸碰懸雍垂？吞劍剛把劍插進去的時候就是這種感覺。但是，接下來，不但不能聽從身體的指示排出讓你嘔吐的東西，反而要推翻整個系統。更深一點，等到確實感覺內臟翻湧想趕走異物，就像村民想要趕走惡狼，這時不但不能感謝阿公、阿嬤辛苦讓你得到安全，反而要把惡狼叫回來，把狼的牙齒磨利，強迫牠進去。

吞劍是怪奇秀最經典的節目，我第一次去吉布森屯時，好像看到有人在外面練習，就像其他城鎮的人練習棒球一樣。我第一次進入吉布森屯，第一次看到加油站大排長龍買啤酒。我去那裡見克里斯·基督和他的伙伴沃德·霍爾，不久前我才第一次聽說驚奇世界這個秀團。再往前一點的酒類超市有得來速，旁邊則是六間成人書店與脫衣舞俱樂部。巨大的卡車從四十一號國道開來，這是吉布森屯最大的幹道，又長又平，延伸無數英里，往北通向坦帕，往南通往布雷登頓、薩拉索塔之類的海濱城市，隨處可見復活節色調的度假屋。棕櫚樹與沼澤草隨風搖曳，卡車司機與觀光客匆匆經過，總是趕著要去其他地方。

聽說這座小鎮曾經擁有世界唯一專門為侏儒設計的郵局櫃臺。連體雙胞胎在高速公路旁擺攤賣檸檬水。小鎮上從此就修改了法規，讓家家戶戶的前院都能養大象和老虎，蚊子不太多的時候，訓練員會對著女人射飛刀，她連眼睛都不眨一下。

據說有幾位藝人要去薩拉索塔，林格靈兄弟馬戲團的冬季總部在那裡。其中包括「巨人」艾爾·托麥尼，他自稱有八尺四吋高，他的妻子「半身女」吉妮，出生就沒有雙腿。他們發現一塊沼澤地特別安詳，於是決定停留。離城市有點遠，不用擔心好事者，又離其他馬戲團的人相當近。他們在河邊紮營，開了一家野炊小餐廳。他們和幾個朋友定居下來之後，很快各個秀團的藝人紛紛加入。冬季時，嘉年華停止營業，這裡是個休養生息的好地方，不尋常的一切在這裡都很尋常。是休息站、退休天堂，也是新的家園。

我去到吉布鎮的時候，小鎮那個非常小的路標已經被粗壯藤蔓吞噬，但依然佇立在橫跨阿拉菲亞河的大橋底下。進去之後，很容易不小心錯過歷史景點「秀鎮酒吧燒烤餐廳」，髒兮兮的紅磚建築，裡面的客人曾經是出神入化的藝人，牆上的壁畫就是受他們的事蹟啟發。顏料褪色剝落，門邊的雜技演員幾乎完全消失。

儘管如此，吉布鎮依然是正宗美式怪奇秀的家。我忘記了，時常忘記，和我一起工作的這些人，這個秀團，有多麼傳奇。教我吞劍的這三個人是很多項金氏世界紀錄保持人，曾經登上各種電視特別節目、各種電影，他們是業界巨頭，雖然與五十年前的榮景相比，現在的業界幾乎只是個鬼影。

「好，我也要學。」跳豔舞的法蘭莘拿著她的劍過來。她買了一把真劍帶過來，多年來一直想學正確的竅門。

「妳是新人吧？」克里斯問她，而她對他微笑點頭。「妳不會待一整季吧？」

「如果可以我很想，可是沒辦法，這場結束我就要走了。」她說。

「那就不行。」克里斯說。

「不行？」

「對，我不能教妳，只有固定班底才能學，只有待上一整季的人才能免費學所有的演出項目。

「不公平！」她說。

克里斯口中噴出唾沫，發出像打雷的聲音，他在笑。

「抱歉，法蘭莘。」湯米說。「這是傳統。像妳這樣的兼職藝人，如果想上課，我們可以給妳打折，但不能在這裡學。」

「真是不敢相信。」她說。「什麼狗屁。」

克里斯停止大笑，怒目看著她，兩側的頭髮有幾根彷彿在舞動，像是卡通人物快要氣到爆炸的模樣，他的嘴唇顫抖。

「好啦，知道了，對不起。」她嘔氣離開。

克里斯轉過身看我，駑鈍、無能、學習緩慢的我。他說：「莎莎，告訴我，當妳說要蹺家、加入馬戲團的時候，妳媽說了什麼？」他要我休息幾分鐘，等膽汁退回去，等眼睛停止流淚。

我可以說實話。我可以告訴他整個故事，告訴這些共事幾個月的人實話，完整的始末，悽慘混亂的現實。我向其他藝人提過一、兩次我媽生病的事，陽光、凱西都知道，可能還有史畢夫。他們也告訴我他們的人生故事，但這裡的生活步調太快，慢下來的時候又慢得令人痛苦。一想到要說出整段戲劇化的經過，我就覺得好累，我已經夠累了。我看看四周的人，他們全都經歷過艱困的人生關卡，但他們勇往直前，我也想做同樣的事。讓心腸變硬，做好準備接受吞進去的劍。

「我的家人覺得很棒。」我說。

「是嗎？」

「算是吧。呃，他們說感覺很有意思，但要我發誓絕不能嘗試吞劍。」

「哈，妳很不會遵守承諾喔。」克里斯說。

「是啊。」我看著眼前的衣架劍，希望會有神奇的竅門顯現，但我知道不可能。

「知道為什麼我邀妳加入秀團嗎？」他問我。

我的心跳停了一下。我不知道，我毫無概念。我甚至不允許自己想這件事，更遑論詢問別人。我很怕聽到答案，擔心會更加暴露我只是個還待在這裡的假貨，我很虛偽，我整天想著媽媽，卻沒有積極幫助她。但我也迫不及待想知道答案。我好不容易點了一下頭。

「妳似乎真心對這個世界感到好奇。妳來到秀團，看著我的雙眼，我可以看到妳的眼中有特別的東西。妳會留下來，再加上我認為妳是個好人，應該讓妳見證這一切。」

原來如此。我獲准進入另一個世界，是為了擔任見證人，為了留下來，也為了觀察。一瞬間，我身為外人的事實不再是種距離。身為外人的我，也有專屬於我的任務。整個秀團只有我能做這件事，見證這一切。

「謝謝你。」我無比感動又驚喜。

「妳在這裡開心嗎？」

「當然，毫無疑問。」

「很好。」

「呃，開心，但也不開心。」

「不開心？」

「我從來沒有這麼勞累過，也從來沒有像這樣什麼都做不好，我學會這一堂課了。」

「啊。」他說。「很正常，確實會這樣。只要記得，我們一直在玩，這一切都是在玩。」

25 支解動物

一百五十日中的第七十六日——驚奇世界
二〇一三年九月

如何支解動物：

耐磨長褲、硬頭靴。

最初的幾個步驟很輕鬆。我們解開無頭女椅子周圍的絲絨簾幕，鎖緊木乃伊展示櫃的兩個大翅膀，拆開像裙子一樣圍住舞臺的硬塑膠布。闔上刀箱，拆開電椅，取下螺絲。工作時，我的雙手會短暫接觸這些令觀眾驚奇的物品。現在我擔綱的許多表演（如無頭女、四腿女），往往只得到失望、冷冷的哼聲。我主持的其他節目（如釘床秀、刀箱軟骨功）讓我成為講話天花亂墜的人，我是不可或缺的導線，讓觀眾的注意力集中在舞臺上的神奇演出。成為內場秀藝人之前，我偶爾也有幾乎可以製造驚奇的時刻，例如吞火、弄蛇，但那些小小奇蹟很快就失色了，因為新的攬客女郎很容易找、也很容易訓練，根據我的經驗，順序就是這樣，先找再訓練。

但我想要更多，我想變得神奇，我想坐上電椅。

但現在不是想這些的時候。在拆卸的期間，我是誰並不重要，重點是我在這裡，並且身為團體的一員。

接下來：

稍早我們已經取下所有掛在牆上的東西。我們把能塞到床底下的東西都盡量塞進去，空出寢室放道具。

我們必須小心避免戳破任何物品的表面，無論是拆螺絲、拔釘子、拿掉夾子、摺疊、捲起、扭緊、堆高。千萬不能污染到任何容易損壞的零件，不能沾到泥巴、糞便，或鮮血。萬一流血了，要立刻在褲子上擦掉，絕不能弄髒寶貴的生財工具。

從離舞臺最遠的帳篷入口開始動手，一一拆下所有帳篷布，一個個解開固定的夾子，將表皮從骨架上剝離。這個叫做帳篷的動物逐漸支解。關節最難處理。可能會痛，我們用手指用力按壓金屬，讓塑膠布鬆開，因為太過用力，手指皮膚留下了印痕。我們站在梯子最頂端，拉長身體推拉拆卸，且絕不能摔下來。

帳篷皮骨分離之後，接著把皮從身上剝下來，一片、一片，直到這隻動物的後臀只剩骨架。到這裡，拆卸工作已經進行三小時了。帳篷布落在地上，有如一堆皺皺的皮，必須妥善保存。我們繼續下去。

地上的塑膠帳篷布要一一處理，需要清洗的就用水管沖乾淨，然後在地面上攤開，要完全平直，接下來開始摺疊，依照紅色、黃色、紅色、黃色、紅色的順序，撫平所有縐摺。我們兩人一組蹲在地上同步進行，摺疊、拉平，避免摺起來的地方凹凸不平。帳篷布必須完美裝進帆布袋，再和其他帆布袋完美堆疊，完美卡在金剛女王與燈箱之間，所有東西一絲不苟地整齊裝在卡車貨櫃裡。每個過程都必須小心翼翼，怪奇秀這隻野獸體內的所有細小部位。

五個小時。

接下來要拔舌頭，也就是外舞臺，過去十天我們在這片木板上不停走來走去。從那隻獨眼——也就是簾幕後面通往後臺的唯一那道門——可以看到這隻動物的腦部，我們在那裡生活、工作、睡覺、吵架，這張臉最後才會拆。等到這隻動物的所有部位都裝進貨櫃之後，最後把舞臺平平整整貼著貨櫃側面放好，閉上眼睛等候下一次開幕。

我們的帳篷兩邊和中道對面，嘉年華員工在遊樂設施部件間跳來跳去，大吼大叫，同樣忙著支解他們的動物。我很想在完成拆卸後跑去嘉年城，說不定他們會舉行特別的慶祝活動，然後再把東西裝上卡車，前往下一個城鎮。

七個小時。

有太多工作尚待完成。

在這所有工作之間，那血淋淋悸動的肉是什麼？即使骨頭已經與皮分離，皮已經摺疊、收納完畢，大嘴也已經閉上，是什麼依然在跳動？是什麼依然在悸動？有沒有聽到哼唱？沒有聽到音樂嗎？低聲鼓鳴？某處傳來牙齒撞擊玻璃杯的聲音？

即使當車頭連上貨櫃，準備拖往下一個場地，我依然能聽見那聲音。即使當會場變得空空蕩蕩，只剩下一堆熱狗包裝和壞掉的八爪魚遊樂設施，我依然能聽見。當我們疾駛在高速公路上，死去的動物裝在前方的貨櫃裡，我依然能聽見，飢餓貪婪、躁動不安，等不及想活下來。

✕

小巴後面的露營車劇烈搖擺。那輛露營車老舊笨重，即使小巴是幾年前才換的新車，依然無法將露營車拖正。露營車歪向一邊，連小巴也被拉過去。我們被拽過中線，差點撞上旁邊經過的幾輛卡車。我們感覺到卡車行駛造成的大風將我們的拖車推向車道另一側的邊緣，露營車不停左右搖晃，我們無法控制。

我們已經送臨時藝人離開了。明尼蘇達的拆卸工作完成後，我們將最後三個人送往機場與巴士站。

大老闆克里斯也離開了。秀團只剩下固定班底，加上矮哥，這一季剩下的時間他幾乎都會在。呃，我們的固定班底少了碧普西。我們都沒有說話，感覺巡迴應該結束了才對，我們撐過最艱苦的難關活了下來，所以應該放個大假，在游泳池邊喝瑪格麗特調酒，但我們還要繼續巡迴兩個半月。

我接到碧普西的簡訊，她說平安到家了，能見到媽媽和男友好開心，已經找到新工作了，在酒吧扮美人魚，就是在酒吧後面的大水缸裡穿著比基尼及魚尾游泳。下一次的文藝復興遊樂會她也要去扮美人魚，她的未來滿滿都是美人魚。

我們的目的地是堪薩斯州哈欽森市，但沒多久就被迫停車。

小巴繼續在路上擺盪，來回甩動，我們停車檢查胎壓、加油、換機油，什麼都沒用。幾個小時過去了，我們的車隊繼續在高速公路上搖擺，車上的藝人個個坐正，死命抓住車頂的把手。

前面的路肩上停著一輛藍色豐田車，我們的車尾搖晃。我們只瞥見一眼，藍車旁邊有好幾雙手在瘋狂揮舞。車子甩動，陽光雙手緊握方向盤，口中不停說：「噢要死了，噢要死了。」我們全都緊盯著道路旁的那群人，老天保佑，我們從他們旁邊擦過去，沒有撞上他們，我們飛快經過，看到兩個成人瘋狂揮手，中間的女人張大嘴，似乎在哭喊，但我們聽不見聲音，她懷中抱著一個全身癱軟的孩子。

其他的災難正在發生，就在這一刻、就在我們旁邊。

我們繼續高速前進，默默對自己說：「噢，真糟糕、太慘了。」

到了下一個出口，陽光開下高速公路，我以為要幫那些人求救或回頭去幫忙，但都沒有。我們沒有回頭，反而開進堪薩斯州星光賭場的停車場，巨大的建築有如會反光的墳墓，四周幾乎都是大片空蕩蕩的柏油路停車場，更遠處則是一望無際的玉米田。

因為剛才小巴搖晃太厲害，加上又看到路邊的緊急狀況，我的心跳很快，這種感覺很熟悉，那樣的驚恐、危險。緊繃的表情表明狀況不妙。

「媽的，快點解決拖車的鳥問題。」陽光對湯米說，他把卡車開進停車場，嘆著氣坐上小巴駕駛座。

「大家下車。」他說，我們全體下車站在空曠的停車場，太陽低垂在玉米田上，一顆金色大球。我們聽見遠方傳來警笛聲。我想路肩上的那群人應該也聽到了，相信說不定來得及將出錯的情況改正。

史畢夫走向賭場想借廁所，幾分鐘後又回來了，他們不放他進去。

「你打算怎麼做？」班問湯米，打量著露營車，但陽光靠過去說：「閉嘴。」

「聽陽光的話，她最大。」湯米說。

湯米離開大家，將小巴和露營車開出停車場上路，地平線消失在金黃玉米田間。

我們在柏油路面上互相依靠，尋找舒服的姿勢。我們坐在陽光下，討論今晚能不能到得了下一個會場，會不會要停在荒郊野外的停車場，或沃爾瑪的停車場，大家睡在沒有電的貨櫃裡，停車過夜的時候會不會還不算太晚，想打電話的人還可以打。我們撿小石頭把玩，我們聊天、我們沉默。有人在講電話，有人拿出口香糖分給大家。有幾個人躺下，有人打呵欠，我們聊了一下打呵欠的話題。再扔扔小石頭、按摩肩膀，肥馬形狀的雲飄過天空，轉眼就不見了。

在緊急狀況之間，一灘平凡無趣的死水。

一小時後，小巴拖著露營車回到停車場。湯米降下車窗，對我們搖頭，滿臉笑容的他舉起一隻手，握著螺絲起子。

「露營車不會再亂甩了。」他說。

「你怎麼知道？」陽光跳起來，瞇起一對藍色大眼冷眼看他的自信，總是在測試他。

「是儲藏槽。」湯米壓低聲音說。

「噢，老天。是水肥嗎？門打不開無法清理之後，我以為你已經不用車上的廁所了。」陽光說。

「呃，我只是不在那裡上大號。」

「噢，我的天。」

「儲藏槽滿了，所以車才會搖晃，水肥槽讓露營車一邊變得太重。」

「湯瑪斯。」她緩緩說。

「都是因為絞肉機。」湯米說，我們都很清楚那什麼意思。明尼蘇達的遊樂會實在太忙，抽不出時間去上流動廁所，中道的燈光太亮，加上有太多嘉年人和小朋友跑來跑去，所以無法躲在卡車輪胎後面尿尿，之前在比較小的遊樂會場，天黑之後我也會這麼做。

「所以你用螺絲起子打開水肥槽的門，把裡面的東西清掉了？」

「門還是打不開。」湯米說。

「噁心死了。現在該怎麼辦？」陽光說。

湯米露出意味深長的笑容，再次舉起螺絲起子。「我在車身戳了一個洞，刺破水肥槽。前面幾英里有片葵花田，我把陳年的尿液倒在那裡了。」

我們回到高速公路上，或許就在接近那片黃色花田的地方，那家人很可能已經離開路肩了。無論發生了什麼緊急狀況，說不定依然在持續中，未來很長一段時間，這件事依然會讓他們在睡夢中驚醒。蕩漾的餘波將不斷持續傳遞，希望神奇的事會發生，有一天當那個女孩望著白雲，會突然發現她已經不再計算與災難的距離。

我媽中風之後過了一年半，她的大腦突然又開始出血，過多的血。我們不知道原因，也不知道怎麼發生的，但引流器停止運作，問題大了。

或許不該說她的大腦又開始出血，因為其實血一直在流，從來沒停過。自從第一次中風之後，就持續不停，沒有真正止住，而她大腦周圍的液體空間越來越漲大。她第一次進醫院的時候，急診室醫生切除半邊的頭骨，後來再也無法裝回去，她的身體不肯接受。他們試了好幾次要重新放進去，但身體不願意收回。

為了減少液體，醫生動手術裝了一個引流器，吸取腦髓液、血液之後導進她的脖子，最後進入胃裡，由身體消化吸收，像處理其他東西一樣。

但引流器停止運作，所有人急忙應對。

當時她住在復健醫院，院方沒有能力處理這個問題。我站在病房角落，盡可能收起四肢、腹部、喉嚨，設法不被人發現。有些家屬會大哭、不停發問，在不能碰病患的時候亂伸手，但這種人一定會被趕出去。我只是靜靜站在角落。

急救人員是三位年輕男性，全都理平頭，其實還是半大孩子，高中畢業頂多五年，說不定星期四會固定聚會玩投杯球[6]。我也想星期四去玩投杯球，我也想去他們的海灘派對。

做一些毫無意義的事。

他們將她移動到輪床上，推著她離開病房。她戴著氧氣面罩，眼睛先是閉著，然後睜開望著存在於另一個時空的人，最後又閉上。

我們在病房外等院方安排。這次她會死嗎？這個問題從來沒變過。我們打電話給阿姨和姨丈，告訴他們又發生了新危機。戴維在車上大哭。

中風之後十個月，她終於獲准出院，然後發生感染，她又回去醫院。住院一個月，再出院。住院三天，再出院。住院一週，出院、住院、出院，再住院，一再重演。她會死嗎？

我站在輪床旁，她睜開眼睛又閉上——她知道發生了什麼事嗎？她很痛嗎？她能看到這個世界的東西嗎？看得到輕鋼架天花板，或是牆邊那束粉嫩的花束？

一位急救人員站在輪床頭部，等候指示。他的頭髮是暗金色，大致中分，感覺很像九〇年代的青少年偶像。我站在她的肩膀旁，在輪床側面，握住她毫無反應的手，那隻手冰涼乾燥，指甲很長，她從來不會把指甲留得那麼長。

「她是妳奶奶？」急救人員問。

「她是我媽。」我急忙反駁。「是我媽。」我好怕她會聽見。以前如果有人這樣問，她

6 美式的桌上遊戲，於桌面兩側放置複數水杯，雙方輪流將球投入對方陣地的杯子裡，將對方陣地中的杯子全數投入即勝利。

一定會大發脾氣。然而，即使處在當前的危機中，在一種虛榮、無謂的層面，我依然為她感到丟臉、尷尬。

她確實顯得很老。過去一年半，她的身體經歷太多折磨，以致於皮膚鬆弛，感覺與骨骼分離。她非常瘦弱，頭髮從灰變白。

「她只是……最近變得很難判斷年齡。」我說。

「嗯。」他說。「我想也是。很遺憾妳痛失親人。」

我不敢相信他竟然說出那句話：痛失親人。

痛失親人。

我確實失去她了，現在依然如此。但沒有人說過那句話，說不出口，無法說出口，因為她還沒有真正死去。她的身體在這裡，活生生的，但說出「痛失親人」彷彿在責怪她沒有盡力留在這個世界，真的很難，真、他媽的、好難。

只要她還活著，醫療人員與家屬談話的內容都只限於恢復、進步，只談論往前走的時間，不理會過去——她曾經對我有多重要，對我弟弟和對她丈夫有多重要。

「她有進步嗎？」急救人員問。我回想她中風後的第一週，還在昏迷的時候，接下來那幾週，我們第一次感覺到她握住我們的手，她開始偶爾會和我們眼神接觸，自主呼吸，好不容易可以靠著枕頭坐起來整整十分鐘。可以移動一條腿、一隻手臂。經歷痛苦的物理治療、職能治療、語言治療。終於，她可以自行進食、飲水，可以若無其事地摸摸我們的頭髮，體力恢復到可以出院。

「沒有。」我說。我希望從他那裡得到更多的同情，我迫切地想聽到有人談論我失去的一切。

她揍我的鼻子一拳。不對，只是我希望她會揍我。我希望她的眼瞼打開，讓她以唾棄、譴責、嫌惡的眼神看我，但她沒有動，而我的心中漲滿內疚。

另一位急救人員打個手勢，我們上了救護車。

X

有人把我的眼球從眼眶挖出來，泡在辣醬裡。有人把隔音棉從我的一邊耳朵塞進去，完全占據頭部的空間，我的腦子從另一隻耳朵擠出去。我的骨頭變成搭帳篷用的鋼柱，太沉重，難以移動，每次我必須走去任何地方，整個身體都在地上拖。

我已經想不起來有多久沒有睡超過五、六小時了。我們巡迴兩個半月了，但感覺彷彿好幾年。團員之間的距離永遠不超過幾英尺，即使睡覺時也一樣，床鋪是雙層床，寢室之間隔著的木板非常薄，甚至能聽見另一邊的人在床上折腳趾，他的床距離你的臉只有幾英吋。情勢越來越惡劣。我也是。每個人都在互相攻擊，藉此讓內在的刀引導向外。每個人都眼睛發紅，眼球滿布血絲。

「難怪這裡的人會這麼依賴興奮劑。」史畢夫說。「我自己不用那些鬼東西，但我有點希望我願意用。」

我也是。雖然大麻很常見，偶爾也有烈酒，但我們的團員不碰真正的毒品，至少據我所知是這樣。但我想來一些，讓大腦平靜下來、讓身體醒過來。我不敢到處問要去哪裡買，但我羨慕地看著那些人，他們咬緊牙關，在需要維修的機器間迅速移動。除了第一場遊樂會，其他地方都沒有要求驗尿，缺乏管制的影響很明顯。

我以前也體驗過精疲力竭的感受——不論是熬夜讀書或擔心我媽。我之前感受的疲勞都是一陣一陣的，而不是像現在這樣鋪天蓋地的，彷彿黑暗的洞穴爬出另一個存在，代替我說話、思考。

時間很晚了，我們還在從明尼蘇達州前往堪薩斯州的路上，我們離開那片葵花田已經好幾個小時了。晚上投宿小旅館，我們所能找到最便宜的地方，我們本來打算停車在寢室睡覺，明天直接出發去會場架設，但找不到合適的地點。在旅館住上幾個小時是莫大的奢華，儘管這間旅館又髒又吵，但有熱水澡，有床鋪。即使一個房間擠了四個人（但櫃臺的人應該沒發現），空間依然感覺非常寬敞。雖然一完成入住登記我就想立刻上床睡覺，但已經十一點了，團員大多還沒吃飯，湯米和陽光一轉眼就不見人影，只剩下我一個人會開小巴。

「到了哈欽森，我來教妳噴火。」矮哥對我說。「其他招數妳都會了，雖然我們不能表演噴火，因為火焰太大，在帳篷裡很危險，不過我還是會教妳。」

噴火和吞火不一樣，吞火是用嘴把火熄滅，或者用火把表演，噴火則是要含著一口汽油，噴在火把上，製造出超大火球。

我和矮哥、凱西在連鎖速食店吃東西，我們面前擺著漢堡、薯條、飲料，以及巡迴季漫長無盡的好幾個星期。

「噴火要很小心，燒到臉就糟糕了。」凱西說。

「只要夠當心就不會有危險。」矮哥說。

「不管怎樣都很危險啦，要用嘴噴汽油，弄出大火球耶。」凱西說。

「只要用正確的方式，絕不會危險，相信我。」

「少來了，你不可能控制風吧？萬一風向突然改變，火球會反過來吞掉你的臉。在我看來，這就叫危險。」

「隨便啦。」矮哥說。

「如果艾爾頓在就好了，由他來教莎莎，只有跟他學才會比較不危險。」

「去妳的。」

「去我的？」

「隨便啦。」

「我不是說你不會教，我只是說艾爾頓最會教，不要生氣嘛。」凱西說。

眼看衝突一觸即發，我盡可能緩頰。「沒關係啦，等到了那裡再看怎樣。」

「我只是好意，我表演噴火很久了。」矮哥說。

「沒有艾爾頓久。」

「薯條好好吃喔。」我說。

「莎莎，別介入。」矮哥說。

「我只是擔心，因為——」凱西想解釋，但矮哥噓她一聲。

「別說了。」他說。

「不要噓我。」她以非常低沉的語調說。

「噓——」他說。

「不、要、噓、我。」

「噓噓噓——」他說。

凱西伸手越過桌面，把裝著漢堡薯條的籃子往他身上一掀，他滿身薯條。

矮哥毫不遲疑，撿起籃子扔向桌子對面凱西的臉，裡面還有一些薯條。籃子打中她的前額，她的頭髮上全是鹽和小塊的硬薯條，她立刻湧出眼淚，但她強忍住，繃緊下顎，抓起一把桌上的薯條朝他臉上扔。

他們兩個的動作都很快，我像個木頭娃娃一樣呆坐著動不了，我想著，等他們意識到這場爭吵有多荒謬，一定會歇斯底里地笑出來，但他們繼續互扔薯條。捏爛的薯條黏在桌上，他們兩個人的頭髮上都有斷掉的薯條，手臂也是，連我也是。

餐廳裡除了我們只有幾個客人，非常安靜，只聽到凱西怒吼的聲音。

「我只是要你別再噓我。」她大吼，他也跟著吼。「妳有夠賤，超級大賤貨。」他們越吵越大聲，雙方都拿起桌上的其他東西扔向對方的臉，鹽罐、胡椒罐、餐巾紙，兩個人都滿臉通紅，眼淚直流。

「媽的，妳最可惡了，大家都討厭妳。」矮哥大喊。

「你只是個沒才華的爛人。」凱西尖聲說道。「你根本不是什麼特技高手，你只是個小混蛋。你之所以能加入秀團，只是因為你沒有腿。」

這下餐廳裡所有人都看著我們，打量矮哥。凱西站起來衝出去，我沒有動。我陪矮哥坐在那裡，他慢慢平息怒火，我們的心跳漸漸放慢。櫃臺後面的員工又開始忙碌，我們動手清理薯條。站起來、整理托盤，並走出店外。我開車回旅館，一路上沒有人開口。

26 超脫言語的聲音

中風後兩年十一個月——啟程後四十八天

二〇一三年九月

錄音中可以清楚聽到吉他與電子琴的聲音。偶爾也有打擊樂器的聲音，一男一女用口音很重的英文唱歌。第一首歌是翻唱「Stand by Me」，然後是幾首自創歌曲、幾首樂器演奏，我終於按下暫停。這段錄音長達二十五分鐘。

我好不容易聯絡上他們，我在電話裡問旅程順不順利，戴維寄給我那個錄音檔。「妳媽的輪椅真的很方便。我可以把很多東西藏在上面，大家都不會發現。例如小型麥克風，我裝在一邊的把手上，就可以在很靠近街頭藝人的地方錄音。

「你為什麼想錄街頭藝人表演？」我問，其實我知道答案。

「這樣我們想聽的時候，就可以隨時聽。以後有人問起了這趟旅程的事情，我就可以放給他們聽。」

戴維擔任音響工程師非常多年，一開始是和音樂家一起巡迴演出，或者在音樂節工作，然後加入公共廣播電臺，接著進入喬治·盧卡斯的天行者音效公司，任職於THX[7]部門。他熱愛錄音，熱愛聆聽聲音、捕捉聲音、以編輯技術讓聲音變成最好、最真實的版本，然後再給別人聽。他說，想要複製一段經驗，沒有比聲音更好的方法。

「聽街頭藝人表演，最棒的就是同時也能聽到四周街道的聲音，有汽車喇叭、觀眾鼓掌、小孩講話、經過的手推車聲音。當妳聽到音樂裡面的這些聲音，這個世界就變得很合理，也能從音樂聽見整個世界，包括所有節奏與情緒。」

他說，錄音裡唱歌的那兩個年輕人，他們人很好，會講一點英文，每天都坐在同樣的地點，去看他們表演變成他和我媽的固定路線。他們下午出門聽音樂、錄音，在他們的箱子裡放一點錢。

「小可愛，妳還好嗎？」錄音裡的戴維說，那洋溢柔情的語氣，本來不該被外人聽見。或許他們坐在樹蔭下，或許天氣非常熱，他們已經累了一天。也可能她午睡剛醒，依然處在那種眼睛濕濕的狀態，她通常剛睡醒都會那樣。

我從錄音裡沒聽到她發出聲音，我一下子有點擔心，在聽的時候，我已經不在當下那個

7 Tomlinson Holman Experiment (THX)，電影及播放設備、播放環境等規格的認證標準，由盧卡斯影業制定。

時空了，一切都已經改變，早已完全不同。她還好嗎？為什麼她沒有發出聲音？

我很喜歡她發出的聲音，像是哼唱。她對著電話唱的小小歌曲，當我彎腰擁抱她時，對著我耳朵唱的歌曲。

人類大腦的結構左右對稱。左腦裡的區域連結語言能力、分析過程、時間順序，諸如此類；右腦的區域則管裡音樂能力、幽默感、視覺空間能力，諸如此類。她的左腦因為中風而嚴重受損，但右邊管控音樂的那側，依然存活。

錄音中，回答戴維的那段沉默是什麼呢？她坐在輪椅上微笑，有時候會點頭、打呵欠。她歪頭集中注意力，覺得好笑或想開玩笑時，頭會往旁邊晃一下。她開玩笑的時候也會緩緩閉上一隻眼睛、揚起另一邊的眉毛。她會摸旁邊的人的手臂，無論是朋友或陌生人，清理他們衣物上的頭髮、線頭、或其他小東西。

他們要出門了，因為下午去聽音樂的時間到了，如果他們沒出現，那兩個年輕人會擔心。掛斷電話之後我才猛然意識到，這麼多年來，戴維一直透過聲音理解世界。他對世界的認知並非來自述說，並非在談話中告訴彼此的故事，而是在錄下民俗歌手演唱時，在麥克風旁邊搖晃身體的聲音代表什麼意義，那個聲音述說什麼故事。

將近三年來，他一直告訴我，他知道我媽在說什麼，她想表達什麼意思，即使她已經無法使用言語，他依然能解讀她的想法。我總覺得這只是他的妄想，甚至更糟，以為他說謊，但或許並非如此。或許，只是或許，他真的懂她，她也懂他，他們只是身處於一個超脫言語的天地。

27 夜幕下的美好日子

一百五十日中的第七十七日——驚奇世界

二〇一三年九月

他們的頭髮上黏著薯條，灑在他們臉上的鹽有如夜空繁星。我坐在那裡，一動也不動，毫無作為，任由他們打起來。

是這樣嗎？

還是因為根本不關我的事？

我回想自己曾經多少次採取這樣的態度，隔岸觀火，雖然對眼前的危機感到苦惱，卻沒有任何作為。站在病房角落的憔悴幽靈，唯一的作為就是與牆壁融為一體。

是時候了，我應該走向危機現場，把自己弄髒。我必須學會這件該死的事，不然我為什麼要來這裡？為什麼要留下？

那天晚上回旅館的路上，凱西和矮哥沒有交談，今天早上開始架設工作之後也一樣。其實大家都很少交談，突然有人大喊。

「你們這群混蛋，混得怎樣啊？」這個聲音很陌生，高亢刺耳響亮，從我們的場地另一頭傳來。我們在堪薩斯州哈欽森市，才剛開始進行架設工作，在這裡會有兩位新藝人加入。我不太清楚人員的招募是如何進行，不過，那些大老闆想必在幕後做了精打細算的交易，衡量所有條件，例如藝人的資歷、表演的項目、抵達的時間，諸如此類。

昨晚已經有一位新人來報到了，一個菜鳥攬客女郎，名叫蘿拉・安布羅夏。她是豔舞舞者，想成為吞火藝人，她會待到這一季結束。

挑選蘿拉之前，湯米曾說過：「不是白人的攬客女郎非常罕見，雖然遺憾，但確實如此。這一行的藝人很多都屬於同樣的類型——白人、刺青、穿環，有一種『去你媽的』那種心理狀態。」

「呃，多年來，怪奇秀經常剝削非白人，不是嗎？有太多荒謬的展示，將墨西哥人打扮成玻里尼西亞的食人族之類。」我說。

「確實有些人慘遭剝削，真的很不應該。不過，他們很多人都過著很精采的人生，其實大多數都是如此，他們有機會遊歷整個國家甚至世界，賺很多錢。」

「有些人則慘遭利用。」

「沒錯。不過，妳說說看，哪個行業不是這樣？」他說。

我想回答，腦中卻一片空白。

「真的很奇怪。」我說。「怪奇秀應該屬於與眾不同的人，那些難以融入世界的人。但實際上，這裡卻是所有人都能融入的地方。」

「現在也一樣。」湯米說。「我們這裡有各式各樣的人，每一季都加入不同的人。總之，我很久沒見過黑人攬客女郎了，蘿拉可說是第一個。她很有本事，而且辣到不行。」

「好吧，不要讓她等太久，以免她改變心意。」我說，有點擔心這個能力強、超火辣、有新鮮感的藝人，已經成為秀團的寵兒。

另一個新藝人，也就是那個大喊大叫的人，膚色蒼白、體格精壯，顴骨突出，下巴底端有完美的一圈山羊鬍，彷彿下巴浸在油漆裡。他在尚未組裝完畢的遊樂設施間迅速移動，肩上掛著大行李袋。他並非從會場的入口走來，彷彿是從會場鐵絲圍籬的雜草叢裡冒出來的。

「阿衝！」湯米大喊。

「湯米！」他扔下行李，擁抱湯米。「回來的感覺真棒。」阿衝擁抱其他認識的人。「所有最神奇的事都發生在這裡。」他大大張開雙臂，彷彿擁抱整個會場。「去你的！」

他講話的速度很快，有如一場狂風暴雨，黑色指甲油感覺剛擦沒多久，寬幅頭巾蓋住他的頭頂和馬尾。

「你怎麼來的？」湯米問。「你不是說快到的時候會打電話給我嗎？」

「我錯過班機了。」阿衝說。「今天早上把握最後的機會和孩子分享人生智慧，沒想到講太久了，所以我就搭上另一班飛機，然後再轉搭巴士。有個辣妹自願載我來遊樂會場地，我怎麼可能拒絕呢？」他用手肘戳戳湯米的肋骨。阿衝發出又急又快的笑聲——高亢刺耳的笑聲，幾乎快震破耳膜，這應該是人類所能發出最接近鬣狗叫的聲音，爆出的笑聲之間不時夾雜打嗝。

不久之後，阿衝問我：「妳知道這裡最棒的是什麼嗎？」

我搖頭表示不知道。

「什麼事都可能發生，而且真的會發生。上一季我和這群混蛋一起巡迴，和兩個訓練猴子的女生玩三P，說真的，超爽的，不可能有更爽的事了。」

他邊說邊換上小丑裝，他告訴我，多年來他一直很喜歡這套衣服，很想每天都整天穿著。例如說，他很想在秀團收工之後穿小丑裝去沃爾瑪。他之所以沒有整天扮小丑，只是因為他的臉需要透氣，所以必須把白色塗料擦掉。他穿上黃色格紋長褲、翻領襯衫、領帶、背心，最後在脖子戴上狗項圈。他有一頂小丑假髮，紅色鬈鬈的那種，他說培養很多年了，所謂的「培養」也就是「弄髒」，製造出一束束黏在一起的效果。臉和脖子塗白之後，襯得牙齒特別黃，他的眼睛和嘴巴都畫上有刺的黑色線條。一般小丑已經讓許多人覺得很恐怖了，而阿衝更是使盡全力要成為最恐怖的小丑。

堪薩斯州哈欽森市，天氣濕熱滯悶，在外面的陰涼處氣溫高達攝氏三十八度，金屬貨櫃裡更是高達四十二度。第二次世界大戰期間，這裡曾經建過戰俘營，德國與義大利戰俘在這裡工作，彌補因為派兵海外造成的勞工短缺。想到那些人飄洋過海來到這裡，從事極度艱辛勞累的粗重工作。臨時搭建的嘉年華場地也會鬧鬼嗎？那些揮動大槌的嘉年人，會不會身體裡其實有個戰俘冤魂在做一樣的事？當然，我們和他們的處境雖然相似，但並非相同。戰俘無法選擇工作、無法離開。然而，那些來自南非的嘉年人，倘若在這一季結束之前毀約離開，無論原因為何，簽約的公司都會找上他們在故鄉的家人討債。美籍的的嘉年人，只要有過前科，除了嘉年華之外很難找到其他工作。移工嘉年人，尤其是墨西哥人，若是膽敢抱怨一週七十二小時的工時太長，或是三百元的週薪太少，就會立刻被開除，反正有好幾百個人等著取代。

根據堪薩斯州遊樂會的廣告，這是整個州一年最大的活動。堪薩斯州一〇五個郡共有三十五萬人次來遊玩。遊樂會將舉辦腳踏拖拉機州冠軍賽、幼童駕駛腳踏拖拉機，後面拖著重物，健壯的小小雙腿拚命用力，肌肉鼓起，有如剛出生的家畜學走路。還有騎羊大賽，小朋友努力用身體纏住憤怒的羊，骯髒鬈毛糾結的羊，奔跑速度有如子彈、身體至少有小朋友十倍大的羊。他們死命抓緊，但還是被甩下來，遭到踐踏。這種比賽顯然源自於成人的騎牛比賽，然而無論年齡多大，這依然是史詩級的挑戰：平凡人企圖與野獸搏鬥。

我驚醒，因為我快溺斃了。醒來之後，我說服自己繼續睡，但是又再次醒來，我的床單完全濕透粘在床墊的塑膠套上，每次只要我一動，就會發出像紙尿布的聲音，我想藉睡眠抵禦現實，但已經不可能了。我全身發熱，我像泡在熱水裡，也像被扔進太陽中心。我睜開眼睛，電扇停了，一定是我不小心踢掉電線，四方形的電扇放在床尾，高度和寬度幾乎與每個舖位的尺寸一致，唯一能放電扇的地方就是床上，但如此一來，睡覺時就必須將膝蓋彎曲，把放腳的空間讓給電扇，如果希望電扇效果更好，就不能直接靠在充當隔間牆的夾板上，而是必須留一點空間讓後面的空氣進去帶動扇葉，如此腿就得更彎。吹電扇的代價是整夜彎著腿，彎起來的地方皮膚貼在一起，製造出獨特的黏膩感。

我把電扇插回去，但已經太遲了。這裡是堪薩斯州，我們睡在封閉的金屬貨櫃裡，外面是一片柏油停車場。時間是九月初，而秋季的涼意還沒到來。晚上開始變熱之後，深夜去沃爾瑪的時候，每個人都買了電扇，雖然很有幫助，但效果畢竟有限。天才剛亮，但我放棄抵抗，拿好東西準備去洗澡。

那天下午，矮哥經過我的椅子邊，嘟囔著：「真要命」，就爬下金屬階梯要去外面沖水。每下一級階梯他就罵一句，因為金屬太燙了，接著我聽見水流聲。「幹幹幹幹，水是燙的。」他說。

我熱得頭昏腦脹，視線有些模糊，表演之間休息的時候，我想靠在牆上休息一下，但立刻急忙站直，我忘記金屬牆也在太陽底下曬一整天了。我的肩膀、上臂和後背碰到牆的地方，全都因為燙傷而抽痛，我在想是否會發紅或長水泡。此時此刻，我希望燙出水泡，傷口感染危及生命，只要能讓我離開這個箱子，什麼都好。

我們才剛收工。我們解開橫梁上的活結，讓海報落到一半的位子，然後捲上去。我們關上木乃伊展示櫃的門，清點那天賺的現金，在信封上寫好註記、換錢，再次清點，接著把錢封起來。

我脫掉圓點坦克背心、亮片短褲和裡面的網襪，每件衣物都臭氣燻天，吸滿汗水，我知道應該盡快拿去洗，下次去洗澡順便洗，我打算今晚就去，但我聽到隔壁寢室的史畢夫走來走去，抽著菸換衣服。已經半夜了，他的腳步不該如此輕快。

他路過時，我問：「你要做什麼？」

「去嘉年城，和那裡的人玩撲克牌。」

「我可以跟嗎？」我問。儘管很多人告誡我要當心嘉年人，但是那兩場絞肉機當中，我們和嘉年城的距離很遠——而且我實在太累了，沒精神計畫惹是生非。

「不行，這次不行。」史畢夫說。

「為什麼。」

「這次就是不行。」

「下次呢？」

他嘆息，呼一口菸。「好吧，下次，但妳要夠酷喔。」

「我會很酷的。」我酷酷地說，但不確定在嘉年城裡怎樣才叫酷。

隔天晚上十一點就收工了，我問史畢夫是不是要去嘉年城，他搖頭說沒有，和蘿拉一起坐在舞臺邊。

「快了，但不是今晚。」他說。

「媽的，妳為什麼想和那些心胸狹窄的混蛋一起鬼混？他們一有機會就會對妳毛手毛腳，待在這裡比較好，我們的人比他們酷多了。」小丑阿衝從陰暗處走出來。「我想不通，到底有什麼理由，妳會不想和我們這裡的人混。」

「我已經知道你們這些混蛋是什麼樣子。」我說。「我也想看看那些混蛋是什麼樣子。」

阿衡在我旁邊坐下，用指甲刮我光溜溜的大腿。

我說：「更何況，他們不可能真的那麼壞。我在這裡被毛手毛腳的次數，肯定比在那裡還要多。」

「很可能真的沒錯。」陽光掀開簾幕、走上舞臺。她的肩膀上掛著硬繩索，鬆鬆地盤成兩大圈。

她經過時小聲說，「鞭子。」她走下舞臺階梯，去到帳篷門口。我們全都站起來跟著去，有如一排小鴨子。

外面，皎潔月光照耀靜止沉睡的遊樂設施，投下影子，彷彿時光停止了，所有機器等著被喚醒。陽光將鞭子放在地上，看起來比較像套索。

「後退。」她把我們全都趕到遠遠一邊去，然後拿起一條鞭子。她的手臂往後拉，然後往前高高一揮，鞭子發出啪地一聲。那個聲音有如槍響，秀團的其他人很快也跑出來看。

湯米拿起另一條鞭子，也開始甩。鞭子在他身體的四面八方舞動，陽光用鞭子將自己一圈圈圍住，然後再鬆開。

我非常激動。陽光停下來休息抽菸的時候，我悄悄走過去，假裝不經意地說：「這種表演，大西部舞鞭，我一定要學。」

「我教妳。牢牢握住柄，像這樣。」陽光說。她拿起鞭子，握住纏著膠帶的柄。她站穩，一腳在前、一腳在後，將鞭柄舉到面前，然後拉到後面，最後舉高到頭頂，然後用力從正面往下一揮。她多示範了幾次，每次都發出打破音障的巨大聲響。

她說：「站在我後面，雙手按住我的髖部。我知道感覺很怪，不過我也是這樣學的。感覺我的身體在鞭子底下怎麼動。」

我照做，雙手按住她的髖部，鞭子圍住我們。很難相信鞭子竟然不會碰到中間安全的地方打到我們，但真的沒有。我試著和她一起動，感受甩動、速度、揮舞、扭動。

「妳試試。」她將鞭子交給我，但她一手繼續握住，身體貼在我背後，用身體引導我，將流暢的身體動作傳導到手臂揮出。

「身體不要往前傾。」阿衡說。「保持直立，讓鞭子自己動。」

鞭子的聲音吸引了幾個嘉年人過來看，他們靠在帳篷旁邊的遊樂設施上，喝著啤酒，看我們甩鞭子。湯米多拿一條鞭子出來，開始練習馬戲班主的招式，阿衡教陽光如何用鞭子纏住柱子，我拿著第三條站在遠一點的地方練習，因為我甩鞭的動作還不熟練，無法控制甩尾的方向，說不定會弄傷別人。嘉年華熄燈了，遊戲設施沒有亮燈，但摩天輪後面有幾盞街燈，照亮我們的深夜馬戲團，投下長長的影子。

怪奇秀的揮鞭演出有幾種不同的模式。單人秀就是藝人拿著鞭子上臺，迅速連續表演一些花招，在道具間用鞭子將自己圍起來，有時候也搭配音樂，讓演出有如危險的舞蹈。雙人秀則是一個人彎下腰，嘴裡咬著報紙或花，另一個人用鞭子把東西打落。最好先練熟單人秀再嘗試雙人秀，因為不小心打到人會非常痛。

我並沒有立刻學會，像逃脫術或把一元變成五，都是只要掌握到竅門就能立刻上手。舞鞭要循序漸進，要學習技巧。但我已經看得出來，比起把整支劍吞進去，我比較可能學得會這個。拿著鞭子我感覺很有力量，這個演出一定能令觀眾嘆為觀止，不過才練了十五分鐘，我的臉頰已經多了一個小傷痕，刺痛紅腫，但沒有流血。我沒有停下來。

練習結束之後，陽光說，「練習的時候最好戴著太陽眼鏡，這樣比較不會打瞎眼睛。」

第二天晚上十一點收工之後，我們在緊閉的帳篷裡大聲播放湯姆·威茲（Tom Waits）的歌曲。小丑阿衝重複播放《Rain Dogs》這張專輯，那音樂彷彿來自另一個宇宙的瘋狂馬戲團配樂。巡迴季剛開始時，工作人員比較少，收工後大家會一起玩樂，但是過去一個月完全沒有休閒時間。來到堪薩斯州之後，第一次，夜晚的時間成為我們的專屬馬戲團。

儘管每天晚上中道的電力都會關閉，但我們有自己的發電機，所以可以用音響，加上帳篷中柱上的一盞大燈。帳篷邊緣很暗，夜色中幾乎看不見斐濟美人魚與金剛女王。音樂很大聲，而且一直有人去調得更大聲。

小丑阿衝和矮哥在擲飛刀。他們在玩飛刀版的飛鏢撲克，他們將牌釘在舊木板上，擲出的飛刀必須射中指定的牌。他們常常射不中，想想真的很可怕，因為平常會有個女人站在板子前，不容任何失誤。

陽光教蘿拉用舌頭引火，史畢夫幫自己算塔羅牌。上次滿月的時候他淨化過牌，他說現在是重新賦予能量的好時機。凱西拿出練習用的劍，努力練習全吞進去。湯米將一張報紙黏在兩座梯子中間，固定在橫桿上，我要練習揮鞭打破報紙。通常我只會把一邊黏住的地方打掉，走過去重黏，再次揮鞭，又被打掉，再去重黏。我下定決心要進步。紅毛像平常一樣窩在他的廂型車裡，班在卡車頭裡，那是他睡覺的地方。我們其他人都在這裡，練習不會出現在舞臺上的表演項目。

湯米去睡覺之後，我們所有人輪流拿起舞臺上的扁酒瓶喝，或者傳遞分享一根大麻菸，傳著傳著，有人說話越來越大聲，有人越來越安靜。秀團禁止飲酒吸毒，雖然我確信湯米很清楚我們在做什麼，但只是不發生失控的狀況，他願意睜一隻眼、閉一隻眼。

收工之後專注學習新技術，感覺既像是遊戲，卻又很認真。這些招數本身很有趣，不過總是有種隱隱約約、遙遠空泛的小小期許，有朝一日成為絕世高手之後，說不定會因此而功成名就。或許可以上電視、拍電影、賺大錢，或加入其他秀團，例如矮哥有時候會做的那種演出，一天晚上只要表演一場，酒吧裡擠滿亢奮酒醉的熱情觀眾，這是種難以想像的奢侈。

不過，每當有人提起這些可能，一定會立刻被否決，太輕鬆了、不夠硬派、違背傳統。在這裡，撐過一季似乎是一種必經的儀式，不過，通過考驗之後會有怎樣的未來，我不清楚。其實不只是我，其他人也一樣。

那天稍早的時候，小丑阿衝告訴我：「只要在驚奇世界表演過，以後想做什麼都沒問題，畢竟在這裡和大師學習過了。」

「意思是，以後想在任何其他秀團演出都沒問題？」

「不是，是以後想做什麼都沒問題。」

×

我以為能見識這個世界，結果我只是看到最表層而已。人不能只看到表層就滿足，一個世界裡永遠還有其他世界，日子裡的日子，只要心靈夠開放，就能放大任何時刻的豐富美好，每個人都不只是和你交流當下的那個人，根據你的期望、他們的經歷，每個人都可以是一個無盡展開的完整世界。設計好的橋段，舞臺上的演出，觀眾看到的東西，幕後發生的事，更遠處發生的一切。

預備工作：

薇琪·康多的椅子飄出濃濃的樟腦味。四腿女幻術的道具是一張挖空的單人沙發，有座位和靠背，外面的薇琪坐在上面。裡面的薇琪必須夠瘦小，才能將身體塞進椅子底下挖空的狹小空間，大腿必須夠細，才能伸出椅子前方的小洞，以薇琪的裙子作為掩飾。裡面的薇琪身體壓著舊木板、幾根彈簧，還有一些小生物乾枯的屍體。巡迴結束後，用不著的道具會送去存放，這張椅子也一樣，很容易有小生物從縫隙鑽進去。

幕後：

火雞腿憑空出現。史畢夫從主舞臺往後走，要去他的寢室拿東西，回來的時候，一隻巨大的火雞腿就放在舞臺門的臺階上。外面包著鋁箔，尺寸有如小貓。

「有人在這裡放了隻火雞腿。」史畢夫轉頭對我們說。

蘿拉正在看書，這時緩緩抬起頭。「噢，是給我的。」她說。她對史畢夫伸出手，手臂緩緩展開，像是吐出一條長舌頭要把肉捲走。

「竟然有人特地送肉給妳？」史畢夫問，將包著鋁箔的火雞腿遞給她。

「或許吧。」她說。

「妳怎麼辦到的？」他問。

「史畢夫，這很好猜吧？」陽光說。

「這樣不公平，只因為妳們有胸部，就占盡所有好處。」

「只因為你們有老二所以占了更多好處，這樣才叫不公平吧。」蘿拉說。

她拆開鋁箔，鹹鹹的烤肉香很快就傳遍整個貨櫃。

就在這一刻，我和陽光同時從後臺座位站起來，穿過簾幕走上舞臺，我們該變身成薇琪了。我們踢掉鞋子，小心翼翼爬上搖搖晃晃的側舞臺，一個人幫另一個拉起簾幕。主舞臺有另一項演出，不同的遊樂會有不同的節目、不同的順序。這次是矮哥的平衡秀，他說話很大聲，觀眾的歡呼也很大聲，加上四周持續有嘉年華會的噪音，所以我們準備的時候不需要壓低聲音。

「老天，那隻火雞腿好香，連我吃素都覺得香。」陽光說，她遞給我薇琪的襪子。

「不知道他們是怎麼弄的，竟然能把火雞腿烤得那麼美味。」我穿上襪子，然後是背心和裙子。

「聞過這裡廁所的味道之後，更覺得火雞腿超香的。早上妳有去嗎？」

「有，臭死了。」

「我甚至無法分辨那是什麼臭味。」她拔起椅背和坐墊。

「真的，也不是水溝臭。」我接過椅背，等她爬進椅子裡。

「那個味道幾乎像是死水，像腐敗的池塘水，裡面還有屎。」她已經爬進去了。

「那個臭味確實很像陳年死水。」我把椅背和椅墊放回她身上，她的頭轉向側面，手臂收緊。現在她完全在椅子裡了，在飄著濃濃樟腦味的黑暗中。我坐在她上面。

X

觀眾看到的演出：

主持人拉開舞臺簾幕，我向觀眾打招呼，「大家好！」

「薇琪．康多女士，妳今天狀況如何？」主持人問。

「噢，非常好。只是有點擔心我的貓醃瓜先生，牠早上一直打噴嚏。」我說出臨時編出的回答，因為每天表演同樣節目無數次，實在非常單調，為了排解，我每次都會說不一樣的回答，至少能讓自己動動腦。

觀眾偶爾會配合我笑一笑，大部分的時候毫無反應。他們望著我的四條腿，拉長脖子想隔著前面的人看清楚，確認椅子底下是否有暗門能讓人躲進去，也可能是有人蹲在椅子後面，或是這個蠢表演會用的其他騙術。

我和主持人抬槓一陣，然後音樂響起。我拍拍陽光的腿，裝做在打拍子，在事先說好的點上，我們開始例行的舞蹈。我們輪流向觀眾踢腿，四條活生生的腿，可以各自獨立行動，這時候觀眾才會認真看。我露出大大的笑容，舉起手張開手指，但所有觀眾的眼睛都注視著我們的腿，想要猜出幻術背後的祕密。

幕後：

表演結束後，簾幕闔上，我抬起假椅背，陽光說：「其實，我覺得那個臭味有點像是爛掉的南瓜。」

「就是這個！爛南瓜加死水。」我拿起她身上的坐墊，對她伸出雙手，而她握住。

「我去上廁所的時候，聽到幾個嘉年人在說南瓜的事，我沒有仔細聽，不過現在我懂他們在說什麼了。」她站起來，我們脫下薇琪的襪子。微風吹進帳篷，絲絨簾幕往我們捲過來。陽光伸出腿，用腳把簾幕壓在一根柱子上，我一手扶著最靠近我的柱子，脫掉自己身上的薇琪服裝。

「以後我恐怕沒辦法喝南瓜拿鐵了。」我說，她大笑，將兩雙襪子摺好，放在薇琪的椅子上，我掀開後面的簾幕讓她過去。

「反正南瓜拿鐵本來就很噁。」她說，我們走到簾幕後面，回到後臺重新坐下，再過三十秒或四分鐘，我們又要上臺了。「南瓜口味都超噁，到底是什麼鬼啊？」

蘿拉和史畢夫依然在討論那隻火雞腿。

我很想知道，蘿拉是否認出了那隻火雞腿，她是否從韌帶或骨頭看出了我看不到的意義。據說她原本在大學就讀醫學預科，所有科學科目都出類拔萃。她希望幫助世人，而她媽媽非常以她為榮。她開始念醫學院之後，在課本與課堂學到人體能承受什麼、不能承受什麼，但她總覺得不太對勁。有天晚上，她去城裡看豔舞表演，看著台上的舞者教導觀眾人體能承受什麼、不能承受什麼，這才是她想幫助世人的方法。她退學了，開始當舞者。

幕後、臺上：

有時候陽光講話的對象不是我，即使上了舞臺也繼續講。我們一樣合作無間準備演出，但她滔滔不絕的話不是對我說，而是在講電話。她經常打給男友、媽媽、親戚，我在上面表演的時候，可以聽到她在下面繼續講，我的身體下方傳來她說話時的輕柔震動與壓低語調，討論電費的問題，她媽媽的健康問題，也可能是她男友的兒子剛剛在公園做了什麼超好笑的事。我很喜歡這種兩個世界同時存在的感覺，在幻術的魔法中，平凡的對話依然在進行，和任何地方一樣——她媽媽晚餐的菜色、不小心把腳弄瘀血的經過。我的身體有如連結兩個世界的導體。

幕後：

第二天，臺階上有一盒薯條。第三天，蘿拉休息時間出去，回來時拿著甜筒。她從藝人的世界伸出手，和外面的世界產生連結。

看到薯條時，史畢夫說：「妳睡了飲食攤的人，真聰明。他們會給妳很多好東西。」

蘿拉沒有說話，只是拿起一根薯條沾上蕃茄醬，端詳一番，然後放進嘴裡。

我和陽光走上側舞臺表演薇琪，然後又回來。

「那個人是誰？」他問。

她聳肩，舔掉手指上的鹽，調整一下大腿襪，繼續吃薯條。

我想裝酷，表現出對蘿拉的感情生活毫無興趣，但演出之間後臺真的沒什麼事可做。前幾天晚上，我看到她和一個男的對話，那個人很高，膚色蒼白，感覺以蘿拉的標準，他離「酷」還差得遠，但後臺出現了這麼多食物之後，就是愛情的實證。

我和陽光上臺表演薇琪，然後又回來。

第二天早上，只有我們兩個人在門口化妝的時候，我偷偷地問她：「妳真的在和那個男人交往嗎？」

她淺淺一笑，然後聳肩。

「很棒嗎？」我問，將眼角拉得很開，準備上眼線液。

「超棒的。」她只說了這一句，這個話題就此結束。

我和陽光走上側舞臺表演薇琪，然後又回來。一次又一次，我們所做的事看似相同，但裡面和後面的世界一直在變化。

然而，蘿拉和火雞腿男的故事並未就此落幕。我們離開那個場地之後，他們繼續保持聯絡，我之所以知道，是因為她會告訴我那個人去了哪裡的嘉年華，而哪個地方有個小孩乘坐遊樂設施時發生慘劇。故事沒有就此落幕，因為巡迴季結束後，蘿拉沒有回聖路易斯，而是去佛州。故事沒有就此落幕，因為幾個月後，她的臉書感情狀態改成已婚，她嫁給了那個放禮物在臺階上的男人。後臺的奇蹟，就此登上幕前。

28

吃魚的聖誕節

中風前十八年
一九九二年十二月

我媽決定要吃耶穌吃的東西。

故事是這樣的：聖誕佳節到來，她之前罹患怪病，住院了半個夏季，好不容易恢復健康可以到處走動。她的脾臟死了，沒有人知道為什麼。那段時間我和弟弟一直在親戚鄰居家到處寄宿，我們會和其他家庭一起去露營，在親戚家的游泳池玩了好幾個星期，他們甚至讓我們玩他們的ＢＢ槍。為了即將發生的悲劇，他們預先給予我們安慰。然而，就在幾個月後，她回家了。

廚房吧臺上擺著一小堆無花果，旁邊還有無發酵的猶太餅乾，裝在小熊塑膠瓶裡的蜂蜜，一些花生。另外也有椰棗。

我媽和戴維說，這不是因為宗教因素，而是為了緬懷歷史。他們希望透過假裝身在那個時代，真正體會聖誕精神。

我準備擺設餐具時，我媽說：「耶穌才沒有餐桌。」那年我九歲，在女童軍團學到很神奇的摺餐巾技術。

「上帝可能也沒有叉子，沒有椅子。」她從小熊塑膠瓶擠出蜂蜜裝進小碗裡。「沒有摺成蓮花的餐巾，把這個拿去放在茶几上。」她端給我兩大杯牛奶。「我們要坐在地上，用手抓食物吃。」

我弟弟那年五歲，發出高亢的尖叫，表示非常開心，他喜歡地板。

「今年我們需要一點好運。」戴維說，點燃放在兩個小碗裡的小蠟塊。「三智者帶來乳香與沒藥獻給耶穌寶寶，作為焚香。」他說。

我們全都坐在地上，沒多久，燃燒樹脂的氣味就濃得受不了。

「很棒吧？」我媽邊咳嗽邊說，在地板上換個姿勢。「我想歷史上的耶穌應該會希望我們坐得舒服一點。」她從沙發上拿了兩個抱枕，她和戴維坐在上面。

我爸的家族是天主教徒，我經常和奶奶去教堂，在那裡也有吃掉耶穌的儀式。那個時候我對聖經的瞭解幾乎只限於食物，例如有些車子上的魚型標誌代表耶穌，我和奶奶會一起做幾百個花生醬果醬三明治送給街友。我覺得很不錯。

我媽伸出雙手握住我們的手，我們一家四口在茶几旁圍成一圈。「感謝您，歷史上的耶穌，謝謝您讓我們品嘗您的食物。」她說。

「謝謝您賜予我們健康。」戴維說。她出院回家才短短幾個月。「希望明年能有機會去義大利。」我媽說。

「你們要去義大利？」我問。

「對，遲早有一天會去，我們要向宇宙許願。」她對戴維拋個媚眼。

「親愛的宇宙，謝謝你讓我們未來能去義大利。」戴維說。

「阿門。」我媽說，她看看我們姊弟，又清清嗓子。

「阿門？」我說。她微笑著。

我們想要做好事，全家人都是。我們想吃歷史上耶穌吃過的食物，這樣宇宙才會實現我們的心願，神祕力量才會發揮，讓我們不再生病、發財，還有去義大利。

我們吃了幾顆椰棗，啃了幾片餅乾，也灌了大量牛奶。我們用手指沾一團黏黏的蜂蜜放到舌頭上，讓身體充滿樹脂香。

那兩碗乳香與沒藥不停地冒出濃煙，終於我媽說味道太重了，我們這才打開門窗讓冷空氣進來。

水果吃完了，接著蜂蜜也吃完了，餅乾、牛奶也吃完了。

「我們還很餓。」我和弟弟說。

「歷史上來說，耶穌不會餓的。」我媽說。

「可是我們快餓扁了。」我們說。

「多喝一點牛奶吧。」她比比冰箱。我們依然坐在地上，滿肚子的歷史，於是我們姊弟發出更尖銳的吵鬧，他跪在一個填充玩偶上轉圈圈，每轉一圈都會踢到我，於是我踢回去，他的尖叫變得更刺耳，我叫他閉嘴，即使我們對耶穌的認識有限，但我們知道祂絕不會允許這種事。話說回來，他又怎麼會允許整個夏季都在生病，媽媽差點死掉，於是我們繼續互踢、互打、尖叫。最後，我媽終於說：「好吧。」

我們住手，就等著獎賞。

她走進廚房，戴維對著她的背影說：「歷史上，基督應該會吃魚的。」

或許炸魚條會施展魔力，或許天上會掉錢下來，像魚一樣落在我們頭上。整個屋子充滿一金錢魚，不對，健康魚，滑溜溜的魚從天花板落下，打中我們的前額、肩膀，不對，充滿一整個社區的義大利魚，整個加州的天空不停落下，我們張開雙臂、仰起頭迎接。

29 科學怪人的嗜血之歌

一百五十日中的第八十四日——驚奇世界

二〇一三年九月

舞臺上到處是點點血跡。他已經在臺上等他們了。

「我必須完全集中精神。」科學怪人說。他一手拿著麥克風，以一種低沉而單調的聲音輕聲說話。

「現在我要把心跳放慢，從每分鐘七十八下變成六十下。」他很平靜，一切的速度都變慢了。最後的雨滴從屋簷落下，滴滴答答打著拍子。「我不會刺破血管或動脈，所以不會流太多血。」

只有在演出這個節目時，他才會變成科學怪人，表演結束後他又會變回紅毛，我們的吞劍大師，我們的鐵釘穿鼻大師，我們的貓奴。但在這個節目裡，他變成另一個人。

「我不會放大絕。」紅毛告訴我。「我稱為科學怪人的這項表演，一般稱之為人體針插，我的師父是混小子比爾・西屈，他總是放大絕。他表演人體針插時會刻意刺穿血管或動脈，弄得到處血淋淋的，還噴向觀眾，讓他們知道他是玩真的。我不做那種事，我只刺肌肉深處，雖然偶爾還是會流血，但我太常表演，所以不能放大絕，我會因失血過多死掉。」

科學怪人坐在凳子上，蘇格蘭裙蓋住大腿，但膝蓋露出來，彎成完美的直角，腳踏著凳子下方的橫桿。白色運動襪拉到小腿肚，他的自黏涼鞋是棕色的，沾著遊樂會場的沙。

觀眾看到三吋長針，前端磨得很尖。閃亮的針堆放在他的凳子旁，人們看著那樣的道具，難道不會想像針刺進自己的身體，穿透皮膚，進入體內的神祕所在？

他用右手拿起一根針，抵著手臂，尖端壓住皮膚，他繼續以低沉、輕柔、悅耳的語氣說話。表演場地是個小帳篷，搭在大帳篷裡，觀眾並肩站著，摀著嘴、按著胃，或是拉著旁邊的人，期待看到他們不想看，卻又多花了一元入場來看的東西。

平靜的語調，緩慢的語調。

「另一個關鍵則是痛覺，只需要一個簡單的冥想技巧就能解決。我可以關掉腦子裡感覺痛的部位，就像關掉電燈一樣。」

悶熱的空氣有如沉重的舞臺裝，只有滴答、滴答的聲音，讓在場所有人的頭腦進入半睡眠狀態，做夢一般的平靜，昏昏欲睡的信賴，話講到一半，金屬針懸在他的手臂上，空氣隨著他的心跳放慢，他把針往下一拍。

很用力。

針進入他手臂的肉裡，針的尾端貼合皮膚，其他部分都進入手臂。

我從來沒看過這場演出，但每次都會聽見。這場演出有獨立的音響系統，小小的舞臺以四塊長方形鋼板與兩塊木板搭建。帳篷裡隔出一個特別區域，搭起特別的舞臺，進行非常特別的演出。科學怪人不肯和任何「幻術」共用舞臺，因為他不希望有人以為他只是裝模作樣，不是來真的。

開演之前，我們會拎一桶肥皂水刷洗掉舞臺上的泥土、草枝、血液，主要是刷掉血。

開始巡迴三個月之後，陽光問，「準備好去看了嗎？」我點頭。

我站在觀眾後方。我們不能撥開簾幕偷看，因為這場演出有專用帳篷，而紅毛不希望任何東西干擾他的專注。並非每個場地都能表演，因為有些遊樂會禁止附加秀——那是我們多賺錢的方法。但大型遊樂會幾乎都允許我們進行附加秀，所以每隔二十分鐘，麥克風就會傳來他低沉緩慢的聲音，新的疼痛在帳篷裡上演。站在他的帳篷裡，我很緊張，有如誤闖進來的兒童，不知道這次科學怪人是否能安然完成演出，同樣的，我也為紅毛擔心，那個我每天見到的人，我努力想讓他記住名字的人，我景仰的人，不知道他是否能平安無事，再次上臺演出。

「年輕的時候，我清潔牙齒的方式非常奇特。」科學怪人說，低沉單調的語氣在句尾稍微上揚。「我喜歡從外面清。首先要把這玩意插進這裡。」他拿起一隻針（用來縫椅墊或腕花的那種大針）垂直抵在臉頰上。他大大張開嘴，然後緩緩把針刺進臉頰。

科學怪人的帳篷搭建在大帳篷裡，所以空間很小（長寬各十五英尺），距離近到我能看見他口中濕潤粉紅的皮膚，針剛刺下去的時候突出一小塊，然後針頭穿透。留在臉頰外面的針長度兩吋，針尖進入口中一吋。

這不是幻術，沒有祕訣，就是看上去的那個樣子：控制住的疼痛。

我的呼吸變淺，我必須不時轉開視線。我重新看著科學怪人，看著紅毛，這個人，我看過他吃漢堡、梳理橘紅長髮，他將另一根針拍進皮膚，我擔心這根針會不會要了他的命。在怪奇秀表演四十多年後，這根針會殺了他。

我幾乎感到嫉妒，因為觀眾絕不會忘記這樣的表演。

觀眾中有人轉身背對舞臺，有人閉上眼睛，有人看著地面。以前坐在後臺時，我聽著他緩慢低沉的聲音，偶爾會有地方電台的雜訊，沙沙作響的鄉村歌曲短暫打破他的寧靜。另一種則是撕開大片魔鬼沾的聲音，這個位在帳篷裡的帳篷以魔鬼沾閉合，進出都必須撕開，當我不太累的時候，會從我這邊的簾幕探頭察看，確認是不是有什麼狀況，每次都會看到臉色慘白的人衝出科學怪人帳篷，臉上滿是冷汗。

有人嘔吐，也有人昏倒，他們稱之為「倒地式致敬」，每個城鎮至少都會出現一次，這些全都是讚賞。有時在後臺的人會擊掌，看當時的氣氛而定，看那個當下我們有多討厭對方。有時我們所有人都擊掌，只冷落一個人，因為那天所有的不順都是他造成的，他獨自坐在貨櫃後面抽菸，一根接一根，氣沖沖地在手機上打字。

接下來是捏起一大塊脖子的皮，用針穿過去，血量不多。我做個深呼吸，鼓起勇氣。我想看著疼痛發生，不轉開視線，但我辦不到，我轉開視線，用雙手遮住眼睛，有如看恐怖電影的小孩。我還以為都過了這麼久，我應該夠強悍了，可以毫不畏縮地看完這場演出，但這一刻的真實場面太衝擊了，這是一個人類、我的同事，甚至可說是我的朋友，為了娛樂我而在我眼前傷害自己。

他把針留在脖子上讓我們盡情看。人體對冷熱最為敏感的部位，就是脖子。胚胎發育時，外面包覆著一層保護的皮膚。胚胎漸漸成長後便褪去這層皮，送往頭蓋骨及脊椎結締組織生長區，那塊皮膚就成為脖子。科學怪人的脖子，那插著一根鋼針的地方，曾經保護他的心臟。

在痛楚藝術中，製造疼痛與承受疼痛的都是自己。

以一般人的身體而言，越多金屬進入，身體越可能毀壞。想像一下：針、訂書針、植入物、刀、大頭針。我看著大頭針進入科學怪人的身體，想著過去三年刺穿我媽身體的醫療用金屬。她如何一再、一再、一再承受。她承受如此的疼痛，卻依然選擇張開嘴巴、發出聲音，一個月又一個月又一個月嘗試復健，即使進步並不明顯，但她總是努力練習。現在她去了義大利，和餐廳老闆合照，他很喜歡招待她免費甜點。

她拿著義式冰淇淋微笑的照片，會不會是我最後一次看到她在人世的模樣？

她臉頰發紅，旁邊擺著葡萄酒杯的這張呢？

科學怪人表演完畢，第六根大頭針插進他的皮膚，告訴觀眾出口在哪裡。空氣悶熱，但不只是因為氣候因素。我聽見觀眾彼此低聲交談，想找出幕後的祕密。即使他已經說過了，他們依然不明白，祕密就是他能夠一再、一再、又一再地承受。

✕

幾天之後的夜裡，史畢夫說：「好吧，莎莎，我要去嘉年城玩牌了，妳想跟就跟吧。」

我原本癱坐在後臺的椅子上，這時立刻跳起來，換上黑T恤與黑長褲，希望能讓我看起來比實際上更酷、更強悍。我們走出帳篷時，蘿拉看到了，問能不能一起去。

「隨便，當然可以。」他說。「只是，呃，妳們兩個不可以發脾氣喔，就算不爽也不要開口，那些混蛋不是妳們能對抗的人。」

我們答應了，大步走進夜色中。

X

「愛與和平加乳交，誰說的？做雞是天職。」一個男人坐在野餐桌邊練饒舌。我們走過好幾排露營車，進入嘉年城的心臟地帶。那裡有幾張併在一起的桌子，旁邊有很多男人，椅子隨意亂放，桌上放著打開的啤酒。那堆桌子旁邊是嘉年城小賣部，我第一次看到，他們什麼都賣，從零食到刮鬍刀到洗衣服務，只賣給嘉年人。

我們接近時，那個在饒舌的男人站起來，和史畢夫握手打招呼，他對我和蘿拉自我介紹，他是傑克，穿著乾淨筆挺的棒球衫，反戴鴨舌帽，脖子上掛了一圈圈金鍊，皮膚曬得很黑，顏色像消化餅。他的兩隻手臂上有都有很多刺青，裸女加上一堆納粹標誌，二頭肌上刺著「白人力量」的字樣。

「老兄，你氣色很好。」他對史畢夫說，然後在桌邊坐下，掏出錢加入撲克牌局。「你的鞋很不賴，得穿好鞋才行。我在裡面的時候，研究出哪個牌子的鞋油最好用，得把鞋子擦亮才能見客嘛。要用乾布沾上那種鞋油，用繞小圈的方式慢慢擦亮鞋子，這樣鞋子才好看。兩位小姐要喝啤酒嗎？」他問我和蘿拉。「店裡招待。」

「好啊。」我們說，傑克身後站著一群男人，其中一個拿兩瓶百威啤酒給我們。除了我們，沒有看到其他女性。

我很難不一直看他手臂上的納粹標誌，我一直想著說不定是其他東西。或許是我誤解了，可能是星星或中文字，也可能是求好運的梵文符號，不過都不是，確實是納粹符號。我在想是不是該回去，我在想蘿拉想不想回去，不知道她覺得在這裡好不好，還想不想待在這裡，如果開口問她，究竟算失禮還是貼心。她才二十二歲，我二十二歲的時候，就算很不自在也不會說，因為說出來會更不自在。即使我不過三十歲，只比她大八歲，此刻卻莫名有種媽媽的心情。我也有點緊張，我靠過去，低聲和她講話，想從她的語氣判斷她是否不自在，她開了個有點酸的玩笑，喝了一大口啤酒，然後坐下，她比我還帶種，這讓我決定留下來。

「我來介紹一下大家。」傑克對我們說。他一一報出桌邊那些男人的名字，他轉頭的時候，我看到又直又長的馬尾在針織衫上甩動，我發現他的頭部兩側剃光，手上戴著幾個金戒指，我很納悶，他和史畢夫是哪種交情，怎麼會成為朋友。

「這是碧昂絲。」傑克指著一個大塊頭男子，他畫了眉毛，穿著細肩帶上衣，我看過他，他是嘉年人飲食攤的老闆——他不和那些遊樂會一般民眾做生意。前一天，史畢夫帶我來這裡買袋裝塔可：一小包多力多滋，打開包裝，在玉米片上加碎牛肉、生菜、起司，美味極了。碧昂絲對我和蘿拉擺擺手指，算是揮手打招呼。接下來和我們打招呼的人，長得很像喜劇演員丹．艾克洛德（Dan Aykroyd）年輕的時候，只是他的臉更扁，金髮理成平頭，然後是一群狂丑粉，他們全都穿著瘋狂小丑波賽的T恤和帽子，每個人都有刺青。史畢夫對他們發出嗚嗚歡呼，他們同樣回敬。其中一個人在喝飲料，可想而知是Faygo汽水。坐在桌尾的老人戴著塑膠框大眼鏡，他說下星期就要離開了，要去找馬子，馬子馬子馬子馬——子，他邊說邊搓著橘色T恤下的胸毛，我們客套微笑，為他感到高興。一個拉丁裔海陸隊員，手臂上有大片蜘蛛網刺青，旁邊穿法拉利T恤的男人長得很好看，但始終沒開口，他的旁邊是一個黑人，他坐在懶人椅上，腿上放著一瓶啤酒，手裡拿著開過的一瓶，無論誰說了什麼，他都滔滔不絕應答。坐在傑克旁邊的年輕白人男子滿臉大汗，不時坐直轉身看我和蘿拉。他緊盯著我們，開始發出聲音，好像要說話、清痰或哼歌，但他從來沒有完整發出聲音，總是一下又放棄，重新轉回去。他的後頸刺了一排很大的花體字，寫著「悼念露西」。話題轉向這組人之前參加的遊樂會，場地距離墨西哥邊境只有六英里，傑克說只要十元就能買到一大包大麻，他用雙手比劃著尺寸，還有一家脫衣舞俱樂部，那裡的女生一句英文都不會說，稱呼所有客人「爸比」，那個人猛點頭。

傑克是這裡的老闆，擁有幾臺遊戲設施，他告訴我們，他和老婆剛買了房子。「我很想生小孩，你們知道為什麼嗎？」他問，「因為這樣我就可以正大光明看卡通，不會有人覺得我很怪。像《馬達加斯加》就超好看的，而《馬達加斯加2》又比第一集更好看。你們知道為什麼嗎？因為背景是馬戲團，你們這些傢伙應該會愛死。」他向史畢夫舉杯。

他們開始新的一局，桌邊有個人帶著裝滿錢的公事箱。大家把錢交給他，他發給玩牌用的籌碼。有蜘蛛網刺青的海陸負責發牌，我黏著蘿拉，低聲和她聊天，免得有人以為我們不想和他們講話，但我隨時拉長耳朵聽他們講話，我聽到的事情令我感到神奇又緊張。想到小時候那些留著腋毛跳舞轉圈的女人，現在的我，不可能離她們更遙遠了。

有人聊起上一個場地發生的設施故障事件，管公事箱的人在桌子底下塞了一樣東西給傑克，那個戴塑膠框眼鏡的人說：「嘿，老兄，我看到了，你偷換牌嗎？」

全場安靜下來。

「當然不是，混蛋。」傑克說。「我的牌掉了，他幫我撿。」

桌邊的另一個人站起來，他非常魁梧，矗立在牌桌旁，然後開始來回踱步。他旁邊的蒼白年輕人有著一口爛牙和兩大坨眼屎，他說，「這個牌局很乾淨的啦，老兄，別擔心。」踱步的大塊頭經過時，他想拍拍他的手臂，但那個人直接走開，他完全沒碰到。「沒事啦，老兄。」他拍拍空氣。

桌子中央的那堆籌碼非常多。「繼續玩。」傑克對牌局其他人說，不管輪到誰時，都有人加碼、有人放棄。「坐下，兄弟。」傑克對踱步的人說。他的語氣很平和，但非常強勢，他是這裡的老大，非常、非常明顯。

「他偷偷給你牌？」踱步的人問，空氣變得緊繃，彷彿一張大嘴咬住所有人。所有人緊張地來回看那兩個人，傑克端坐不動，大塊頭站著。那個年輕人一直伸手想拍拍憤怒的人，但依然沒碰到。

「坐、下。」傑克對那個人說。「加碼或滾蛋。」

憤怒的人低頭看鞋子，搖搖頭。其他人全都轉頭看他，我和蘿拉、史畢夫也一樣，我們小心觀察狀況，萬一要打架，我們得盡快離開，他在心中盤算。

「好吧，媽的，好吧。」他再次坐下。

「我們都是好兄弟，不會騙自己人。」傑克說，露出鯊魚般的笑容看著桌邊每個人。

「嗯。」那個人說。

傑克秀出手中的牌。「老兄，看到了吧？」他說。「我的牌爛透了，我只是在虛張聲勢，別緊張。」他大笑拍拍那個人的背。

那個戴粗框眼鏡的人贏了，掃光所有籌碼。

「老實說，兄弟。」傑克往後靠一些，將我們也納入聽眾。「以前我對很多不同的人都懷有仇恨。像剛才那樣，假使有人膽敢說我作弊，絕對會被我狠狠教訓一頓。我心中充滿仇恨，我對那些人做過很不好的事。你們大家應該都知道。」有幾個人笑了。「不過呢，現在我已經不恨任何人了。我愛所有人，所有人喔。」

他從旁邊的袋子拿出一件T恤穿上，蓋住針織衫，遮住大部分的白人力量刺青與納粹標誌。那些都遮掉之後，他後頸的刺青更加顯眼，圖案是一個有翅膀的大十字架。我不確定他剛才的那番話有多少是說給我們聽的——說不定，他根本不在乎我們在場，不過他似乎真心希望大家開心。

「我只是個有愛的人。」他說。「一個有愛的人，想要變帥的人。妳覺得我帥嗎？」他轉頭問蘿拉。

她不安地動了動，假笑一聲，然後喝了一口啤酒。

「我想也是。」他說。「不過，你們知道我需要什麼嗎？怎樣才夠潮？紫色休閒西裝。我說真的，全身都紫色，搭配白色袋鼠帽和白皮鞋。其他全都是金色，或許再打個領帶。下次我一定要買，等我之後有錢。」

「恐怕不容易喔。」史畢夫說，他買了更多籌碼。每個星期我都看到他預支下週的薪水，我經常聽他抱怨湊不出小女兒的養育費，但我盡量不去想這些，因為不關我的事，和我沒有半點關係。

「明年夏天，我要讓這個小子來我們這裡工作。」傑克對史畢夫一撇頭。

下一局結束時，史畢夫拋出牌說：「同花順。」

「真是可惜，兄弟。」傑克放下手中的牌。「同花大順，算你衰。」他將那一堆籌碼掃過去。「來，兄弟，給你吃紅，繼續玩下去。」他將幾枚籌碼推到史畢夫的面前。「永遠要繼續玩下去。」

X

「請歡迎無痛人出場！」這個早上我第六次說出這句話，釘床秀開演一分鐘，我先說明那些釘子有多利，我親手一根根磨到銳利無比。我完全沒意識到自己在說什麼，甚至感覺不到自己在舞臺上對著一群觀眾說話，直到前排一個十或十一歲的小女孩大聲說話。

史畢夫登場時，她說：「噢，我的天！無痛人？」她看著媽媽。

她穿著粉紅色凱蒂貓T恤，史畢夫躺在釘床上，我問觀眾要不要在他身上加點重量，每次我這樣問，觀眾絕對會歡呼叫好——但那個小女孩尖叫。

「不要！」她摀住臉，以防眼前出現鮮血淋漓的畫面。

我還是往他身上一坐，我太累了，沒精神服務觀眾，當我無意識地自動問史畢夫感覺如何，他回答：「不太好。」他同樣無意識地自動回答，不忘裝出搞笑的痛苦語氣。我告訴觀眾他說非常好，那個小女孩再次尖叫。

她猛拍舞臺，望進我的雙眼深處。

「不太好。」她堅持。「他說不太好。」

我猛然驚醒。因為太常看到觀眾抱怨翻白眼，很容易忘記還有人真的相信。有些觀眾相信無頭女真的沒有頭，他們相信我們的欺騙。不過，釘床秀並非欺騙，史畢夫真的躺在釘床上，我真的坐在他身上，儘管如此，很少有人認為這樣會痛或很危險，甚至不覺得有什麼了不起。

那雙小小的棕色眼睛鄙視我。我是禽獸，弄痛別人，故意傷害別人的身體。我怎麼可以做這種事？為什麼？

我往下坐，我每天都這麼做，每二十分鐘一次，將他的背壓在下面的釘床上，那個小女孩的視線離開我，轉向史畢夫，確認他的狀況，察看他有沒有流血，突然間，她再次對上我的雙眼。

大約二十個左右的觀眾覺得很有趣，但她不這麼想。

在我的兩句話之間，她大聲說：「妳是壞蛋！」

觀眾全體偷笑。

而我同意她的看法。

那天稍晚，我想起那個小女孩，在演出時被迫從呆滯狀態醒來，這種感覺好奇妙、好有趣。真奇怪，我生活在嘉年華中，身在這裡，想著要如何演出，但大部分的時間心卻在其他地方。幻想我父母在做什麼，回加州之後萬一他們不在了，會是什麼感覺。去義大利帶他們的遺體回家時，在飛機上我和弟弟會說什麼。

我走進矮長又昏暗的建築，州辦遊樂會的所有競賽展示品都放在這裡，我緩緩地在桌子之間走動，在腦中重複看到的文字，搭配《生日快樂歌》的旋律，不久前我和媽媽通電話時，她哼了這首歌，我相信生日快樂歌是一種暗號，表示「嗨，我想妳」，就算那一天不是任何人的生日。

膠帶服裝
豬油烹飪
酵母麵包
花式蛋糕
醃漬食品
果醬
果凍
罐頭火腿家長
罐頭火腿兒童
男用新潮商品
花藝

蔬果雕刻

奶油雕刻

我想存在於這個當下，就在這裡，這個詭異的世界，和那些奶油做成的牽引機同在。

我讀到一段文字，說要參加迷你馬競賽，馬匹的高度不能超過三十四吋。

建築外面有 位包著珠寶頭巾的女人，忙著用吹風機吹小馬的尾巴和鬃毛，她噴上一些東西，可能是髮膠，然後繼續吹，小馬冷靜而自持的樣子。

30 恐常症

一百五十日中的第八十八日——驚奇世界
二〇一三年九月

小巴加油的地方與吃午餐的Subway之間，隔著一大片老舊的柏油停車場。我們離開了堪薩斯州，要前往阿肯色州。矮哥雙手一撐，站上滑板，一手按住板面保持平衡，另一手在凹凸不平的路面上推，往三明治店前進。「我曾經做過半職業滑板選手。」他對我說，輕鬆快速地乘著滑板。「我曾經和滑板選手東尼·霍克（Tony Hawk）一起玩滑板，可惜他在世界極限運動會紅了之後，就變成討厭鬼了。」

在Subway店裡，有個三、四歲的小朋友坐著等媽媽把食物端過去，他看到矮哥乘著滑板經過柏油停車場前往三明治店。他的臉貼在玻璃上，張開嘴巴弄得到處是口水，他的視線黏在矮哥身上。矮哥滑進店裡，小朋友看呆了。他媽媽體格肥胖，粉紅T恤上繡著花朵圖案，臉很紅，她以最快的速度趕到孩子身邊，把他的頭轉到其他方向。她一放手，他立刻又轉頭看矮哥。媽媽再次轉他的頭，用氣音大聲斥責孩子。「不要亂看，不准再看了。」矮哥點了火雞肉三明治。那個媽媽放棄了，乾脆和小孩一起看，他完全不加蔬菜，美乃滋加量。

「連生菜都不要？其他料呢？」我問。「酸黃瓜呢？」

他搖頭。

「這樣你會營養不良的。」

「多謝關心，老媽。」他說。「我最風光的時候，還有贊助商呢，那個時代滑板真的很好玩，一堆很酷的傻蛋。」

第一個知名的「半身男孩」是強尼・艾克（Johnny Eck），幾乎整個二十世紀他都在怪奇秀圈子裡演出，一九九一年過世。他出生於一九一一年，骶骨發育不全症導致他一出生就只有上半身，艾克一歲就會用手走路，他的雙胞胎弟弟比他晚很多才學會用腳走路。小時候家裡有客人的時候，他經常站在小箱子上練習傳道，勸人不要喝酒、遠離罪孽，聽到的人都為之動容，直到他拿出募捐箱。

艾克是特技專家、畫家、幻術家、音樂家、企業家、攝影師、演員，及專業模型製造師。他和一位魔術師簽了經紀約，和弟弟一起巡迴演出，以「半身男孩」或「神奇半身男孩」的名號表演多年，後來改為「怪胎之王」，最後則是「世上最了不起的人」。不過，他的演出生涯中大多都用「男孩」這個稱號，而不是「男人」。對許多畸形藝人而言，觀眾的好奇中摻雜著恐懼，為了降低那樣的恐懼，刻意讓藝人顯得弱小。儘管是成年人，依然以男孩的形象呈現，也可能是半人半獸，艾克曾經演出電影《泰山》，飾演鳥人。性魅力與畸形的關係非常複雜，根據我和矮哥一起巡迴時看到的狀況，這樣的人會吸引到極端的愛慕或厭惡。有些人經過他身邊時會刻意繞大圈，比經過一般人時的距離遠很多，但我們在路上遇到的其他很多人，其他很多女人，態度完全相反。有很多女人看上矮哥，很多女人。收工之後，經常有不同的女人出現在黑暗中，臉龐有如漂浮的幽魂。矮哥點菸、戴上牛仔帽，坐在臺階頂端和她們聊天，幾分鐘之後那個女人和矮哥就一起消失了。隔天早上他回來時，臉上掛著爽朗的笑容，一夜歡愉加上室內暖氣、廁所，令他神清氣爽。

有一次矮哥早上回來時，史畢夫問：「矮哥，你怎麼這麼有辦法？」

「哈。」矮哥說。「老兄，你得要學學怎麼討好女人。更何況，我能做你做不到的事，可以做其他男人做不到的事，你好好想像一下吧。」他用雙手撐起身體搖擺。他轉頭看我，我的表情顯然在計算角度。「莎莎，我看得出來妳在想什麼，要不要親身體驗一下呀？免費招待喔。」

「你真大方，我考慮一下。」我說。

「從來沒有顧客失望過喔。」

「這也太誇張了吧？」

「我專做誇張的事。」他說。「老兄，反正你也不缺馬子，我見識過了。」矮哥對史畢夫說。

「供不應求啊。」史畢夫說。

「感謝老天。」矮哥說。

在Subway裡，我和矮哥隔桌對坐，吃著三明治。隔壁桌的小男孩在座位上轉過來，依然呆望著矮哥。終於他媽媽抓起孩子離開。矮哥走向汽水機，準備伸手加可樂，旁邊有個少年問他需不需要幫忙。

「不用了，我自己可以。」矮哥說，一邊加滿飲料。餐廳裡所有人都看著他做這件平凡無奇的事，我也一樣。我看著他，我經常看著他，這是最難的部分。一方面，我知道大家這樣盯著矮哥看很荒謬，甚至有點羞辱的意味，但另一方面，他這個人實在太精采了，很難不看。理由很簡單——他很擅長以獨特的方式在世上移動，大部分的人都做不到。

「其他人對我的態度好像他們比較高尚。」矮哥說。他告訴我，上一季，他去麥當勞，排在他後面的人堅持要幫矮哥付帳，還給他二十元。

「你有沒有收下？」我問，為他抱不平。

「媽的，當然收下嘍。」他說。「經常有人給我錢、在餐廳幫我付帳，給我小費，好像我是什麼慈善機構。我一定會收，既然他們傲慢到自願給我錢，我當然要收下。如此一來我就不會覺得屈辱，那只是另一種版本的『他媽的快賺錢』。」

「他媽的快賺錢。」我像鸚鵡一樣重複。

「妳這麼正常，不覺得很難受嗎？」他問。我想了一下，多年來，我一直努力想和周圍的人一模一樣。

「有點。」

「要是我一定受不了。」

「很少有人相信我是秀團的藝人，他們都以為我是舞臺助手之類的。」我說。

「因為這樣，妳得多做很多事。」

「意思是我要更努力才能證明自己的價值？」

「不是。妳沒有發現嗎？訂旅館、和老闆講話之類的鳥事，每次都派妳去。」

「噢。」我說。對，每次都是我，我卻從來沒想過原因。

「大家都覺得和妳相處很舒服，因為妳的樣子像他們的牙醫或學校老師。妳穿著毛線外套之類的鬼東西，就能賣出很多聖經，也可以說服人們去看刀箱的附加秀。他們信任你，信任妳正常到詭異的白人女性模樣。」

「世界就是這麼不公平。」

「妳在後臺從內衣褲撈錢出來扔在地上的那個樣子，要是他們能看到就好了，因為妳像我們其他人一樣不正常。」他點點頭，我認為是那給我的稱讚。

×

傍晚時分，距離燈光閃亮的黑夜還有一、兩個小時，距離收工還有五個小時。這裡是阿肯色州與奧克拉荷馬州聯合遊樂會，我們坐在後臺，演出之間短暫休息。我望著卡車尾端，假裝在裡面享受片刻寧靜安詳，卻聽到凱西說：「哼，反正莎莎本來就是個爛藝人。」這樣的嬉鬧調侃平常沒什麼，裝作沒聽見，一笑置之，對她比中指，然後就過去了。但今天不一樣，我心中已經沒有容納幽默的空間了。

我停止發呆，轉過身，像獵人一樣注視她的雙眼。

「去妳的。」我說。

「我只是開玩笑啦。」她嘆息，彷彿連這種事都要解釋真的很累。但她用來剔牙的刀閃閃發亮，她的劍收在鞘裡掛在腰間。

「去妳的。」我重複，視線沒有離開她的雙眼，我劍拔弩張。

「冷靜一點，真是的。妳知道我只是在開玩笑。」她說。

我確實知道，但我依然咬牙切齒。這個想法令我難以忍受：我是個爛藝人。經過這麼多個月的辛勞，我真的流血、流汗、流淚，卻依然不夠好。

「別這樣，來抱抱。」她站起來張開雙臂朝我走來。

「不要靠近我。」我對她說。我快失控了，我的內臟很可能會從身體噴出來，因為我突然漲滿了怒火，我的頭直接飛向外太空。

「別這樣嘛，快過來，寶貝。」她繼續逼近。

「我說真的。」我不想要她的愛，我無法忍受那個身體強行把愛加諸於我。

「抱抱，寶貝。」

「不要煩我。」我齜牙咧嘴，我的嘴快要噴血，我想要讓她也噴血，我的皮膚發燙，想起舞臺上的燈光，我可能不夠好，這種可能像火在燒。我舉起一隻手制止她，警告她不要再過來。

「我要抱抱妳。」她說完就抱了上來。她站著，我依然坐在椅子上，她的兩隻手臂環抱住我，有如痛苦的枷鎖。我推她的手臂，但她力氣比我大，她彎腰把臉埋在我的肩上，我揮拳打她的側腰，我的雙眼突出，我的臉發燙抽動，她靠得更近、抱得更緊，企圖用她的愛讓我窒息，我在她的肩膀上方張開嘴。我的牙齒夾住她的皮膚，咬下去。

我感覺她鬆開手，她站起來，一開始還笑著揉肩膀。

「齒痕。」她揉揉肩膀上的皮膚，然後看著我，依然因為驚訝而大笑，但很快那笑聲就停止了。「老天爺，泰莎，妳竟然咬我。」

讓我從頭說起吧。

兩個月前，第三場遊樂會，巡迴四個半月，我滿三十歲了。在我三十歲那天早上，我的床上出現四包不同口味的多力多滋，都是大包裝，不是在遊樂會用來做袋裝塔可的那種小包裝，而是充滿空氣的巨大袋子，四種口味，有辣味、鄉村沙拉醬、塔可、披薩。那天早上，我一醒來就立刻打開一包，品嘗口中鹹香的化學滋味與酥脆口感。這是我記憶中最大的奢侈，在這種封閉環境中難以取得的美味。我轉過身，凱西站在走道上，滿臉笑容，她拍手上下跳。「妳喜歡嗎？妳喜歡嗎？妳喜歡嗎？」她像唱歌一樣問，我喜歡，愛死了，我甚至不記得跟她說過我的生日傳統，一年一次給我自己的禮物：無限大吃多力多滋。這是我的祕密儀式，表達對自己的愛，以前從來沒有人注意過。

但她注意到了，凱西，她透過難以想像有多複雜的方式，取得這堆鹹香的愛，這出乎意料的溫柔，讓我感動到差點哭出來。

我的嘴巴裡，當時嘗過那些多力多滋，後來又咬住她皮膚的那個部位，是我的門牙，或許還有一點犬齒。

我沒有道歉。事情剛發生的時候，因為我太憤怒，所以沒有道歉。不過，那天傍晚，我的腎上腺素冷卻之後，我開始覺得胃很酸。我傷了凱西，咬了她。雖然是她先激怒我，我開口制止，她依然沒有收斂，但我們的行為差異很大。之前我不曾傷害過別人的肉體，從不曾突然爆發暴力行為，但我無法控制自己。我忍不住一直回想那個部分，內心的野獸壓倒理智，我傷害了別人，我沒有阻止自己，我不想阻止。最令我擔心的，其實是咬下去的感覺太痛快，彷彿終於搔到困擾我很久、很久的癢處。

我想要彌補，在她的枕頭上放了道歉字條開蠢玩笑。給她空間，傳訊息說「對不起」。找機會和她說話，但都沒有回應，她直接走開。四天後，我纏著她講些很無聊的傻事，希望或許最好的辦法就是假裝什麼都沒有發生，讓這件事就此掩蓋。她轉身看著我。

「我永遠不會當妳的朋友。」她說。「妳是使用暴力的人，我很瞭解那種人。我可以選擇要和怎樣的人來往，我選擇和妳斷絕所有關係。」

我驚愕無言。

我胃裡難受的感覺差點噴出來。原來我是使用暴力的人，最惡劣的那種。

大約一個月前，凱西又和團員吵架，她躺在我的床位旁，告訴我她的人生故事。她躺在貨櫃髒兮兮的地板上，只穿著網襪和連帽上衣。那天晚上已經收工了，她告訴我她媽媽的故事，還有她的前夫。我不知道她跟多少人說過這些故事，但那些故事很悽慘，她受到那些人傷害，經歷過很多不堪，我很感謝她願意信賴我。她在攬客舞臺上當主持人的時候，總是那麼機智幽默、嬉鬧開朗，很難想像她有過那種遭遇。想起這些事，我傷害她的行為感覺更加惡劣一千倍。她承受過那麼多痛苦，我對她造成的傷害，和她人生中最壞的那些人沒有兩樣。

據說，她搬到離家很遠的地方就學。一天晚上，兩名少年企圖搶劫，她不願意失去對這座新城市的安全感，她用盡全力尖叫，揮舞手臂，罵髒話，對他們亂踢，他們彷彿看到發瘋的野生動物，連忙逃跑，她一直不停發抖。「從此之後，我再也無法感到安全。」她說。

她不能從事一般工作，她說。不過她很會玩跳舞機，秀團休息的期間，她持續練習攬客主持。不過她真正想要的是寶寶，讓孩子充滿她的身體與生命。

「湯米！」她經常這樣突然叫住他。「拜託放個嬰兒在這裡。」她指著她自己的肚子，一邊對他拋媚眼。

咬人事件之後過了三天，海城漢克來找我。他之所以有這個綽號，是因為他入行三十五年來，每天都因為吸食海洛因而昏昏沉沉的。那天快收工的時候，我在中道上，他突然出現在我身邊。他和凱西是朋友。

「小姐，聽說妳超狂的喔。」他發出低沉濕黏的笑聲，他笑得很用力，幾乎算是歇斯底里的樣子。他拍拍我的肩膀。「聽說妳不太好惹呢。」他說完之後忽然安靜下來，對我揚起修得很整齊的眉毛，然後走開了。真希望我能感到自豪、強悍，我終於有了響亮的名聲，讓人知道不能隨便欺負我，但我卻只感到羞慚。

順便一提，大徹大悟的瞬間並沒有發生。我為什麼可以那麼做、怎麼可以那麼做，始終沒有個好答案。當我想到她，想到我背叛她的信賴，想到那之後的幾天、幾個星期，我和她共用一間寢室，但她不肯和我有眼神接觸，我因此感到非常難過，然後變成憤怒，最後變成羞恥，我想吐。我是誰？我是誰？我明明有機會將衝突降溫，但我拒絕了。我選擇噴血，雖然沒能真的噴出血來，只留下一個齒痕。

我沒做到。

咬人事件之後過了幾天，其他團員深夜去處理一件事，小巴上只剩我和阿衝。他坐在我前面一排，轉頭看我，臉上依然化著小丑妝，帶著有尖刺的狗項圈和那頂骯髒結塊的紅色大假髮。

「妳對付凱西的方法。」他說，我感覺彷彿全身的血被抽乾了。「在這裡，要贏得尊重就得那樣，那是必須的。做得很好，以前妳太孬了，誰都能欺負妳，現在妳展現了威力，以後大家會更尊重妳。」

「但她討厭我了。」我說。

「或許吧，不過以後她絕對不會小看妳了。以前妳就像一條蟲，但現在不一樣了，妳會反擊。」

「我討厭自己。」

「我覺得很好啊。」他轉回去。「不過，我不覺得妳有那麼弱，只是需要更屌一點。」

我雙手摀住臉，埋在窗戶上。

「抱歉。不是屌，是卵巢，妳需要更有力的卵巢。」

31 隱形天地

中風後兩年十一個月——啟程後五十一天
二〇一三年九月

我碰巧走到一個地方，那裡彷彿是隱形的天地，那個空間似乎不存在於空間中。戴維從義大利發來的郵件中寫著，但這個故事我已經聽過了，每當他想說明擁有祕密地點的愉悅，都會講這個故事，他也用來說明為什麼他旅行時喜歡小範圍的深度探索，而非大範圍的走馬看花。

當然，這個地方確實存在，不過人們經過時，注意力會被拉去別的地方。我父母在羅馬，他們租了一間小公寓，準備停留幾個星期。我和弟弟只收到短短幾句話描述梵蒂岡，幾句描述特雷維噴泉。有一封郵件只附了一張能多益（Nutella）巧克力醬與可麗餅的廣告照片，一段短短的文字描述戴維多麼深愛能多益，他可以用湯匙直接挖來吃，一口氣吃光不用換氣，他多麼想裸體潛入能多益巧克力噴泉裡，用盡自制力才沒有真的跳進去。他寫道，抱歉，你們應該不希望腦子裡出現這個畫面。

這次的新郵件開頭是幾張西班牙階梯的照片，然後很快就轉向其他地方。

戴維寫道，四十五年前，一九六八年，我們全家去羅馬旅遊，偶爾我會在傍晚時分離開旅館去漫遊，稍微探險一下。有天晚上，他在西班牙階梯上方散步，發現一個交叉路口，中間有一小塊梯形空間。我沿著圍牆走到下坡處的一條街，發現自己站在一個拱門下，藤蔓之類的東西垂下來。

在那裡，他寫道，他點燃一根大麻菸，坐在樹下，看著城市經過。沒有人看得見他。身在熙來攘往的人群中，卻沒有人看得見我。我經常想起那個小小的地方，那是我在古老城市中的祕密地點。

他附上一張我媽的照片，一手遮住眼睛，望著一小片草坪，旁邊到處是崩落的磚塊與斑駁柱子。她坐在泡泡上，那輛有越野車輪的輪椅，下一張照片中，她在古老乾涸的噴泉旁，端詳遺跡。噴泉的中央石柱有許多凸出的大塊石頭。歷時四十五年，戴維不但記得這個地方，甚至能想起在哪裡、怎麼去。他們規劃旅程時他就一直說起這個地方，因為他想和愛妻分享這個祕密地點。

這個噴泉為什麼會在這裡？是否曾經在某個人的生命中占有重要地位？誰設計的？他是受騙才建造的嗎？噴泉邊的那些植物是什麼？

他的問題還有很多，一整張清單，傳達出他內心的獨白，而現在幾乎很難看到了，他很少關注其他事，整顆心都放在我媽身上，除了她，只剩下急救、藥物、傷口，及痛楚。

但現在他們的生活不同了，充滿急救、藥物、傷口、痛楚的世界依然在，但那是他們每一天的內在結構，而不是外在，現在他們的眼睛注視著外界。

他們在遙遠的國度，漫遊在被遺忘的古老道路上，找到一個完全屬於他們的地方，感覺像祕密的地方，讓他們能夠編造其他人的生命故事，其他人留在世上的印記。他們又會留下什麼？

即使戴維寫下了多年後找到這個地方的故事，思索那裡的歷史，回想少年時的遊歷，並且附上照片，儘管如此，儘管有這一切，照片與文字敘述讓我們姊弟能一窺我媽和戴維發現的世界，但我並非其中的一部分。有生以來的第一次，我能夠想像母親看著孩子離家去闖天下的感受，她去創造自己的經歷，我為她感到高興、激動，但也相當悲傷，因為我不再是其中不可或缺的一部分。

32 嗜血

一百五十日中的第九十七日——驚奇世界
二〇一三年九月

戴爾說：「他的一隻眼球凹下去了，所以眼眶很可能碎了，不過我確定他的顴骨碎了。」戴爾是個大塊頭遊戲攤主，兩隻耳朵帶著大大的圓環，耳垂都被拉長了。

我咬住巨大的火雞腿，扯下一塊肉，一邊點頭。

「真是見鬼了，我可不想被捲進去。」他說。

「到底發生了什麼事？」我用手背抹去嘴唇上的油。我們腳下的柏油路面越來越燙，戴爾拉開攤位的遮陽棚，用圖釘掛上幾隻鬥牛犬玩偶，牠們露出毛氈尖牙，棕色雪茄軟軟地掛在嘴角。再過四十分鐘，遊樂會就要開始營業，戴爾要招呼客人去他的攤位玩遊戲，我則要穿上網襪演無頭女，此刻在馬術競技場練習演奏國歌的高中樂團，到時也會研究出怎麼吹出高音。

「妳知道，一樣的蠢事。」他說，我點頭，但我其實不知道，只隱約聽說。今晚我希望能知道。今晚要舉行嘉年華狂歡會。

目前我只知道，眼球凹陷的嘉年人是遊戲攤主，原本只是小摩擦，卻引爆了大衝突，遊樂設施與遊戲攤位間長久的對立情勢一觸即發，變成腥風血雨的大鬥毆，嘉年華就是這樣。狂亂風暴永遠在醞釀中，無法製造也無法毀滅，只會形成暴力與發洩的小小暴風雨。我已經見識過風暴在我體內爆發，現在準備見證在其他地方爆發的狀況。

戴爾說：「這一季結束之後，我要買一座農場，養綿羊和肉牛，小規模就好。」他的光頭反射九月陽光，高熱持續不斷，有如對街牛奶工廠不停發出的低頻噪音。

「或許會選在懷俄明州。」他揉揉指節上的傷口。

在人們心中的刻板印象，美國嘉年人總是粗魯放肆、無法無天、缺牙抽搐，而一如所有的刻板印象，這種看法既正確也錯誤。我們是藝人，經常有人提醒我，我們的地位和嘉年人不一樣，但無論哪一邊，我都聽過人們自稱為怪胎。嘉年華自成一個王國，屬於自認不被社會接納的人。然而，到處都感覺得到暴力的潛在威脅，幾乎毫無例外，彷彿脖子旁隨時感覺到他人的沉重呼吸，牙齒隨時準備咬下去。所以才需要舉辦今晚這樣的活動——抒壓的出口，也有人開玩笑說是控制下的爆炸。陽光告訴我，我們運氣不好，所以之前的幾場嘉年華全都沒有辦狂歡會。唉，可以說是倒楣，也可以說是走運，她解釋。狂歡會有的很好玩、很狂野，但通常都會發生失控狀況，幾百個嘉年人擠在遊樂會場，集體有個好理由喝酒、嗑藥，難免會發生暴力場面。女性要回寢室的時候必須有男人護駕，而且一個不夠，要兩個才行，狂歡會上酒很便宜，充滿各種高度期待。

在這裡，今天晚上，無論我們算是倒楣還是走運，總之我們的運氣改變了：狂歡會即將登場。

閘門上鎖之後，派對正式展開。

通常中道兩側的遊樂設施會利用這段時間維修，修理座位、清理嘔吐物，但今天上面連一個工作人員也沒有，我們帳篷後面的宿舍區，滿滿的嘉年人在歡笑喧嘩，互相披上希臘式長袍。通常只有小孩才會散發出這種瘋狂的精力，他們含著一大口棉花糖，融化的糖滴出來在嘴巴旁邊結成紅色小晶體，手舞足蹈跳下轉轉樂。但今晚不一樣，我將在前線目睹這放肆狂野。

剛來的時候，我總是滿臉笑容、樂於助人，但這樣的態度隨著時間慢慢褪色。也可以說是變得強硬，或是適應了。每次戴爾看到我經過，都會大喊：「嫁給我，好萊塢小姐。」

「沒問題呀，只是你老婆會生氣。」我一邊說，一邊指著隔壁射氣球的攤主約翰，聽說昨晚他的手臂又斷了。

我們巡迴三個月的第九場遊樂會，由奧克拉荷馬州與阿肯色州聯合主辦，炸熱狗、漏斗蛋糕、冷凍香蕉現在都變得習以為常，但因為這是本季第一場狂歡會，我很期待混亂的場面。我想像著扮妝雜交，冰毒菸斗傳來傳去，天翻地覆。現在我是圈內人了，我準備好面對鮮血和骨頭。

在這嗜血的當下，我沒有意會到，直到一段時間之後才驚覺，其實我積極尋求暴力。我想見證最糟的狀況，為什麼？為了以後有精采的故事可說？當然是，但還有其他原因，更醜惡的原因。

傍晚時分，幾個工作人員提早關閉碰碰車，將車子一一搬出場地。小車在遊戲設施後面排成一排，紅色、綠色、金色車身閃耀光芒，外圍包著一圈橡膠。碰碰車場地擺上大桌子，大托盤裡裝著肋排、炸雞、馬鈴薯沙拉、豌豆，及起司通心粉。最前面展示著拍賣商品，有皮革工作手套、工具組、快煮壺，還有十到十五種不同的烈酒，裝在造型酒瓶裡，附上小酒杯。紅毛捐出他經常塞進喉嚨深處的劍。

在廁所裡，女性在胸口噴上棉花糖體香劑，在頭髮噴上香草髮妝水。嘉年華員工中，大約有兩成是女性。我經過時，其中一個問我：「妳要嗎？」

「好啊，謝謝。」我感激地說，很慶幸能稍微掩飾身上的氣味，我穿著全套舞臺裝在阿肯色州的高溫中流了整天汗，可想而知有多可怕。

我們秀團的人員融入狂歡會，沒多久矮哥從一個黑暗角落出現，嘴裡咬著一個塑膠袋，裡面裝滿果凍酒。

「歡樂時光到了。」他給我一個果凍。我正要擠出來，他搶回去。

「不是那樣啦。」他嘆息。「看我示範。」他將舌頭伸到果凍與容器之間，舌尖一轉，將果凍整個勾進嘴裡。

「是脫衣舞女教你的嗎？」我問。

他揚起眉毛，酸溜溜地一笑，繼續下一個。「她們教我的可多了，不只是這個。」他吞下果凍，貼著我的腿跳了一下電臀舞，然後跑去找樂子。

我坐下等候，期待會發生慘烈場面。我的四周，人們有說有笑、飲酒作樂，但我坐著不動。萬一真的發生傳說中的帳篷柱鬥毆，我不確定是否有勇氣看下去，我也不確定是否有勇氣看著約翰再次骨折的手——因為幾個月來一直用髒布包紮，所以潰爛長水泡。但是如果我能做到，就能夠學到測量的方法，真正瞭解此處幽微的黑暗。

這就是這裡發生過最惡劣的場面，我距離事發現場這麼近。我可以如此報導。當然，實際上我只看到嘉年人喝啤酒、耳鬢廝磨，偶爾會有人躲到燈光照不到的地方。

坐在我旁邊的男人衣著整潔，襯衫塞進褲腰，牙齒一顆也不少，皮膚相當白晰，顯然是老闆。他注視著盤子裡的食物，沒有抬頭看我，問我知不知道為什麼紅毛以前有個名號叫「蜥蜴紅毛」。

我不知道。

他說：「蜥蜴紅毛曾經負責我們的爬蟲秀，做了好幾年的時間。有天凌晨三點，有人猛敲我的門，我被吵醒。外面下著傾盆大雨，雷電交加。快起來，暴風雨吹壞了十六英尺大蟒蛇的籠子，牠跑到中道上了。蜥蜴紅毛大喊，而那位老闆嗤笑一聲，咬了一口烤肉三明治，他的語氣輕快，彷彿在講他最喜歡的笑話。那時候我全身光溜溜的，我的第一個念頭是，半夜在暴風雨中追大蟒蛇要穿什麼衣服？我慌了，穿上隨手拿得到的衣服。等到我搖搖晃晃走出露營車，蜥蜴紅毛冒著大雨從中道中央走來，那條大蛇就纏在他身上。」

「後來你們做了什麼？」我問那個老闆。

「沒什麼，我們把蛇放回籠子裡，第二天繼續做生意。」他說。

「我還以為會有恐怖的結局呢。」我說。

「這就是我們的工作，盡量避免災難。」

一整個星期，嘉年城飄出濃濃的烤肉香，經過「鏡子迷宮」與「滑雪樂園」一路傳過來，每天收工後負責銷毀票券的梅林，用票券生火烤肋排。

「這些票浪費掉太可惜。」今天稍早，他端著一盤肋排走進我們的紅藍相間馬戲團大帳篷，油脂有如橘色小河聚集在保麗龍上。這場遊樂會每年都有十三萬五千人次前來遊玩，每天都有成千上萬的票券從出納手中交給遊樂設施員工，再賣給那些迫不及待的小朋友，他們的身高終於達標了，可以坐瘋狂老鼠雲霄飛車，而這些票券最後被用來烤肉。梅林經常來我們帳篷，因為他喜歡凱西，所以送她票券烤肉。

他站在碰碰車場地另一頭，我微笑揮手，他只是瞪我一眼。

拍賣會很歡樂，收入將捐給某個嘉年華慈善組織，於是我溜出去，走向遊樂會場另一頭的廁所，想看看其他地方是否正在上演衝突場面。嘉年華空蕩蕩、黑漆漆，小船默默在池塘中搖盪，水面映著天空中的半輪月亮。旋轉木馬停在半途。雖然我依然能聽見狂歡會的喧鬧，但其他聲音更明顯：場地周圍樹上的蟬鳴，工廠徹夜運轉發出的機械與馬達噪音，一輛露營車中的哭鬧嬰兒。

酸黃瓜串旁邊有一堆翻倒的漏斗蛋糕，我小心繞過。嘉年華會在其他地方熱鬧滾滾，某個地方。儘管我身在嘉年華中心，卻同時總是身在局外。

你們絕不會相信我看過什麼，我在腦中開始編故事，我的雙眼在會場上四處搜索。我的視線落在「鏡子迷宮」外的一面鏡子上，我的頭變小、腳變大，這把戲太明顯了。儘管如此，我依然覺得是自己扭曲了，我變成會咬朋友的人、心靈脆弱的朋友，而且覺得很爽。

碰碰車的音響系統正大肆放送今夏最流行的鄉村饒舌混音金曲，有一個骨瘦如柴的缺牙女性一頭撞上我，然後誠心道歉之後離開。帶我一起去，我好想這麼說，但我一轉頭就看見戴爾。

戴爾在和一個嘉年人聊天，他大笑拍對方的肩膀，銀耳環晃動不已。我準備走過去開個酸溜溜的玩笑，但他加入另外一群人，他們一起走向遊樂會場。

「戴爾！」我大喊，他轉身看我。

「你的農場會養馬嗎？」我問。

「當然。一定要的啦。」他說。

「這一季結束？」

「對。」他說，接著又改口了。「呃，如果我能存到錢的話，如果不行就明年，明年一定沒問題的。」

「明年一定可以的。」我附和。

「晚安，好萊塢。」他說完之後走向低垂的月亮。

路上的兩家鄉村音樂酒吧都沒有營業，儘管史密斯堡是貓王第一次剪平頭的地點，但是除了遊樂會場之外，到處都聽不到搖滾樂。幾個嘉年人圍著矮哥，問他怎麼上大號、能不能做愛。無論走到哪裡，都會有人問這些。我很想說，就在這時候發生了大火，或是打群架，成為今晚值得紀念的高潮，然而，狂歡會只是漸漸變冷清，最後把剩下的肋排裝進垃圾袋，讓人打包帶回宿舍。

還有兩個人流連不去，儘管混音舞曲熱烈放送重節拍，但那對男女溫柔緩慢地搖擺，我經過時嗅到一絲香草氣息。

遠處依然有歡呼喧嘩，一如牛頓第二定律，今夜的能量沒有創造也沒有毀滅，而是在我到不了的遠方持續閃耀。那對男女互相摟著肩膀，走進暗處。

✕

我爭取了好幾個月，湯米終於答應讓我離開三天。他提醒我，這是史無前例的事。沒有人半途離開，或者是說，沒有人可以離開又回來。

去沃爾瑪的路上，湯米在小巴裡說：「兩年前我爺爺過世，我也沒有回去奔喪。」我們在喬治亞州，那天電視實境秀童星「甜心波波」（Honey Boo Boo）來看秀。

「我最好的朋友過世時，我也沒有離開。」陽光說。

「無論發生什麼事，我都不會離開。在秀團時就只有秀團，世界的其他部分都死了。」史畢夫說。

我看著前面的湯米，他一手鬆鬆握著方向盤。他的後頸穿了一根像手指一樣粗的金屬棒，手腕內側有個拼圖形狀的刺青，他轉動方向盤時我都會看到。小巴裡的沉默意味深長，就像剛才他們所講的話一樣。世界上有兩種人，一種在秀團裡時就只有秀團，世界其他部分都死了；另一種人不一樣，但那一種很可能撐不住。

那塊拼圖只是一個輪廓，無法連上其他的拼圖。

✕

老實說，要離開我很緊張，非常、非常緊張，我和這些團員相處了四個月，日夜都在一起，我很難想像離開的感覺。不過，我的另一段人生在視線邊緣搖晃吸引我的注意。我的一位好友即將在加州結婚，我們認識很久了，在我決定加入秀團之前的好幾個月，她邀請我參加婚禮，我滿懷激動地答應了。婚禮場地在舊金山南區的豪華酒莊，我那些光鮮亮麗的大學友人都會參加，他們都有很厲害的工作，像是金融業、公關界、獸醫等。他們都住在有室內洗手間的房屋裡，所以身上只有肌膚平淡的氣味或香水味，而不是在貨櫃裡住了好幾個月之後，身上洗不掉的濃濃土味。

出發的前一晚我無法入睡，興奮到無法安靜下來。搭巴士去機場的路上，我的腿抖個不停，心跳速度飛快，我很激動。我很激動沒錯，但也有另一種感受，很難說明的感覺。

我坐飛機一路回到西部，這是我第一次回到加州時父母不在，但我沒有時間多想。我必須立刻開車前往婚禮場地參加彩排，我必須一路開去位在山丘上金碧輝煌的酒莊，完全是童話故事中的城堡，然後盡快塗上大量除臭劑，我考慮要不要連脖子和膝蓋後面也擦，但新娘的車來了。我擁抱她，伴娘們一個一個下車，我擁抱她們所有人，心裡想著，看吧，我和她們一樣，我們大家都在這裡，髮型漂漂亮亮，我可以像其他人一樣歡笑。

我們練習走紅毯，然後去喝酒，晚一點也一塊去吃飯。在餐桌上，麻煩正要開始了。

「妳最近在忙什麼？」一個大學同學問。

「呃，我知道你們會覺得很怪，不過，我加入了巡迴怪奇秀。」

「哈哈哈。」他說。

「我懂。不過是真的。」

「等一下，什麼？妳在怪奇秀做什麼？」

「每天的行程不一定，有吞火、弄蛇，或主持軟骨秀。」

「老天啊，為什麼？」

我們吃著蝦、配著高檔的白酒，也就是說，我們手中拿著小小的粉紅蝦尾，我一時想不出答案，通常有人問起，我都會搬出一個很長的故事，但我相信他不想聽。

「其實我也不知道，因為好玩吧？」

「好玩嗎？」

「有時候。」

「妳不是畢業生致詞代表之類的嗎？」

「對，之類的。」

「現在妳在吞火？」

「現在我在吞火。」

晚上活動繼續，第二天的一切都非常精緻美好，化妝、髮型、婚禮、跳舞、敬酒，但我總覺得像在另一個空間偷看。即使我在淋浴間裡一次又一次刷洗身體，我依然覺得身上的氣味和別人不一樣，我手上有傷口和老繭，因為在戶外操勞，我的肩膀曬得很黑，當然我並非感覺自己突然變得多強悍，在場的其他人都是弱雞，但我一直不停想到秀團的朋友，總是在工作、工作、工作。我討厭這樣。我想他們、想他們，然後因為想他們而責備自己，我提醒自己不可以傳心形花環的照片給他們，因為我在這裡這麼開心，怎麼可以想到他們。更何況秀團的工作很累，令人精疲力竭，我在那裡變成了野獸、使用暴力，變成了我想像不到自己會成為的那種人，但這樣反而讓我更想他們。我想知道演出是否順利、觀眾多不多，會在公共廁所淋浴間大便的那個傢伙有沒有繼續大便。

然而，在婚禮上的我有如一隻舞動的蝴蝶，盡可能假裝自己很開心，我非常擅長這種事，扮演我被分配到的角色。呃，還算不錯啦，不過跳舞的部分我表現得很差。這趟旅程我一直跛著腳，每走一步髖部都會抽痛，因為一、兩週前架設的時候我受傷了。我站在梯子頂端掛燈光，不小心嚴重扭傷。於是，我拖著腳步跳舞，臉上掛著笑容，每次去洗手間都會補體香劑——婚禮結束時，我的腋下結了一層白殼，但隨著每分每秒過去，我越來越清楚我不屬於這裡。

明天晚上，我就要搭飛機回去了，有幾個小時的時間可以和戴文一起漫遊城市，我和他約在咖啡廳見面，他從街角走來時，我差點崩潰。我不確定他能不能認出我，我內在的改變是否也影響了外表。

我們出發之後，他說：「老天，小鬼。」他很擔心。因為走路不方便，我挽著他的手臂，我的膚色非常黑，像水手一樣滿口髒話。不過，我沒有聊怪奇秀的事，因為無論我如何形容，感覺都太渺小、太平淡。

我買了糖果準備回去後分送給團員，糖果、餅乾、洋芋片、玩具、小禮物，我覺得必須給他們一點東西，以彌補我離開的行為。

我沒有看著街景，想著這座城市很可能再也見不到我父母。我沒有在超市摸摸裝韓國泡菜的罐子，為我媽祈福。

我準備出發去機場時，戴文說：「妳不必回去，妳可以睡在我家的沙發上，妳想住多久都沒問題，也可以在這裡找工作，好好治療髖部，什麼都好。」

我思考了一下，讓我的身體暫時感受住在室內，獨自走在城市街頭，那屬於我的城市，抹去我在秀團的所有變化，眼前義氣十足的親愛好友想幫助我。

「我知道我可以。」我說。

「所以呢？就這麼做吧。」

「你知道我不能。」

「為什麼？」

「我不想辜負他們。」

「泰莎，就算沒有妳，秀團也不會怎樣。」

「嗯。」我說。確實如此，他們不會怎樣，表演會繼續下去。他們會完成這個巡迴季，不受影響，只是有一段時間他們會少一個人手，每個人都必須多負擔一點工作。只是我還沒學會所有演出就離開了，沒有嘗試過我知道會讓所有人嘆為觀止的演出：電流女。只是有人會拿起擦不掉的麥克筆，在貨櫃牆壁寫上「泰莎，撐不住」。

要做到唯一的辦法就是去做，沒有祕訣。

「我得走了。」我擁抱戴文。

「好吧。」他搖頭說。「在那裡別弄死自己。」

我回到秀團。

沒有人肯看我的眼睛。

湯米去機場接我，多麼、多麼貼心的湯米，他說很想念我，說秀團少了我感覺不一樣了。我非常感謝他的善意謊言，差點哭出來。我們抵達會場，佛州的彭薩科拉市跨州遊樂會，架設工作已經開始了，我下車，戴上工作手套，以為大家會來跟我打招呼，問我旅程是否順利，說他們很想我。但要做的事很多，而我們都是做事的人，甚至沒有人察覺我回來了。我以我所知道的方式盡可能重新融入，卻感覺像個外星人或逃跑的人，我跛著腳在帳篷柱間移動，盡可能加倍努力，希望能贏得一些溫情。

回來的感覺不算好，但也不差。我立刻就覺得又累又髒，因為離開而內疚。我的床位依然在，我在阿拉巴馬州找了一個臨時替角，保證這幾天能讓她感受到冒險的滋味，我不在的時候她做我的工作、睡我的床，現在這張床感覺像以前一樣。兩條蛇依然在箱子裡互相糾纏取暖。海報組的人負責在前面最高的柱子頂端架設燈光和旗幟，似乎沒有我也進行得很順利，不過當我說要幫忙時，史畢夫默默爬下梯子，打手勢要我上去，那是我的工作，是我知道怎麼做的事。我爬上梯子頂端，腳幾乎踏上最高那一階，我站在那裡彎腰將東西固定在柱子上，套上旗幟、插上小燈的電源，我知道我所做的事違反了使用梯子的安全守則，但我把手伸得比平常更遠，加快工作速度，因為我的胃裡彷彿壓著石頭，說不清為什麼，但我知道，我不想在這裡，同時也想在這裡，我完全不懷念這一切，同時也瘋狂地想念。我知道，這個地方是我躲不掉、逃不開的家，但時間太過短暫。

33

英雄的定義

一百五十日中的第一二六日——驚奇世界
二〇一三年十月

我們在彭薩科拉的跨州遊樂會，夏季已然接近尾聲。即使是一年四季都可以穿夾腳拖的佛州，樹葉也開始轉為金黃、橙橘。沃爾瑪的店面裝飾從國慶日變成夏季烤肉，又變成開學日，再變成萬聖節，再過不久，萬聖節商品也要開始特價出清了。

萬聖節是陰陽兩界分際最模糊的一天，我們美國人變裝打扮，短暫化身為另一個人。我覺得自己加入怪奇秀的這整個巡迴季，就是在不停重複萬聖節的變裝，不過這一夜，所有人都可以感受這樣的身分轉換。

遊樂會的幾個老闆決定舉辦萬聖節狂歡會。距離真正的萬聖節還有幾天，但這是辦派對最好的藉口。幾個星期前，我們才參加過由另一家嘉年華公司舉辦的狂歡會，不過現在我們已經能夠熟練地用舌頭勾出果凍酒。當然，我們所有人都有舞臺裝，只是穿上那些服裝感覺不像變裝，而是每天工作的服裝。不過，穿上別人的舞臺裝依然是變裝，於是我們互相交換。凱西穿我的黃蜂裝，我穿她的水手裝。現在我們的關係儘管疏遠，但她至少願意容忍我，這樣我已經很感激了。大大班穿上亮片西裝外套，史畢夫在附近的二手店找到一套水手服。其他團員已經有服裝了，於是狂歡會那天晚上，閘門關閉，客人關在外面，我們關在裡面，派對登場。

這場派對大致上和前一場一樣，喝酒、拍賣，及大盤餐點。不過這一次，幾乎所有人都變裝了。假警察、怪物、穿西裝的男子褲襠露出兩英尺長的充氣老二、超級英雄、海盜、壞壞護士、殺人狂等，不知為何，彷彿變裝之後規矩也變了。肢體接觸的時間、對象與方式都不一樣了。要喝多少酒才能消滅騎鴕鳥造成的罪惡感，這也改變了。

妳也無可奈何。

當我說出萬聖節狂歡會發生的事，每個人都這麼說。

大家都會這麼做。

當我說出過去這幾年的人生，說出我多想搬回家幫忙，卻始終沒有實現，每個人都會這麼說。

然而，沒有什麼無可奈何。我們都做出了選擇，我做出選擇。

我們經過一輛擠滿骷髏的露營車。

時間大約凌晨三、四點，拍賣會結束了，美國隊長問我和史畢夫要不要去他的宿舍，其他復仇者會聚在那裡喝啤酒、抽大麻。我們想去。我們對骷髏揮手道別，對窩在八爪魚下面打扮成熊的人道別。浩克在露營車外面，將冰塊倒進裝啤酒的冰桶，索爾用槌子猛敲地面，嚷嚷著終極力量之類的話。我坐在史畢夫與美國隊長中間，其他英雄將露營車中的枕頭扔進小火堆，一切都很好，一群變裝的人圍在一起閒聊，直到一群新面孔從黑暗中出現。

「喂。」一個男人的聲音說。「你在喬佛瑞披薩店上班嗎？」

「對。」美國隊長說。「什麼事？」

「你老闆上了我的馬子。」那個人說。

「什麼鬼？」

「他是個混蛋。」

「媽的，你誰呀？」浩克問。

「告訴你老闆——」那個人說，但他的話沒有說完，因為坐在我旁邊的美國隊長出手了，拳頭從我的臉旁邊閃過，正中那個陌生人的鼻子，可惜打得不夠重，因為那個人立刻舉拳反擊，突然間我的頭往後仰，因為我坐在兩個揮拳的人中間，所以神經緊繃，一直擔心會挨拳頭，但我並非被打中，而是有人從後面拉我的頭髮。我戴著水手帽，頭髮紮成兩條麻花辮，有人伸手抓住其中一條，將我扯到地上，然後拉著我離開，剛才我坐著的地方，超級英雄和陌生人擠在那裡互毆，彷彿他們的身體不由自主必須占據空位，像水一樣。我聽見頭重擊地面的聲音，索爾的頭，那些超級英雄應該很希望他們真的能劈開地球、從地面往天空發射雷電。

史畢夫終於放開我的頭髮，改為抓住我的手，我們拔腿狂奔，繞過宿舍的角落繼續跑。我問他怎麼回事，剛才發生的事他是否明白，他發出半是大笑、半是冷哼的聲音，「只是兩群笨蛋想抒發一下心情。」他說。我問是不是應該告訴什麼人，或者找人幫忙，他說不用，不會怎樣，那兩群人感覺勢均力敵，這種狀況通常會自然落幕，該化解的問題都得到化解。我們還在跑，牽著手，經過其他宿舍，依然穿著道具服的嘉年人零星走動，我們經過重力飛船、歡樂屋，以及其他一片漆黑的遊樂設施，我們終於到了接近秀團帳篷的角落，就在那時候，我們看到了。

一群人圍成一圈。

我不由自主盯著看。

有幾個人彎下腰，他們手中拿著東西。我努力想看清楚，因為我擔心是否因為剛逃離險境，所以誤解了眼前的場面。

他們手中的東西又細又長，是金屬，金屬管。

在那一圈人中央，有另一個人。他跪著，頭貼著前面的地面，雙手抱頭，接著倒地側躺。此時不上，更待何時？我朝他們踏出一步，彷彿偉大的嘉年華英雄，史畢夫剛才好不容易拽著我的頭髮將我帶離上一場打鬥，現在抓住我的肩膀，將我推向旁邊的流動廁所。

「媽的，妳瘋了嗎？」史畢夫說。

「他們會不會殺死那個人？」我的胸口劇烈起伏，呼吸紊亂。

「或許。」他說。

「我們得阻止他們。」我說。

「是喔？」他說。「妳想過去挨揍嗎？」

我們站在秀團帳篷的影子下，但圍成一圈的那幾個男人肯定看到我們了。似乎沒有人在意，沒什麼好隱藏。這裡自有一套規矩，我不懂，很可能永遠不會懂，但那個人倒在地上，被圍毆，受了重傷。

「我們可以報警。」我說，腦子在驚慌中狂亂轉動。

「哈，妳以為警察會來嗎？」

「說不定。」

他轉頭看我。

「那個人搞不好就是因為報警所以挨揍了。」他說。「不關我們的事。」

「可是——」

「不行。」

「史畢夫——」

「妳希望我們丟掉小命嗎？」

我閉上嘴，一邊看著躺在地上的人。

「你覺得他做了什麼？」我低聲問。

「天曉得，不過他八成活該。」史畢夫說。

我靠在流動廁所上，看著金屬管一次次落在骨頭、器官、頭髮與難以辨認的黑色道具服上，大約五到十秒。那是他們的事。

「這裡不安全。」史畢夫說。「進去帳篷，今晚不要再出來了。」

我聽話照做，就這樣。

我一直不知道那個人是生是死。

我站在那裡旁觀，然後離開。

第二天早上，我走到那個地方，想看看草地上有沒有留下證據，不過草已經放下昨晚的事了。我的喉嚨緊縮，滾燙的內疚、羞恥，感覺彷彿我扔下那個人害他被活活打死。

我回到帳篷裡，美國隊長送上一片臘腸披薩表示歉意。

「對不起，讓妳看到我們打架。」他給我披薩和一罐可樂。

「你們沒事吧？」我問。

「大家都很好，只是喝醉胡鬧而已，已經全都解決了。我們不是故意要把你們捲進去，我們不希望你們受傷。你們沒事吧？」

「沒事，我們很快就逃跑了，結果卻遇上另一場打鬥，更不公平的打鬥。我沒有制止。」我說。

「為什麼妳要制止？」

「他們把那個人打得很慘。」

「這個世界，妳瞭解越少越好。」他說。「這裡自有一套系統，實行很多、很多年了，妳無法改變的。」

「當納粹剛開始迫害無辜的民眾時，那些視而不見的德國人，他們難道沒有責任挺身而出嗎？」

他大笑。「這下嘉年人變成納粹了嗎？算了吧。我送了披薩和可樂來耶，是新鮮披薩，剛出爐的喔。」

我從帳篷門外望出去，看著中道上的兒童遊樂設施，一個綁著棕色長馬尾的高瘦嘉年人正在扶一個小男生坐上飛機。我想起第一場遊樂會認識的里奧，天氣很熱的時候他會請我喝冰茶，沒有別的用意，只想聊聊他的蘭花，還有夢想開牧場的戴爾。然後，我又想起那個倒在地上的人，他以四肢護住身上脆弱的部位，加州的小學在地震演習時都會這樣教小朋友。我不懂，看到另一個人那樣生怕自己的脖子會被打斷，怎麼可能無動於衷？我很擔心、我是有感覺的人，但我卻沒有任何作為。

妳也無可奈何。

新世界召喚出各種新自我。

34 電流女不乖巧

一百五十日中的第一三〇日——驚奇世界
二〇一三年十月

一天過去了，兩天、三天，更多天。演出繼續在正常與異常間擺盪，我盡可能不去想倒在地上的那個人，不去想我在凱西皮膚上留下的齒痕，但這些重擔無法輕易拋棄。我內在的黑暗令我錯愕。我一輩子都努力想當個好人、乖巧的人，只做對的事。我和媽媽之間的關係長期處於灰色地帶，我以為加入怪奇秀能給我更清楚的道德基準。我以為，來到這裡，正確地完成工作，當個好人，這樣就行了。

電流女不乖巧。

幾站之前的架設工作進行時，我問陽光：「我可以演電流女嗎？」

長久以來我一直遠遠看著那張電椅。每一場新的遊樂會，陽光指派其他人演電流女，我只是默默看著，耐心等候，希望有一天她會認為我準備好了，她沒有開口，我停止等待。

「當然可以，妳是新的電流女了。」她說。

原來這麼容易。

剛入團的前兩個月，我擔任攬客女郎，然後做了一個月的內場藝人，主要是在各種幻術道具間跑來跑去、擔任主持人，然後奇蹟突然發生，我當上電流女了。

電流女伊蕾特拉不是乖女孩。她不是女孩，而是「女人」。電流女玩危險的遊戲，並且樂在其中。

演出的前一天，湯米帶我來看電椅，他說：「其實很安全，妳完全不會有感覺，以前我們會讓電流女用身體點燃香菸，妳連這個都不必做。這年頭有太多注重健康的瘋子，他們討厭香菸。」

我信心十足地點頭，我一直努力表現出大無畏的模樣。

「電椅只有一個問題，外面下雨的時候可能會出狀況。」湯米說。

「什麼狀況？」我問。

「通常不會怎樣，不過萬一淹水，我們會取消電流女演出。如果只是下雨，可能會有點小驚嚇。」他說。

「觸電嗎？」

「很輕微。不過和妳想像中不一樣，很輕柔的。」

我站在幕後，等紅毛結束鼻孔入釘的演出，聽著雨點落在塑膠帳篷布上的聲音，想著湯米的警告。紅毛說：「下一場演出也在這個舞臺，你們將看到最精緻、獨特的家具。」他在這個舞臺上反覆講這個故事太多年，以致於感覺像錄音帶，所有字都糊成一片。「死刑犯給了這玩意一個暱稱：小火花。」

當他說出，「讓我們歡迎伊蕾特拉女士出場。」我踏出最後一步，拉開簾幕，彷彿這一刻是我今天第十九次重新出生。

零星掌聲。

我上臺之後，塑膠布簾幕落下，我站在紅毛身邊，四十名左右的觀眾來回看著我們。每天有大約八百萬道雷電打在地球上，電量非常大。每片樹葉下、每個張開的口中，都有電流竄過。紅毛對觀眾介紹，我雙手插腰站著，讓他們猜測我會不會怕、我是怎樣的人。我一臉自信，這個掛著淺笑、瞇起眼睛的女人，她很清楚自己能承受多少電力。

「你們知道電椅是誰發明的嗎？」紅毛問觀眾，一片沉默。「湯瑪斯·阿爾瓦·愛迪生。你們知道目前還有多少電椅在使用中嗎？四十七臺。」

這張電椅並非其中之一，我們只是希望他們這麼以為。

我很熟這套把戲。我很清楚他們知道，我的身體即將充滿會殺死我的東西。

為什麼他們會因此感到興奮？我張開雙腿站著。

湯米第一次帶我來看電椅的時候，我問他：「我很好奇，電會不會留在體內？」

「妳不會帶電啦。」他說。

這個女人知道她能承受多少電力，但她要更強的電流。

哪種比較好？平安度日，還是點亮輝煌？

「來啟動吧。」紅毛說。我上前，扭屁股、拋媚眼，側身走上四級臺階，轉身，坐上電椅，雙手平放在屁股下面。我調整角度，稍微往後傾，表現出輕鬆的態度，一點也不擔心。我手掌的皮膚貼著下面的金屬板，直接導入電流。新來的觀眾低頭鑽進帳篷，將傘上的雨水甩在草地上。他們像卡通人物一樣揉眼睛。紅毛伸手到電椅後面，之前插入釘子的鼻孔滴出透明鼻水。外面的雨下不停。

他啟動開關，我通電了。

「現在請看伊蕾特拉女士用舌尖點亮這個燈泡。」紅毛用燈泡玻璃的部分掃過我的前額。燈泡滑過皮膚，我的臉上冒出雞皮疙瘩，彷彿電流命令所有毛孔立正。其實不會痛，只是一種刺激的感覺，只有內在感覺得到，外在看不出來，像被擰了一下，讓我打起精神，稍微坐直。

我用力壓住自己雙手，我想確定每一根手指和手掌心都接觸到金屬板，盡可能吸收特斯拉線圈製造出的電力，以便源源不絕地導電。只有當電流不夠的時候，我才會感覺到電經過身體——輕微的刺麻，就好像睡太久之後腳麻掉的感覺。當電流無法順暢通過時。當外面下雨時。

我表演這個項目兩週了。一場小型夏季暴風雨帶來刺痛，讓電流在我體內更加活潑。我知道我點亮了輝煌，不只是因為觀眾愉快的神情，我體內感覺得到更大、更強的東西，橫跨整個地球的東西，而我成為了其中一部分。

紅毛在舞臺上走動，外面有個小孩在尖叫，我將藏在短褲口袋裡的燈泡放進口中。舌頭壓住陶瓷絕緣體，繞過尖頭，牙齒咬住保險絲。變成帶電的人，真的有那麼不好嗎？我知道這個想法很不合理，但在這裡的舞臺上，演出結合了物理定律與幻想。聽別人說妳是電流女，同樣的故事重複那麼多遍，難道不會稍微信以為真？

我的舌頭接觸燈泡底部，我口中充滿靜電，我的牙齒在皮膚下顫抖，一小灘血，不對，是水，從帳篷側邊湧上舞臺。我含住燈泡，紅毛過來用手指碰了一下，我點亮。他完成了迴路。我的牙齒咬住一個明亮的奇蹟，感覺到一個偉大的東西涓滴流過我的身體。觀眾拿出相機對著我們按快門。

我覺得很驚險、很神奇。

第一次，在屬於我的驚奇世界裡，我充滿電流。我很想表演給我媽看，回應她日常的苦難。兩個堅強剛毅的女人，引導大地的力量，兩個女人選擇如何在世上被喚醒。

⤫

薄暮時分的海灘，冷風颼颼，蘆葦左右歪倒。一個女孩，我大約八或九歲，和媽媽一起坐在野餐墊上。媽媽的臉朝著大海。她抬頭對著天空，紫色慢慢擴張，她閉上眼睛，讓自己成為一幅畫，以後說不定會真的畫出來。天空中醞釀雷電，紫雲後方積聚潛在能量。大約十六、七年後，這個媽媽的腦子將被鮮血淹沒，再也無法行走、說話，有一段時間甚至無法表示她認得女兒。她真的還認得女兒嗎？當然，她一定要認得。海水上有一道道泡沫線條，有如牛排上的脂肪，一陣陣風吹起沙子。

「妳有沒有感覺到？」媽媽問，她閉著眼睛，臉朝向大海。「閉上眼睛，就可以感受到更多。」

我閉上眼睛。等候更多感受。等候。我偷看她一眼，她露出隱密的笑容，我從來沒看過，所以有點害怕。我閉上眼睛再試一次，但我一定做得不對。

她就在我身邊。我們吹著同樣的風，同樣的沙刺著我們的皮膚，但她也在遠方，感受更多。我第一次明白，感受不到別人的感受，是什麼意思。

海鷗在沙灘上緩緩步行繞圈，像掠食動物一樣朝我們走來，我媽穿著老舊的羽絨外套，上面有汗水與營火的氣味，她不以為意，她走到旁邊，公然就地便溺，她不以為意，她離開我坐著的地方，微笑揮手。她對我擠眉弄眼，然後在沙灘上獨自往前走，回頭對我揮一下手，然後越走越遠，她的身影越來越小，一半又一半，漸漸走遠的人迎向海上最後一絲光。我想說的其實是，她早就知道如何遠去，我早就已經失去了她，從不曾擁有她。

前方，黃球般的太陽落下。後方出現隱約星光，空氣中有冷風、冷冷的鹹味。我想像媽媽幻想自己游泳到對岸。在太平洋裡游幾天、幾個星期，會是什麼感受。她能游多遠呢？

她回來的時候，再次述說她小時候的故事。她好愛游泳，沒有人能讓她離開水，沒有人能做到，但她無法相信，她生出的寶寶竟然不是水寶寶，不喜歡下水，一點也不喜歡。我說真的。

我想說的是，儘管後來發生了那麼多事，在這一瞬間有過無法超越的美，我不擁有那個人，她也不擁有我，她緩緩走在寒冷海灘上，觸摸沙地上我看不見的東西。那一刻，我對她的瞭解很有限。她的感受層層疊疊，但我並非其中一部分——她的大海、她的沙、她的螃蟹、她的貝殼，我尚未出生時的記憶，她的恐懼，所有電流低哼著完美、獨立的自我。

我媽身上連著機器，閉起眼睛。

她中風之後過了三個月。

我在醫院陪了她一天，準備回家，我親吻她的手臂道別，我不能吻她的臉，因為有太多機器。因為她的大腦依然在出血，儘管進行了四次手術，儘管泵浦吸走她頭部裡的液體，經由脖子送進胃裡。她自己就是一臺機器。

我不能吻她的臉，其實這時候我甚至不該碰她的皮膚，她有敗血症。白色病房密封在更大的病房裡，她躺在上過漿的白色床單上，所有進出的人都必須從頭到腳穿上塑膠防護裝備，護目鏡、口罩，我拿下口罩，聽到隔離區的護士敲窗戶。「口罩戴好。」

「要用哪種方式的祈禱？你想為她選擇怎樣的臨終儀式？」醫院的神父問戴維，緊急狀況從幾天拖到幾個星期拖到幾個月，而他問了一次又一次。「現在她的生活還算是生活嗎？」醫生問，而我們也問。「我們應該替她決定是否該繼續活下去嗎？」

管子插進她的手，插進她的臂彎，一條直接進入她的心臟。我吻她的手臂，我的鼻子碰到一條管子。我吃了一驚，急忙抬起頭，固定針頭的膠帶下，她的皮膚被扯緊，尖銳的警報聲響起，壓過了呼吸器的呼咻聲響，那個像手風琴的機器，將空氣送進插在她口中的粗管子。機器發出警報，有閃光、有鳴笛。我需要保持呼吸，但我做不到，因為幾個護士衝進來，檢查機器、重新設定，確認我有沒有害死她，她的眼睛依然閉著。

穿著無菌太空裝的護士伸出手指按機器上的按鍵，重新設定她的循環迴路，他們說她平安無事。

我等待她真正平安無事。

等待她睜開眼睛。等待她說，寶貝女兒！

讓她活下去，表演這個神奇的戲法需要太多電力。這個電流女。

我對觀眾微笑揮手，另一隻手貼著電椅的金屬板。他們無法聽見血流在我的太陽穴與神經翻騰的聲音，他們無法感受我強烈的心跳。我的眼角餘光看到水積在椅子下，但我選擇坐著不動。攤平手指、彎曲手腕，更加牢牢按在椅子上，我看到燈泡耀眼發光。剛開始巡迴時，我經常擔心受傷，但現在已經不重要了，現在我只在乎照在皮膚上的強烈舞臺燈光。我要繼續一手按住椅子，口中的燈泡發光，另一手高高舉向天空，那樣的女人，將目光導向明亮的地方。

35 乘船出海

中風後三年——旅程第八十八日
二〇一三年十一月

我收到戴維的電子郵件，他們剛登上回美國的船。他們在佛羅倫斯所住的公寓俯瞰熱鬧的人行步道。他說，每天早上，他們穿著睡衣，倚著一堆抱枕在窗邊喝咖啡，把杯子放在窗臺上，觀察外面流逝的世界。他附上幾張我媽的照片，但只能看到她的背，全世界最柔嫩的肌膚藏在睡衣或背心下，因為剛睡醒，銀髮狂野凌亂。她很暗，因為她望出去的窗戶太明亮，對街耀眼的白房子有著青藍色百葉窗，樓下有許多汽機車，有些停著，有些在跑，穿著薄外套的行人往四面八方而去。

戴維想知道的是，這裡怎麼做垃圾回收。路上的垃圾桶彷彿直通地底，怎麼可能呢？垃圾車怎麼收裡面的垃圾？他附上義大利警察的照片，義大利人稱他們為「卡賓槍騎兵隊」（Carabinieri），他們忙著對一整排機車開違停罰單。還有他們常去的麵包店，每天一早就有剛出爐、熱呼呼的麵包。街頭藝術家每天早上架起畫架，旁邊的二手書攤老闆拉開油布遮蓬，還有另一張照片，他們兩個在聊天，似乎每天早上他們都很有話聊。高中畢業後，我去義大利玩過兩週，所以我想像自己和他們一起看著街頭的生活，但我難以想像那畫面，因為這是只屬於他們的旅程。

戴維的另一封郵件緊接著到來，通知他們的行程計畫被打亂了，船期延誤，回國之後回西岸的火車在進行鐵軌整修。他們很慌亂，不確定能否依預定時間回家，我們原本約好各自結束旅程之後，回到加州團聚過感恩節的，但現在計畫可能趕不上變化。

我沒有太仔細看他寫的內容，因為光是他們能回國這件事，便足以令我感到不可思議。我從來沒問過他們是否有回程計畫，但他們有，而且正在實行，搭上必須搭上的船。光是這件事，就已經是奇蹟了。

36 閃耀繁星

一百五十日中的第一三六日——驚奇世界
二〇一三年十一月

我們前進沼澤深處。

今年最後一場演出，在佛州德蘭市的沃盧西亞郡遊樂會。三天的架設工作，演出十天，一天拆卸，然後這個巡迴季就結束了。這代表什麼呢？

這代表一個有門、有床的房間，有乾淨的床單及毯子、可以沖水的廁所，可以用喬氏超市（Trader Joe's）的高級香皂塗滿全身，還能睡上一整個星期。

我的肌肉矯健有力，皮膚黝黑古銅，髮色變成淺金。我在路上只買了幾件衣服，全都是在沃爾瑪買的，全都是黑色。我很強悍，一身髒又一身黑，我從來沒有這麼累過。我媽在大海上，而我快崩潰了。

我們在吉布鎮停留一星期，拍攝真人實境節目「怪胎秀」，電視公司給的酬勞比嘉年華多。小丑阿衝很開心，想盡辦法要搶鏡頭。造型恐怖，但技藝傑出的小丑很適合上電視。陽光要和吞火界的死敵比賽，沒想到對方竟然是個大好人，令人非常失望。史畢夫很生氣，因為我們的工作量比拍攝團隊多太多，而湯米很高興有錢賺。

一天晚上，為了打發拍攝之前的空檔，我們去了秀團藝人俱樂部。那棟扁平的大型建築是一座私人會所，專供國際獨立秀團藝人協會使用，成員超過四千五百人。因為有湯米和紅毛在，儘管有些人不是會員，依然能順利進去。牆上掛著沃德和克里斯的照片，他們是這裡的王。我們聚集在旋轉木馬酒吧，因為其實整間俱樂部裡沒有幾個人。紅毛悄悄來到我身邊，問我喝什麼，然後請我一杯。

「這個小ㄚ頭要去念博士呢。」他點酒的時候對酒保說。我和別的團員聊過巡迴結束之後計畫繼續念研究所，沒想到他有在聽，沒想到他在意著。

「我喜歡看妳讀書。」他把飲料端給我。「有這樣的頭腦真是不錯，妳會看玄密學的東西嗎？」

我們聊了一陣子，一開始聊書，然後聊他聖誕節的計畫，他要去陪媽媽，她又養了更多小貓，聊社群媒體連結失散親人的貢獻。我們舉杯，敬我到現在還沒學會吞劍——過去幾個月我有機會就練習，可惜依然進步有限，揮鞭比較炫，也比較吸引我。有些人花了好幾年的工夫才學會，而有些人永遠學不會。

最後我在吧臺邊找到湯米，在他身邊坐下。湯米不喝酒，我已經喝了幾杯。湯米，偉大的巡迴經理，二十一歲時學會吞劍，明白這就是他想要的生活，從此再也沒離開。湯米，秀團休息的時候，在紐澤西擔任鋼琴搬運工，他曾經做過幾年業餘摔角手，他耐心包容我在巡迴中的失敗，例如被蛇嚇哭、因為油氣而頭痛，我一進秀團，他就用「莎莎」這個小名叫我，彷彿我已是他們的一員。

「我想告訴你。」我對他說。「你是我遇過最棒的老闆，無論是哪種工作。」

「噢，別鬧了，莎莎。」他說。

「真的啦。你善良又有耐心，但需要硬起來的時候也能做到，你所做的事真的很辛苦，努力讓這個秀團生存下去，每年都想盡辦法繼續演出。我敬佩你，你是個大好人。」

「才不是哩。」

「當然是。」

「我一直讓怪奇秀生存下去，只是因為好玩，沒有別的理由了。只是因為我喜歡。」

「總之，謝謝你的努力，謝謝你喜歡。」

我喝完另一杯酒，感覺很愉快。感覺滿懷希望，儘管進了酒吧之後，凱西始終沒有正眼看我，也不太和我說話。我覺得很興奮、很開心，我的吞劍技術爛透了，我的吞火技術勉強及格，因為我化身為電流女，因為強力黏膠的存在，因為有時候心情惡劣，因為儘管有很多很好的理由應該離開秀團，但我選擇留下。

×

我們最後一次將金剛女王從車尾扛出。

我們在佛州德蘭市，這一季最後一場遊樂會，我們的第十二場，我們再一次攤開帳篷布。這一切動作終於、終於深深刻印在我的肌肉裡，我幾乎不必思考就能進行架設工作。

遊樂會的第二天，開工之前我走在中道上，一個熟悉的聲音傳來。「嗨，姊妹。」我沒有打招呼，而是抓住她的手臂，捏捏她精壯的二頭肌。她是譚雅，砸酒瓶遊戲的攤主。

「想玩嗎？」她問，燙過的金色瀏海站得直挺挺。「免費喔。」

一排排的空酒瓶在陽光下閃耀綠色與棕色，空氣中充滿走味啤酒與印地安暖熱夏季沙塵的氣味。

「快來吧。」譚雅靠過來，她的棉花糖身體噴霧的氣味蓋過啤酒味，她經常和我說孫兒的故事，我不禁猜想，當他們想到她的時候，是否也會想起這個香味，甜蜜濃郁的糖味。她告訴我，每次巡迴結束她要回家時，他們都會熬夜等她，小臉蛋躺在露營車的沙發上，緊靠著能看到街道的窗戶，這樣當凌晨時分她的車一開進車道，他們就可以立刻出去迎接氣味香甜的祖母。她臉上深刻的棕色線條有如地圖，述說她去過的所有地方，只是他們還看不懂。

「好啊。」我說。我很難得有時間來中道上逛，但現在我有，而且我喜歡譚雅。我拿著巨大的壘球，面對幾十個玻璃啤酒空瓶，一排接著一排，直到攤位另一頭。玩法就是砸碎酒瓶，讓玻璃碎裂四散。我想起以前聽說過的憤怒屋，在日本有這樣的地方，裡面放著很多可以砸壞的東西。店家發給客人球棒，這是一種抒壓的方式。

她靠近我的耳邊，我聞到氣泡酒的味道。幾天前，她分我喝過那種酒，我在嘉年城的流動廁所區遇到她。那裡很臭，我們一個說是霉味、一個說是稀屎味，意見無法達成一致。不知怎麼搞的，總之兩種臭味都有，而且非常濃，很多嘉年人乾脆去樹林裡上小號。譚雅和一個老闆正在交往，他也是她的前夫，她加入過幾個不同的嘉年華公司，在路上漂泊了將近三十年。

有一天早上，她走進廁所說：「姊妹，妳是我的鬧鐘。」我經過一輛小卡車的後斗時，看到她抬起頭來，她對我昏昏沉沉微笑，但視線很快就轉開，望著會場四周一望無際的野葛與叢林樹木，樹幹上釘著警告標示：小心，狩獵場地。嘉年城設置在叢林中的一小塊空地上。「只要看到妳經過，我就知道不能再賴床啦。」

「教妳一個祕訣。」譚雅說。她貼著我的太陽穴，指著遠處的一個瓶子。「想著妳的前男友，最渣的那一個，他的臉就在那裡。」

我看著那個百威啤酒的舊瓶子，瓶子只是瓶子，棕色，滿是灰塵。光線從後方照過來，陽光與紅色塑膠布背景，讓酒瓶多了一種琥珀光澤，一點點而已，只有角度剛好時才看得出來，但那個瓶子也是一張臉。

我離開她身邊，跨出幾步，一腳在前，雙手拿著球。我的一隻手臂往後拉，拋出球，想像那裡有一張臉，但不是前男友的臉。那顆球飛過空中，落在地面上，只差一點就打中第一排酒瓶。

「沒關係，姊妹，再試一次。」她給我另一顆球。

「想像他的眼睛就在那裡，在標籤的地方，想像他那張自滿的混蛋笑臉。」她拍拍我的肩膀。

我瞇起眼睛瞄準瓶子，將反射的光想像成眼睛。我模糊視線，讓瓶口變成閉著嘴冷笑的模樣。我做個深呼吸。抬起前腳，身體往後仰，集中力道，然後再次對著一排排酒瓶拋出球。巨大的白色月亮衝向棕色、綠色的小星星，有如子彈。

球從兩排瓶子中間飛過，沒有打中任何東西。

「好吧，姊妹。我再給妳三顆球，只要五元。因為妳是這裡人。」她說。嘉年人和秀團藝人都會用「這裡人」這個詞，意思是「嘉年華的人」。有時經過攤位時，嘉年人會跑來推銷，只要說你是「這裡人」，他們就會閉嘴走開。

「謝了，譚雅，真的很好玩，但我得走了，不過我晚點會再來試試。」

問題在於，我在酒瓶上只看到了一張臉，我的臉。

✕

那天稍晚，當我在舞臺上坐上電椅，在觀眾群中看到一個嘉年人，我和他聊過幾次。他站在後排，露出大大的燦爛笑容，我盡可能不盯著他看。他的藍色制服上衣皺巴巴，他舉起手，張開手指遮住嘴，在那隻手後面咧嘴微笑，我知道他想遮掩歪七扭八的牙齒。

連續幾天，我經過他的攤位時，他都會問，妳是誰？

那粉紅色的嘴、黃色的牙，我都覺得很不錯。藏著小小混亂的人格外溫柔，我覺得很不錯，他英俊的相貌也很不錯。

表演結束時，他瘋狂拍手。

✕

那天晚上演出完畢之後，我們的團員在帳篷前面聊天，等候摩天輪熄燈，準備收起海報收工。所有人的身體都朝向摩天輪，彷彿一群海鷗面向清晨的第一道曙光。我的身體悄悄往飛鏢射氣球的攤位轉去，那個亂牙的英俊嘉年人正在收拾攤位。

我們的舞臺對面，金魚攤的主人從地上撿起四、五顆白色乒乓球，放進攤位周圍木製平臺上的水桶裡。他一整季都不餵魚，只在水中加入化學藥劑，讓魚不會想吃東西，這樣就不必花錢買飼料了。有一天我問能不能餵魚，他親口告訴我這件事。

我們等候。史畢夫彈彈手指，屁股抵著我的跨下，彎腰扭屁股。他稍微抬起頭，以便看見摩天輪。他扭屁股，在我的髖部來回擺動。

「你跳得很辣喔。」我對他說，希望那個嘉年人不會看到這一幕而誤會。

「我的很粗喔，像紅牛的瓶子一樣。」他望著摩天輪說。「妳摸摸看嘛，一定也會覺得超粗。」可惜我還沒想到犀利的回答，他就先大叫：「摩天輪熄燈了！」橘紅黃燈光一停止互相追逐，摩天輪一變成黑暗骨架，他立刻發現了。幾秒之內，中道的其他遊樂設施紛紛熄燈、關音響，從遊樂場的一頭到另一頭，黑暗逐漸消滅光明，咻，寂靜，咻，寂靜，黑暗將一切驅逐出去。

我們回到工作上。

最後一幅海報綁好之後，我抬起頭，那個嘉年人站在我面前。

「諾羅夫。」他說完之後和我握手，然後給我一張紙條，上面寫著他的電話號碼。「明天早上遊樂會開門之前，會場外面有跳蚤市場，要不要和我一起去？」他問，而我說好。

✕

在停車場上的跳蚤市場，我和諾羅夫走過一排排佛州最棒的二手商品，他立刻牽起我的手，感覺異常美好。他問我秀團的事，告訴我他熱愛長程慢跑，告訴我跑上山看海幾個小時的感覺，告訴我青少年時做的蠢事，講貓的笑話。我問他遊戲攤的事，問他們這一季去了哪些地方，也問他的家人。

「我爸過世了。」他說。

「真遺憾，那時候你幾歲？」

「到現在已經快八週了。」

所有話語全部塞在我的嘴裡，八週了。他遭遇喪父之痛還是不久之前的事，事情發生的時候他應該在路上。我想說聲抱歉，然後轉換話題，但我想起以前告訴別人我媽生病時，多希望他們能多問一些她的事。並非因為分享回憶就能分散悲傷，而是能擴大關懷的網絡。

「他臨終時，你有見到他最後一面嗎？有沒有回去奔喪？」

「沒有，一旦簽了約，我們就一整季都不能離開。」

「太扯了。」

「唉，是啊，制度就是這樣。雖然我很想回去，但那些人會去找我媽討債，她已經有太多煩心的事了。」

我們站在一個攤位前，老闆穿著粉紅色緊身運動服，充滿期待地來回看著我們的臉。她面前的大型藍色油布上擺滿各式各樣嬰兒用品，想像得到的都有，各種衣物、二手書、監視器、鮮豔的塑膠玩具、磨牙環、安全座椅，及襁褓包巾。

「價格很優惠喔。」她指著一個搖籃說。

「他是怎樣的人？」

「強悍，非常善良。令人景仰，但很強悍。」

「真希望除了很遺憾，我還能想到其他回答。」

「我也是。」他微笑親吻我的指節。

我對他有種惺惺相惜的感覺，我們同是在這個新世界努力設法生存的人。

「晚一點可以見面嗎？演出結束後？一起去散步之類的？」他說。

「好。」我努力裝酷，但其實興奮得快暈了。

海報收好之後，我和諾羅夫見面，在黑暗的中道散步，有說有笑的。他告訴我一個又一個故事，然後問我的人生、我的故事。我已經很久沒有想要告訴別人我的故事，很久沒有人想聽了。

我們走著走著，到了大舞臺附近，那是片空曠的場地，有很多野餐桌。上方有巨大的垂柳，全都裝飾著閃爍的白色小燈。風吹動樹葉發出窸窣聲響，夜間的鳥兒鳴唱。聽了那麼多個月的人造聲音，現在聽到自然尋常的聲音，感覺好奇怪。例如說，我們後面的歡樂屋，一天播放十六個小時的德國電子舞曲，一樓有鏡子迷宮，頂樓有會震動、扭轉的金屬板，必須一個個跳過去，彷彿跳過池塘裡的蓮葉。諾羅夫告訴我，有時候女嘉年人會帶男人上去，在震動板上做愛。

在閃爍的白色小燈後方，星空很耀眼，諾羅夫雙手捧著我的一隻手，為我的每根手指編故事。然後他吻我。在深夜中、在遊樂會場中，在低垂的枝葉下。他吻我，我回吻，我們就那樣坐了很久。

「要不要去旅館開房間？」他輕聲問，有點臉紅，親吻我的指節。

「聽說附近的旅館全都有臭蟲。」這是真的，砸酒瓶遊戲的譚雅告訴我，她有一次醒來全身都被咬，但同時也是個無法反駁的理由。

「好吧，真是的。」他說。

「臭蟲最會破壞浪漫氣氛。」

「臭蟲最會澆熄男人的夢想。」

我們繼續在樹下坐了一個小時，講笑話，述說這一季發生的誇張事件，分享家人的故事。我太久沒有想過戀愛的事，太久沒有遇到能點燃火花的人，卻在這裡發生了。或許只會維持一下子，幾天，頂多一星期，但還是在這裡發生了。

第二天早上，一個媽媽帶著幼小的女兒坐在飲食攤旁的長凳上吃熱狗。她們並肩坐著，面向一張塑膠桌，小女孩的腳距離地面很遠，輕輕搖晃著。熱狗上面有蕃茄醬，還有一道非常黃的芥末，媽媽一手拿著，送到女兒嘴巴前，等她張開小嘴。女兒咬一口，開始嚼，看看旁邊的遊樂設施，工作人員正在做最後準備，很快就要開始營業。或許她們認識這裡的人，也可能是媽媽在這裡工作，一般的客人不能提早入場，或許她們有頭得了大獎的小閹牛。接下來換媽媽咬一口，她往另一個方向看過去，觀察這片狂野的天地，等女兒吞下去之後，再次將熱狗送到她嘴邊。

我坐在距離她們兩張長凳的地方喝咖啡，想要離開貨櫃透透氣。我的眼睛離不開那對母女，深色頭髮的年輕媽媽和幼小的孩子，她們分享食物的動作，感覺如此自在，如此自然、平凡。能夠見證這個小小奇蹟，一種傾斜的喜悅讓我的心不停漲大再漲大，漲大到令我難以置信的尺寸。

37

盛大揭曉

一百五十日中的第一四五日——驚奇世界
二〇一三年十一月

我在主持刀箱演出。

前排有個小女孩，大約七、八歲，嬌小纖瘦，剛剛我帶她去刀箱後面，讓她看剛插進去的十六把刀，以及在裡面扭曲身體的陽光。這是演出的一部分——讓觀眾親眼見證，我們的軟骨功大師，出生於羅馬尼亞，全身關節都有如橡皮筋，真的扭曲身體繞過那些刀片。那個小女孩站在那裡，張大嘴巴看著軟骨功大師，她的嘴唇真的分得很開，彷彿從沒看過如此驚人的場面。這樣的反應可比真金，最能吸引觀眾掏錢。

「陽光小姐真的在箱子裡嗎？」我問她，將麥克風送到她面前，面對每一位自願參與的觀眾，我都會這麼做，希望她會以純粹驚奇與崇敬的語氣回答，不過這個小女孩沒有說話，她目不轉睛，看著在刀刃間扭曲身體的軟骨功大師。她只是不停點頭，並以過於誇張的幅度在天空與地面間晃動。我向她道謝，請她回前面去找家人，但她不肯走，繼續望著軟骨功大師，嘴巴張得很大，彷彿可以容納全世界的怪誕與驚奇。我再次感謝她，將麥克風拿遠，問她是否還好，但她只是不停點頭，於是我往外走，回到刀箱正面，希望她會跟來，但她繼續逗留，這個缺門牙的小女生，穿著綠灣包裝工隊的球衣，呆望著令她驚奇的場面。

終於我對小女孩伸出手。魔咒打破了，我們回到觀眾面前，她們拍手，她拋下我的手，媽媽對她伸出手。「機關是什麼？」媽媽想知道。「她真的會軟骨功？」她來回撫摸小女孩的手臂，小女孩拚命點頭，真的、真的、真的。妳看到了什麼？將會說出怎樣的故事？

我回頭看觀眾，評估人們的表情，判斷這場能賺多少，想著要如何將她的驚奇反應發揮出最大效果，這時我看到他們。

金屬的反光。

不是劍。

不是帳篷柱。

是輪椅的金屬外框在反光。

我先看到他了，是戴維。

他站在輪椅後面，直直注視著我。接著我看到她，坐在輪椅上的媽媽。我看到她的眼睛滑過這個世界的種種，箱子裡的怪胎，燈光、帳篷。觀眾望著我，等著看我接下來要如何帶給他們驚奇。她的頭上下左右搖晃，她的眼睛似乎沒有停在任何東西上。

馬戲團帳篷裡的橘色燈光照亮她的狂野銀髮，沒有什麼能比這個更美，彷彿她既是月亮也是太陽，如此稀有。

我口中的話語不見了，只有無數的世界迸發。

我吞嚥一下，努力找話說，有幾十雙眼睛注視我。我用力嚥下一整季的憂傷，這些年的憂傷。我看著那個驚呆的小女孩，她依然望著刀箱，我以她的驚奇作為力量。

我開始講話，吐出一個又一個字，為了能結束演出，看看觀眾又看看我的父母，確認他們不是幻覺，不是我的白日夢，每次確認他們都在。我媽的視線找到我，她鎖定我，我能夠聽到她在觀眾後方輕柔歌唱，吶吶吶吶，吶吶吶——

我盡可能招攬觀眾，我爸媽也來排隊了，我每收一元，他們就離我越來越近，終於他們來到我面前，活生生的，完全活生生，世上最神奇的事。全世界所能發生最美好、最溫柔、最不可思議的事。

我立刻彎下腰，雙手環抱媽媽的肩膀，臉頰貼著她的臉頰，那是全天下最柔嫩的肌膚。我感覺到她頭顱上那道隆起的痕跡，我知道在裡面，她的大腦容納了無數宇宙，甚至在不同的宇宙間旅行。

戴維眼角含淚，白頭髮更多了，但他在微笑。我站起來擁抱他，深刻的大大擁抱，充滿感激。我太少擁抱他，即使從小到大他都在我身邊，即使他一直、一直、一直都在。

他感覺很累，但也無比、無比燦爛地活著。

我不知道該說什麼，而且得去準備下一場表演，我帶他們去刀箱後面，讓他們看陽光在裡面扭曲身體的模樣。戴維推我媽走過高低不平的草地，泡泡的大車輪碾過草叢與土塊，我們繼續表演下去。

演出之間一出現幾分鐘的空檔，我立刻鑽進帳篷，在觀眾中找到他們，站在他們身邊。

誰敢相信這種事竟然真的發生了？

奇蹟，就在這個帳篷裡。

原來，他們的船抵達佛州的奧蘭多，距離遊樂會只有幾小時的車程，而他們原本計畫一下船就要立刻轉搭火車，但因為維修工程而延誤了幾天。他們租了一輛車開過來，停留一夜之後再回去坐火車，穿越整個國家回加州，回家。

「畢竟冒險只是以正確方式看待的不便。」戴維引用，這是他最近愛上的格言，每封電子郵件都會寫上，我媽發生嗯嗯的聲音表示同意。

他們看了兩輪演出，看我演無頭女，看我主持釘床秀，最棒的是看我演電流女。

我坐在金屬板上，將自己通電，我口中含著燈泡。戴維拿著手機拍照，我可以看到手機後面他的大大笑容，我媽也在看，很仔細地看，緊盯著我的一舉一動，即使當紅毛講話，比著我的旁邊，她依然看著我。她在點亮的燈泡中看到這場冒險中的一刻，我看到她全身綻放出冒險帶來的光彩，這個身體，我以為永遠不會復原，當他們啟程時，我以為還沒復原，而在這裡，我終於、終於看清了，明白其實復原並非重點。

此時此刻，她的身體活著，充滿了光。

一個小時後，他們說累壞了，準備去睡一下。我完全無法想像，在他們離開的這幾個月裡，他們對勞累的理解有了什麼變化，他們對可能性的概念有了什麼變化，他們的關係有了什麼變化。甚至，回到這個大陸，對他們的意義是什麼。

我媽哼著歌，掌心貼著我的臉。我不知道是在他們的旅途中發生的，或者只是我之前沒注意到，總之，她的眼睛變回綠色了，西洋梨的那種綠色，明亮而晶瑩，帶著橘色小點，和她中風之前一模一樣，這似乎不可能，但真的發生了。

她和我臉貼臉。她哼歌的聲音越來越輕柔，最後變成像對幼兒的呢喃，她知道一切平安的那種聲音。

38

走出迷霧

一百五十日中的第一四六日——驚奇世界

二〇一三年十一月

天空下著小雨，非常灰暗。中道上下，穿著亮藍色化纖制服的嘉年人忙著在遊戲攤位掛上新的老虎和火星人，堆疊牛奶罐、清掃玻璃，把變軟的氣球重新充飽之後黏在木板上。

第二天早上，我媽和戴維一大早就來到會場，還沒正式開始營業。他們只剩一點時間，很快就得開著租來的車子出發回到奧蘭多，稍稍休息後得要再搭上火車，完成這趟旅程，回到起點。不過，我猜想，對他們而言，那個地方的感覺與樣貌應該都不同了。

我看到他們從一條走道過來，兩個人從霧中現身。他們在佛羅倫斯或許看起來就像這樣，討論他們那天看到的東西，或是商量要去哪家咖啡館喝濃縮咖啡。

一個傻氣的念頭突然降臨。他們在霧中，漸漸向我走來，卻是我很長、很長一段時間以來，最清楚看見他們的一次。

據說，從前有個女孩將父母關在她內心的迷霧裡。在那裡，能夠輕易將疾病變得安全、遙遠。後來有一天，那個女孩才發現，她一直以為他們在霧中打瞌睡，其實他們在那裡騎龍，真是見鬼了。

這個隱喻既荒謬又明顯，但我感覺它真實發生了，這兩個清楚而完整的人，走出某處我終於看清他們是人，而他們最重要的身分不是我的父母，他們是冒險家。我想像在他們的旅途中遇見他們，或許在歌劇院的觀眾席之中。我會很欣賞他們，我會認為他們的旅程如此偉大、如此勇敢。

我們坐在昨天我看到那對母女一起吃熱狗的位子，我們想問他們這五個月的事。很難判斷該從何問起，甚至不知道該怎麼問才對。

我告訴他們袋裝塔可有多好吃。

他們描述義大利寬麵。

我給他們看被帳篷樁打中留下的腫塊。

我媽給我看她戴的項鍊和耳環，仿照瑪麗王后曾經戴過的款式，她在郵輪上買的，因為有贈送的船上消費點數，然後他們給我看她身上的瘀血。

「不過，就算發生不好的事，感覺也很好。」戴維說，我媽點頭。他講的每句話她似乎都懂，我說的所有事她似乎也都懂，她去旅行之前，我一直不確定她到底懂不懂。這是否表示，當她準備動開腦手術時，我說愛她，其實她聽懂了？當她準備踏上旅程時，我擁抱她道別，其實她也懂？

「我們找到了一種全新的親近感，我們從沒想過可以到這種程度。」戴維說。

「什麼意思？」我問。

我轉頭看我媽，她也看我。她放下手中的咖啡，舉起手摸摸他後腦的頭髮。她輕柔呼氣，我不確定以前有沒有發現她會這樣呼氣，平靜地釋放空氣。不算是嘆息，因為感覺比較甜蜜，而且隨著呼出的空氣發出隱約聲響，淡淡的音調。她在說話。

「我認為我和妳媽都是相當正向的人。」戴維說。「我們知道無論發生什麼事，一定都能解決，至少我們不會縮進黑暗的小洞穴裡。太多人只是一直待在家裡，漸漸發出尿騷味，我不希望我們變成那樣的老人。」

我大笑，我媽也是。他說得好像很簡單——選擇不接受別人期望中的那種人生。

她懂，她一直都懂，而她還在這裡。

「在旅途中我們變得那麼親近，真的很不可思議。我不知道怎麼說，我沒有預料到會這樣，竟然不需言語也能溝通。現在，我們之間再也沒有虛假，也沒有祕密。不管發生什麼事，都像是同時發生在我們兩個身上，感覺像稍微融合了。在醫院的時候，一切都圍繞著疼痛與進展。外出旅遊，要決定該吃什麼，喜不喜歡那幅畫，大衛雕像感覺如何，有太多廣闊零散的東西，以不同的方式讓兩個人成為一體。『在這張表上指出疼痛程度』不可能帶來這種豐富滋養。」

我差不多得走了，我要去換上舞臺裝，繼續表演幾天，直到巡迴季結束。他們也差不多得去趕火車了。

我媽伸出手握住我的手，將我拉過去。她緩緩呼氣，發出同樣輕柔的音調。她用指尖摸摸我手上的老繭、肉刺。我的指尖穿過她的髮絲，摸摸她的項鍊。她的動作沒有猶豫，她還有什麼好怕的？

我給他們大大的擁抱，正當我要跑回帳篷時，戴維高聲叫住我。

「這裡有賣炸義式餛飩嗎？」他問，我指指正確的方向。

就這樣，他們走了。

演出的最後幾天一片模糊，每個人都忙著計畫怎麼回家，我們利用演出之間的時間，逐漸將需要打包、修理的東西都處置好。最後一天，我們沒有時間流淚或反思，因為閉幕日都一樣，從一早就要開始忙碌，持續不停止，白天的表演結束後，緊接著夜間拆卸工作，摺疊、拔除、堆高、捲起、拖行、搬運，一直工作到深夜，只有將金剛女王裝上卡車時，我才突然想起，這是我最後一次做這件事了。

早上九點，晨光灑落，拆卸工作結束，諾羅夫跑來貨櫃找我。再過十五分鐘，他的嘉年華團就要出發了，他們要將卡車開去奧蘭多，在那裡的旅館過夜，明天一大早登機回南非。但他離開之前衝來我們的貨櫃，雙手捧著我的臉，喘不過氣、滿身大汗的樣子。我們在這場遊樂會共度八天，除了我父母來的那段時間，我們一直在一起。他的臉靠過來，近距離仔細看我的臉，明亮藍眸凝望我的雙眼，然後吻我。

「再見。」他說。他轉身迅速跑走，離開貨櫃。

有些戀情會持續到死。有些則從小就開始，如戴維和泰瑞莎。至於我和諾羅夫，這段戀情只能是嘉年華期間限定。找到可以惺惺相惜的人，他也同樣努力在無垠的哀傷中尋找自己的路，同時努力活下去，這段戀情輝煌、甜蜜、性感、有趣，我彷彿挨了一記當頭棒喝，如此簡單、明顯的道理：世界並非只有失去，還有很多東西等著被發現。

我再次想像，我媽在那片原野，描寫中風經驗那本書的作者，以及其他康復的人一個個離開，拋下她。一部分的她依然在那裡，到處開滿藍色、黃色、白色的小花，但她並不孤獨。那裡有很多動物在聊天，有來自世界各地的人，他們找出彼此溝通的方法。戴維也在那裡，他不知怎麼辦到的，找到了去她身邊的路。他坐在我媽身邊削木頭，她用花瓣在地上排出細膩精美的圖案。我不需要射殺所有企圖入侵的人，以免他們傷害她。我不需要在邊緣躲躲藏藏、咬牙切齒，準備施暴，我只需要自己走進那片原野，坐在她身邊。

團員送我去佛州郊區一家廉價商場的特惠租車公司，幫我把行李搬下來。其他藝人大多要搭飛機回家，當天晚上或隔天出發。其中一個要去巴士站，他們順路先送我過來，不能停留太久。

離開嘉年華會場前，我去找紅毛，他坐在地上，一位嘉年人老友送來一個裝著中國菜的保麗龍餐盒，然後揮手道別。

「謝謝你。」我對他一鞠躬，他放下餐盒，僵硬地調整一番之後才站起來，擁抱我。

「莎莎，一開始我對妳沒什麼信心。」他放開手，但臉依然很近，我可以看到人體針插表演留下的痕跡。「但我很想知道妳接下來的發展。」他說。他從來沒問過我下一季是否會回來，但他已經知道答案了。「丫頭，妳行的。」我不知道對紅毛而言，所謂的「行」是什麼，但我想告訴他，我會永遠盡全力保持下去。

最後，我給湯米一個擁抱，他在我耳邊低聲說：「最有價值球員。」我大笑。他很喜歡這樣叫我，雖然八成只是開玩笑，但只要想到我在此確實有用處，甚至容我大膽幻想一下，有意義，我就覺得臉上有光。「莎莎，保持聯絡。」他說。

真的很難相信，這輛小巴即將開走，讓我和團員永遠分離。他們的人生將繼續下去，七個月後或許有些人會再坐上這輛小巴，或許有些人不會，但我不在了。

真的很難相信，我要去塔拉哈西探望朋友，然後回加州去看爸媽。我會在感恩節前兩天抵達，比他們晚兩天，我們說好要一起吃飯，大概會吃中國菜，就我、我媽、戴維，及山姆。真的很難相信，過了這一刻，時間依然繼續，因為過去五個月感覺像五年，如此充實，每一天裡都有好多天又好多天，或許時光重新啟動了。

我沒有哭。

我經常幻想巡迴季結束的這一刻，終於可以自行決定要去哪裡、要做什麼，我第一件事要做什麼，我會不會哭。但我什麼都沒有做，只是站在租車公司的停車場，呆若木雞。湯米將小巴開走。我目送車子離開，那輛白色大怪獸。後視鏡上依然掛著那個毛茸茸大骰子，離去團員留下的牙齒依然在杯子裡喀喀作響，他們的所有聲音離我越來越遠。

閉幕當晚，拆卸工作開始之前，陽光說：「這是我最後一次在這裡簽名了。」

這是我們在貨櫃後方的最後時光——這裡是我們的家、我們的後臺、我們的客廳，我們在這裡經歷了十二場遊樂會和一週的電視拍攝，五個月來，這裡是我們的生活重心——很快就會清空了。再過不久，我們就要開始小心地將所有東西堆好、綁好、塞好，裝滿貨櫃再次準備過冬。

「妳依然認為這是妳最後一次巡迴？」我問。

「對，只要狀況許可。」陽光說，一邊把麥克筆遞給我。「不過天曉得呢，要是他們真的不行了，我還是會來幫忙。」她說。

我看著貨櫃的牆，她寫上二〇一三，她的名字下面的第七個年分。很難想像，這個秀團沒有她會變成怎樣。

牆上有些名字是我認識的人，紅毛、小丑阿衝、矮哥、凱西、湯米、大大班、史畢夫、蘿拉．安布羅夏、碧普西，其中穿插著更多不認識的人，一整個世界的人名我不認識，在我來之前，他們與秀團一同巡迴過，可能一季，可能兩季，也可能十季。這些名字可以一直追溯到二十年前，秀團剛買下這輛貨櫃車的時候，當然，以前的舊貨櫃上還有更多名字，火車的牆上也有更多，這些人知道火在嘴裡的感覺、劍在喉嚨裡的感覺，他們知道如何超越脆弱人體的極限，一天重複二十五到三十次。

我拔下筆蓋，在牆上找到空位，簽上我的名字、寫上年分。下面什麼都沒寫，我撐住了。

走出貨櫃時，我最後一次回頭看，我的名字和其他名字混在一起無法分辨，只是牆上的一道痕跡，所有人們簽下的名字都說著：是的，我活著，而我不怕證明給你們看。

後記——漂浮在電流中的地方

二〇一六年七月

兩年半之後，我媽和戴維再次啟程去旅行。這一次，他們出發冒險幾個月之後，我和弟弟飛去希臘羅德島和他們會合，我們全家一起在豔陽下歡度五天。

最後一天，我們扶媽媽坐上泡泡。我們找到一處合適的海灘，進入海水的坡度很平緩，我們推著輪椅經過做日光浴的人們，帶她去到海水交界處。我們一點、一點將輪椅推進水中，扶她從側邊下來。她的身體橫在戴維的手臂上，還有我弟弟的手臂、我的手臂。

她在游泳，這是她中風之後第一次進入海中。我們往深處走，我們三個人踩著海底，她的身體在我們中間漂浮。最後，只有戴維一個人抱著她，她笑得很燦爛。她抬頭望著天空，然後閉上眼睛，她的肌膚閃耀光彩，她就這樣不停唱歌、唱歌、唱歌。陽光照在她的臉上，海水極度碧藍，我們一起看著她，對她微笑，對彼此微笑。

幾天之後，我和弟弟道別離開之後，她在地中海的郵輪上再度中風，幾個小時之後過世，在無比、無比碧藍的大海上，在明亮炎熱的陽光下唱著歌。

The Electric Woman: A Memoir in Death-Defying Acts

人生馬戲團：美國最後的巡迴怪奇秀150天實錄

作　　者　泰莎・方亭 Tessa Fontaine
譯　　者　康學慧 Lucia Kang
發 行 人　林隆奮 Frank Lin
社　　長　蘇國林 Green Su

出版團隊
總 編 輯　葉怡慧 Carol Yeh
主　　編　鄭世佳 Josephine Cheng
企劃編輯　陳柚均 Eugenia Chen
責任行銷　朱韻淑 Vina Ju
封面設計　朱疋 Jupee Cheng
版面構成　黃靖芳 Jing Huang

行銷統籌
業務處長　吳宗庭 Tim Wu
業務主任　蘇倍生 Benson Su
業務專員　鍾依娟 Irina Chung
業務祕書　陳曉琪 Angel Chen・莊皓雯 Gia Chuang

發行公司　精誠資訊股份有限公司
悅知文化　105 台北市松山區復興北路 99 號 12 樓

訂購專線　(02) 2719-8811
訂購傳真　(02) 2719-7980
專屬網址　http : //www.delightpress.com.tw
悅知客服　cs@delightpress.com.tw
ISBN : 978-986-510-099-5
建議售價　新台幣450元
首版一刷　2020 年11 月

國家圖書館出版品預行編目資料

人生馬戲團：美國最後的巡迴怪奇秀150天實錄 / 泰莎・方亭 (Tessa Fontaine) 作；康學慧譯. -- 初版. -- 臺北市：精誠資訊, 2020.11
面；　公分
譯自：The Electric Woman: A Memoir in Death-Defying Acts
ISBN 978-986-510-099-5 (平裝)
1.方亭(Fontaine, Tessa) 2.傳記

785.28　　109013119

建議分類｜社會科學・心理勵志

dp 悅知文化 Delight Press

線上讀者問卷

閱讀時眼睛舒服嗎？拿久了會覺得手痠嗎？
茫茫書海中，你能與這本書相遇，絕非偶然。
想知道你喜歡哪些內容？
小小聲問，喜歡這本書的包裝與封面設計嗎？（我們很喜歡）

悅知夥伴們有好多個為什麼，
想請購買這本書的您來解答，
以提供我們關於閱讀的寶貴建議。

請拿出手機掃描以下 QRcode
或輸入以下網址，即可連結至本書讀者問卷

https://bit.ly/35DIUAY

填寫完成後，按下「提交」送出表單，
我們就會收到您所填寫的內容，
謝謝撥空分享，
期待在下本書與您相遇。

人生馬戲團
人生馬戲團

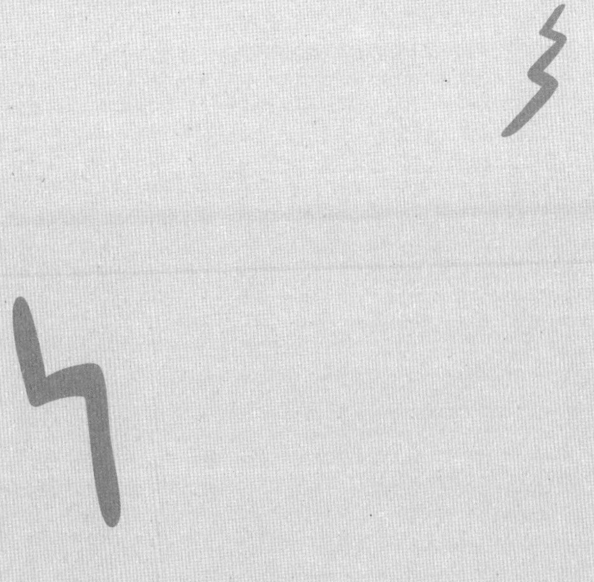

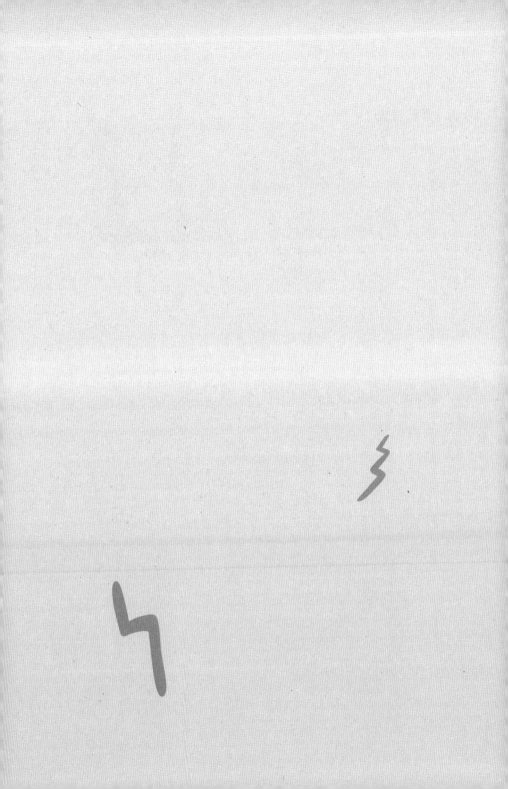